GIANNO LOPES NEPOMUCENO

PATRIMÔNIO CULTURAL E REVOLUÇÃO TECNOLÓGICA

Os meios digitais na ampliação das práticas culturais

GIANNO LOPES NEPOMUCENO

Mestre em Direito Ambiental e Desenvolvimento Sustentável.
Graduado em Direito pela Escola Superior Dom Helder Câmara - ESDHC.
Professor do curso de Direito da Fundação Dirce Figueiredo - FDF.
Assistente na biblioteca Arnaldo de Oliveira da
Escola Superior Dom Helder Câmara - ESDHC.

PATRIMÔNIO CULTURAL E REVOLUÇÃO TECNOLÓGICA

Os meios digitais para ampliação das práticas culturais

editora Del Rey

Belo Horizonte
2022

Impresso no Brasil | Printed in Brazil

EDITORA DEL REY LTDA

Editor: Arnaldo Oliveira

Editor Adjunto: Ricardo A. Malheiros Fiuza *(in memoriam)*

Coordenação Editorial: Letícia Neves

Diagramação e capa: Alfstudio

Editora:
Rua dos Goitacazes, 71 – Lojas 20 a 24
Centro – Belo Horizonte – MG
CEP 30190-050

Comercial:
Tel.: (31) 3284-3284
vendas@editoradelrey.com.br

Editorial:
Tel.: (31) 2516-3340
editorial@editoradelrey.com.br

Nepomuceno, Gianno Lopes
N441p Patrimônio cultural e revolução tecnológica: os meios digitais na ampliação das práticas culturais / Gianno Lopes Nepomuceno. Belo Horizonte: Del Rey, 2022.
xvii, 189 p.

Bibliografia: p. 167-189.
ISBN: 978-65-00-46441-2

a

1. Patrimônio cultural. 2. Tecnologia. 3. Direito ambiental – Brasil. I. Título

CDU: 351.71:004

Ficha catalográfica elaborada pela bibliotecária Meire Luciane Lorena

Aos educadores, professores que acreditam nos autênticos valores do caráter, personalidade do ser humano.
De fato, o potencial de resiliência do humano é singular, incomparável, pois desenvolve progresso constante para superar as adversidades e ser sempre aprendiz!

A arte, a cultura é a representação das liberdades sem censura, sendo fundamental ter proteção constante dos direitos e manifestações culturais, pois expõe a realidade oculta.

Gianno Nepomuceno.

AGRADECIMENTOS

Inicialmente agradeço a Jesus ao dom da vida, pois estar vivo e ter fé, coragem para buscar novos aprendizados é motivo para celebrar, porque as forças divinas são transcendentes e me amparam livrando de todo o mal. De fato, a educação é um instrumento grandioso para quebrar paradigmas e ter progresso pessoal e profissional.

Agradeço de forma ilimitada à professora Dra Maraluce Maria Custódio, educadora singular, pois reúne diversas qualidades de um profissional comprometido com o ensino e o saber educar com respeito. Sua educação e seriedade na minha orientação fizeram total diferença para o progresso da escrita, sempre me motivava a fazer a pesquisa de qualidade e com responsabilidade científica.

Na sequência tenho gratidão imensa ao Reitor da Escola Superior Dom Helder Câmara Paulo Umberto Stumpf e toda a escola, sempre abriu as portas do conhecimento, me apoiou e proporcionou crescer profissionalmente com qualidade.

Agradeço ao setor da secretaria da pós-graduação em especial ao Dr. professor Sebastien Kiong Bizawu, Isabel Cristina e Rosely, profissionais que sempre me apoiaram nas dificuldades, pois me motivavam e instigavam para eu não fraquejar. Similarmente agradeço ao setor da biblioteca Arnaldo de Oliveira na pessoa do bibliotecário Lucas Martins e demais funcionários, profissionais sempre com boa vontade em ajudar e somar de forma singular nas pesquisas, este setor onde eu atuo a treze anos tenho honra e gratidão a tudo que aprendi e aprendo na biblioteca.

Infinitamente agradeço aos educadores, professores da Escola Superior Dom Helder Câmara que são inspiração para minha formação, Sebastien Kiong Bizawu, Émilien Reis, Marcelo Rocha, Romeu Thomé, Marcio Oliveira, Maraluce Maria Custódio, André Toledo, Luiz Gustavo Ribeiro, Bruno Torquato, Pedro Matos, Francisco Haas.

Agradeço a Camila Frade, a Renan Saraiva, pois a ajuda dos dois foram essências, com suas indicações, correções somaram para a realização deste trabalho, ter bons amigos sempre somam nestes momentos. De fato, agradeço a Viviane de Sá e a sua mãe, professora Dra Clésia de Sá, pois em um momento mais difícil do curso me ampararam com afeto, profissionalismo, comprometimento, o conhecimento de vocês foram extraordinários. Neste contexto agradeço pela cordialidade e motivação de Carlito Lopes, pois me ajudou a superar vários desafios nesta trajetória.

Desse modo, quero agradecer a Elizabeth Barros, Rute Dias e familiares pelo apoio solidário e afetuoso incondicional de sempre, com vocês ao meu lado as batalhas ficam menores, tenho gratidão eterna.

Por fim, para a concretização desse livro agradeço ao Sr Arnaldo de Oliveira e toda sua família, junto aos profissionais da magnífica editora Del Rey por exemplo, Letícia Neves coordenadora editorial. É extremamente gratificante quando a gente é bem recebido por um profissional de alta qualidade como o Sr Arnaldo, que acredita, valoriza e me acolheu com generosidade para eu realizar este sonho, muito obrigado.

PREFÁCIO

Foi com enorme alegria que recebi o convite para prefaciar o livro "Patrimônio Cultural e Revolução Tecnológica" escrito pelo amigo e colega Gianno Lopes Nepomuceno.

Além de mestre em Direito Ambiental pela Escola Superior Dom Helder Câmara, Gianno conta ainda, em seu currículo, com artigos publicados e participação em diversos eventos científicos e congressos jurídicos. A autor se destacou na sua trajetória acadêmica pela perseverança e pela busca constante do aprimoramento técnico, refletido nas atividades que desenvolveu durante o mestrado, onde participou ativamente dos grupos de pesquisa, seminários e demais atividades acadêmicas.

O livro, resultado de incansáveis debates e pesquisas realizadas no curso de mestrado em Direito Ambiental e Desenvolvimento Sustentável, tem como público alvo universitários, pesquisadores e juristas, e apresenta valiosas reflexões interdisciplinares que estabelecem a conexão entre a proteção do patrimônio cultural e as novas tecnologias.

O autor parte da premissa de que sociedade se desenvolve inserida no meio ambiente cultural e digital, e que as inovações tecnológicas se mostram mecanismos de democratização para preservação e proteção de bens, patrimônios e instituições culturais.

Sempre reconhecendo a relevância das normas de proteção cultural e a premente necessidade de implementação do desenvolvimento sustentável, demonstra, com argumentos sólidos, a necessidade de ampliação e robustecimento das formas de proteção do patrimônio cultural. Para tanto, destaca a necessidade de que as interações tecnológicas e o meio digital sejam cada vez mais utilizados como forma de proteção, preservação, valorização e resgate de culturas e modos de vida no Brasil contemporâneo.

Os resultados de suas pesquisas afloram no texto, sempre atrelados à opinião da doutrina especializada. As conclusões apresentadas respondem os problemas de pesquisa previamente definidos. Destacam-se, ainda, a atualidade do tema e a didática disposição das ideias no texto.

A obra, resultado da admirável dedicação acadêmica de Gianno Lopes Nepomuceno, seguramente contribui para a reflexão sobre as formas contemporâneas de proteção do meio ambiente cultural.

Romeu Thomé

Doutor em Direito pela PUC Minas

Mestre em Direito pela UFMG

Professor dos cursos de graduação, mestrado e doutorado em Direito Ambiental da Escola Superior Dom Helder Câmara (ESDHC)

APRESENTAÇÃO

Este livro nos ajuda a entender e acompanhar o avanço e a necessidade da garantia do direito à cultura e da proteção do patrimônio cultural como instrumentos de concretização dos ideais de cidadania e justiça social preconizados pela Constituição e característicos do Estado Democrático de Direito. Escrito com maestria, analisa com profundidade e consistência os fundamentos teóricos e jurídicos do ambiente cultural brasileiro, tendo como pano de fundo os princípios e regras do direito ambiental.

A sua originalidade está no fato de nos apresentar a tecnologia e o ambiente virtual como fatores essenciais para a proteção e divulgação do patrimônio cultural. A tecnologia e o direito são meios que podem servir a qualquer fim. Porém, o autor nos instiga a pensar que ambos são meios que têm como fim a afirmação da dignidade da pessoa humana. E o ambiente cultural é o espaço próprio e fundamental para se determinar a medida, o sentido e o alcance dessa dignidade. Dignidade que será resultado de processos dialéticos, de debates, consensos e acordos sobre as opções mais razoáveis e congruentes com as visões de mundos das partes envolvidas nos processos que caracterizam a produção cultural e a vida espiritual do povo.

O direito ao patrimônio cultural está inserido no rol dos direitos humanos fundamentais de terceira geração, que são aqueles direitos atribuídos à fraternidade ou de solidariedade. Os direitos da terceira geração são os direitos concernentes ao desenvolvimento, à paz, ao meio ambiente, à propriedade sobre o patrimônio (artístico, histórico, cultural, paisagístico, estético e turístico) comum da humanidade e a comunicação. O direito à cultura, que se diferencia de um direito individual (primeira geração) ou de um direito social (segunda geração), consiste num direito-dever, no sentido de que o sujeito, ao mesmo tempo em que o titulariza, deve preservá-lo e defendê-lo, em níveis procedimentais e judiciais, consubstanciando-se em uma verdadeira noção de solidariedade em torno do bem comum. Nesse viés, enfatiza-se que os direitos humanos e o direito à cultura estão constitucionalmente protegidos e interligados, pois ambos buscam a afirmação da vida humana em suas múltiplas manifestações e expressões.

Apesar dos meios digitais terem nos proporcionado formas diversas de preservação, educação e democratização do acesso à cultura em geral, ainda não criamos um aparato técnico capaz de abarcar e proteger o colossal patrimônio cultural brasileiro. Além do atraso tecnológico, também carecemos de vontade popular e política.

As causas da crise cultural que enfrentamos são múltiplas, complexas e conexas, mas ainda assim podemos apontar as mais evidentes: o descaso do Poder Público; a falta de consciência da população em relação ao modo como as nossas práticas cotidianas contribuem para a destruição do patrimônio cultural; a falta de eficácia e efetividade das leis de proteção dos bens culturais do país.

Os exemplos e casos apresentados no livro mostram que ainda falta muito para que o Estado brasileiro de fato se torne um Estado Democrático de Direito. A produção legislativa por si só não garante a eficácia e efetividade suficientes para evitar a degradação do patrimônio cultural brasileiro e o acesso à cultura. A saída da patológica situação de anomia na qual está imersa a sociedade brasileira, sobretudo o Poder Público (Executivo, Legislativo e Judiciário), exige o compromisso moral de todos os cidadãos com a construção de uma sociedade fraterna que crie oportunidades para que todos possam ter, pelo menos, condições de conhecer e dispor da nossa história e dos elementos culturais que nos dão identidade. Se não for assim, viveremos eternamente escravos de uma vida sem beleza e sentido.

Nesse sentido, analisando e relacionando o desenvolvimento virtual, social e jurídico, o livro traz à luz o problema da proteção do patrimônio cultural no Brasil e nos aponta em que medida a tecnologia pode nos abrir novas perspectivas de educação, preservação e expressão daquilo que nós somos como povo. Trata-se de uma leitura urgente e indispensável.

Prof. Marcelo Antônio Rocha

Escola Superior Dom Helder Câmara

LISTA DE SIGLAS

ARPANET	Advanced Research Projects Agency Network (Rede da Agência de Pesquisas em Projetos Avançados)
IA	Inteligência Artificial
IBM	International Business Machines
IBRAM	Instituto brasileiro de museus
IEPHA	Instituto Estadual do Patrimônio Histórico e Artístico de Minas Gerais
IPHAN	Instituto do Patrimônio Histórico e Artístico Nacional
IBGE	Instituto Brasileiro de Geografia e Estatística
IBRAM	Instituto Brasileiro de Museus
CETAM	Centro de Educação Tecnológico do Amazonas
CNUMAD	Conferência das Nações Unidas sobre o Meio Ambiente e o Desenvolvimento
DAV	Dispositivo para autonomia de visita
FEC	Fundo Estadual de Cultura
FICART	Fundo de Investimento Cultural e Artístico
FNC	Fundo Nacional da Cultura
FUNAI	Fundação Nacional do Índio
MMM	Ministério do Meio Ambiente
ONU	Organização das Nações Unidas
OS	Organização social
PIEA	Programa Internacional de Educação Ambiental
SEC	Secretaria de Estado de Cultura
SIC	Serviço de Informação ao Cidadão
SIEC	Sistema Estadual de Cultura
TIC	Tecnologias de Informação e Comunicação
UNESCO	Organização das Nações Unidas para a Educação, Ciência e Cultura

LISTA DE ILUSTRAÇÕES

SUMÁRIO

1

INTRODUÇÃO

As relações sociais na contemporaneidade são pautadas por meio do desenvolvimento da cibercultura e da diversidade cultural, na sociedade conectada virtualmente. A cibercultura cria influências no meio ambiente cultural, porque as novas tecnologias passaram a fazer parte da cultura e sua reinterpretação.

Os dispositivos jurídicos que regulam o ambiente cultural onde o ser humano está inserido refletem no modo de vida e nas relações sociais e virtuais da sociedade. O meio cultural influencia no modo de pensar, criar, agir e fortalece o desenvolvimento da identidade[1] e memória cultural de um povo e, na atualidade, passaram a ser potencializadas pelas tecnologias digitais.

A positivação desses direitos culturais encontra-se na Constituição Federal brasileira de 1988, nos artigos 215, 216 e 216 A, que são os dispositivos que tutelam o pleno exercício dos direitos e garantias ao acesso às fontes das diversidades de culturas no âmbito nacional. Os direitos culturais estão consolidados também na Lei de Incentivo à Cultura n° 8.313/91, que instituiu o Programa Nacional de Apoio à Cultura (Pronac), cuja finalidade

---

1 O que a Constituição rege é o chamado patrimônio cultural brasileiro, e, nesse aspecto, é importante termos a noção de que essa chamada "identidade" refere-se aos grupos formadores da sociedade brasileira, ao longo de seu processo de desenvolvimento socioeconômico e cultural, cuja ideia vem se modificando nos dias atuais. A questão da identidade cultural foi muito bem tratada pelo notável cientista indo-britânico Homi Bhabha. O autor enfatiza a natureza "totêmica" do homem, segundo o qual afirma a existência de uma identidade pluridimensional. Numa determinada coletividade, cada indivíduo fluirá da fonte percorrendo seu próprio curso, possuindo, ao lado de uma identidade comum, características tão peculiares que o diferenciam dos demais. (COUTINHO, 2014, p. 230).

é captar e canalizar recursos para o setor cultural. As Leis estaduais também implementam a proteção à cultura e, no Estado de Minas Gerais, por exemplo, a Lei nº 22.944/2018 institui o Sistema Estadual de Cultura, o Sistema de Financiamento à Cultura e a Política Estadual de Cultura. Esses dispositivos jurídicos são norteadores para efetivação do acesso à cultura e proteção dos direitos e deveres dentro do meio ambiente cultural, juntamente com o art. 216-A da Constituição Federal Brasileira de 1988.

Referente a essas relações sociais culturais e virtuais potencializadas pelas tecnologias, evidencia-se a pesquisa iniciada no ano de 2017, na cidade de São Paulo, no Centro Regional de Estudos para o Desenvolvimento da Sociedade da Informação (Cetic.br) e no Núcleo de Informação e Coordenação do Ponto BR (NIC.br), onde se desenvolve o estudo sobre as influências da Cultura e Tecnologias no Brasil.

Nesse teor, entre cultura e tecnologia, projetos culturais são criados dentro do meio ambiente cultural, utilizando as potencialidades da inteligência artificial[2] para propiciar interações diretas entre os diversos públicos, como por exemplo, o projeto "A voz da arte" na pinacoteca de São Paulo. O projeto inédito no Brasil, iniciado em abril de 2019, demonstra o potencial da exposição, divulgação, interação das obras de artes plásticas com a inteligência artificial[3] e a instituição cultural cria desenvolvimento cultural, econômico e sustentável, expandindo essas ações para museus, teatros, pinacotecas, entre outras instituições e patrimônios. Essas tecnologias digitais usadas em exposições e no ambiente cultural ampliam as recriações digitais e propiciam reconexões entre a sociedade, obras de artes e artistas.

Diante do exposto, o trabalho destaca o seguinte questionamento: O meio digital pode ser utilizado como forma de proteção de culturas e modos de vida, no Brasil contemporâneo? A pesquisa tem como objetivo geral, investigar as

---

[2] Recentemente, inauguramos uma nova revolução: a era da computação cognitiva, em que sistemas entendem a linguagem natural. Esses sistemas cognitivos também são chamados de inteligência artificial, justamente por se aproximarem da forma humana de pensar, interagir e aprender, extraindo conhecimento de grandes volumes de dados não estruturados e de diversas fontes, como de textos, imagens e vídeos. (IBM, 2019, p.1).

[3] Inteligência Artificial é um campo de estudo que surgiu na década de 50, cujo objetivo principal é o estudo e a construção de sistemas capazes de exibir comportamentos normalmente associados às pessoas, como aprendizado e resolução de problemas. Algumas linhas de estudo de Inteligência Artificial são mais focadas em reproduzir a maneira como pensamos e raciocinamos, ao passo que outras se concentram no entendimento e na simulação de comportamento. (BIGONHA, 2018. p.1).

proteções intergeracionais do direito ao acesso à cultura, dos patrimônios e do meio ambiente cultural e sua relação com os meios digitais das novas tecnologias de informação como instrumento de valorização, preservação e disseminação das manifestações culturais no século XXI no Brasil. São estabelecidos como objetivos específicos:

- Definir o conceito de cultura, meio ambiente cultural, patrimônio cultural, meio ambiente digital, cibercultura, ciberespaço.

- Analisar quais as diretrizes desenvolvidas pela internet e suas tecnologias digitais que ampliam a proteção e busca de fomentos para a cultura.

- Indicar quais os dispositivos jurídicos, leis, decretos do ordenamento jurídico brasileiro são utilizados para garantir e proporcionar acesso à cultura, mediante as potencialidades da internet e o meio ambiente digital.

- Identificar se existe desenvolvimento sustentável exercido pela administração pública e o setor de gestão no meio ambiente cultural no Brasil.

- Compreender os instrumentos das novas tecnologias digitais e dos meios de comunicações e verificar se são protegidos pelo ordenamento jurídico brasileiro adequadamente, para disseminar manifestações culturais.

Nessa abordagem, a hipótese assim se apresenta: o meio ambiente cultural para a sociedade possui importância indispensável na formação humanitária para o desenvolvimento do exercício da cidadania e da efetivação de direitos fundamentais, influenciando na formação ética e moral de cada indivíduo. A sociedade se desenvolve inserida no meio ambiente cultural e digital, pois as inovações tecnológicas se mostram mecanismos de democratização para preservação e proteção de bens, patrimônios e instituições culturais.

Constata-se que os meios digitais (internet) criam conexões e extensões para maior proteção, prevenção, fiscalização, transparência e disseminação de políticas públicas culturais. A utilização do meio digital, nas instituições culturais, desenvolve progressos culturais, sociais e econômicos para a sociedade.

Nesse âmbito que envolve as instituições e o meio ambiente cultural, torna-se necessário o desenvolvimento da educação patrimonial, como fator base na formação da cidadania, com participação comunitária, a fim de que se alcance a proteção e a valorização de patrimônios, centros culturais e manifestações artísticas.

O presente trabalho se desenvolve por meio da pesquisa qualitativa, sendo os objetivos da pesquisa exploratórios, com viés explicativo e descritivo, com ênfase à proteção cultural, mediante as potencialidades dos dispositivos tecnológicos e leis que regulam o meio ambiente digital.

De fato, utiliza-se a metodologia dialética para a compreensão dos motivos, percepções, interações e discursos produzidos pelos patrimônios e instituições culturais no Brasil. Serão utilizados os métodos dialético e comparativo, interligados com o hermenêutico, argumentativo e empírico (análise de casos concretos), aplicando-se as técnicas de pesquisa com abordagem bibliográfica em doutrinas, artigos científicos, dissertações e legislações.

Acrescentam-se, como referenciais teóricos, as obras de Pierre Lévy, Cibercultura e O que é virtual? Na mesma conjuntura será utilizada a obra do autor Bruno Zampier Lacerda, intitulada como "Bens Digitais: cybercultura, redes sociais, e-mail, músicas, livros, milhas aéreas, moedas virtuais". Na sequência a essas temáticas, os autores Roque de Barros Laraia e Luiz Gonzaga de Mello são utilizados para esclarecer e definir conceitos no âmbito cultural.

O trabalho se divide em sete partes, sendo a introdução e o desenvolvimento, a partir do primeiro capítulo até as considerações finais. No capítulo dois inicial, apresenta-se a história mundial da proteção do patrimônio cultural, demonstrando-se a realização de eventos, congressos e convenções ao longo dos anos que foram essenciais para promover o reconhecimento e expansão da proteção dos patrimônios em diversos países. Em seguida, busca-se discutir a história da proteção cultural no Brasil, com o surgimento de legislações e decretos para garantia da valorização e preservação dos bens. A partir dessas perspectivas abordadas, relata-se a proteção atual do patrimônio cultural brasileiro, bem como se apresentam os instrumentos usados para viabilizar melhor fiscalização, monitoramento e progresso dos patrimônios e relações socioculturais.

No terceiro capítulo, abordam-se a origem e as características da revolução tecnológica, demonstrando-se que teve início no Estados Unidos e se expandiu para outros países, devido à elaboração, acesso e expansão de programas com as interconexões das funções dos computadores. No quarto capítulo, desenvolve-se a análise dos conceitos e desdobramentos do meio ambiente digital, da cultura e do meio ambiente cultural. De fato, demonstram-se as especificidades das ligações e influências que ocorrem entre essas áreas e a população, já que os patrimônios e a cultura fazem parte da história da sociedade e as relações socioculturais são compartilhadas no ambiente digital, juntamente com as tecnologias.

Nesse contexto, no quinto capítulo apresentam-se os princípios do direito cultural no Brasil, os quais são importantes no ordenamento jurídico brasileiro, por possibilitarem melhorias na preservação do ambiente cultural. No capítulo sexto, explicitam-se as diretrizes dos princípios do direito ambiental brasileiro, expondo-se como foram criados, desenvolvidos e aplicados para nortear a proteção dos patrimônios e relações socioculturais no ambiente cultural e digital. Nesse mesmo sentido, no sétimo capítulo demonstram as interações do meio ambiente cultural e do ambiente tecnológico. Assim, destacam-se como os patrimônios, as instituições e relações socioculturais estão cada vez mais interconectadas aos dispositivos tecnológicos e funções no ambiente digital. Por fim, nas considerações finais, verifica-se a necessidade de eficiência do aparato jurídico brasileiro para garantir progresso na proteção e preservação dos patrimônios e relações socioculturais no ambiente digital.

2

HISTÓRIA MUNDIAL DA PROTEÇÃO DO PATRIMÔNIO CULTURAL

Inicialmente, estabelecendo análise da história da proteção dos patrimônios culturais em nível mundial, percebe-se que os dispositivos de proteção internacional dos patrimônios foram sendo construídos devido aos diversos conflitos armados, guerras que cresciam muito antes do ano de 1980[4] na Ásia Central (Afeganistão), em partes do Oriente Médio (Iraque, Síria) e da África Ocidental (Mali).

Similarmente esses países mencionados no âmbito internacional, percebendo diversas degradações dos seus monumentos e sítios históricos, buscaram ajuda para a proteção no Conselho de Segurança da ONU[5]. Isso

---

4 A quantidade de conflitos armados tem aumentado muito desde os anos 1980 - primeiro na Ásia Central (Afeganistão), depois em partes do Oriente Médio (Iraque e Síria) e da África Ocidental (Mali). Isso levou ao aumento da destruição de sítios históricos por grupos terroristas e a uma explosão do tráfico de artefatos culturais. A comunidade internacional respondeu ativamente à destruição causada pelo grupo Estado Islâmico (EI, ISIS ou Daesh), com uma gama muito maior de instrumentos à sua disposição – o que possibilita aumentar a proteção da memória cultural da humanidade. (FIANKAN-BOKONGA, 2017, p. 1).

5 A ONU Organização das Nações Unidas é uma organização internacional fundada em 1945. Atualmente, é composta por 193 Estados-membros. A missão e o trabalho das Nações Unidas são guiados pelos propósitos e princípios contidos na sua Carta fundadora – a Carta das Nações Unidas. Devido aos poderes conferidos pela Carta e graças ao seu caráter internacional sui generis, as Nações Unidas podem tomar medidas sobre as grandes questões relacionadas com a humanidade, como a paz e a segurança, alterações climáticas, desenvolvimento sustentável, direitos humanos, desarmamento, terrorismo, ajuda humanitária e emergências de saúde, igualdade de género, governação, entre muitas outras. (UNRIC, 2019, p.1).

porque os diversos conflitos armados e guerras geravam destruições ou mesmo contrabando, tráfico de artefatos e patrimônios culturais, já que tais países não conseguiam proteger integralmente os patrimônios contra as violações e ilegalidades.

No que tange à proteção dos patrimônios culturais, no nível internacional, a ONU e a UNESCO[6] exercem diretrizes indispensáveis e primordiais, através de seus Tratados e Convenções para amenizar ou sanar os conflitos supramencionados. Nesse aspecto de proteção dos patrimônios culturais para combater as destruições, contrabando e saques ilegais, no decorrer da segunda Guerra Mundial, destaca-se a promulgação da Convenção de Haia de 1954:

> A destruição massiva que resultou dos bombardeios e dos saques realizados durante a Segunda Guerra Mundial acarretou a elaboração da Convenção para a Proteção de Bens Culturais em Caso de Conflito Armado de 1954. O primeiro acordo transcontinental visando exclusivamente à proteção do patrimônio cultural proíbe a pilhagem e a destruição da propriedade cultural na ausência de uma imperativa necessidade militar. A Convenção de Haia proporciona uma proteção bem mais abrangente do que a de seus predecessores, embora se restrinja somente às ações das forças armadas durante a guerra, aplica-se a todos os conflitos armados com as ocupações bélicas de qualquer natureza, mesmo que seja um conflito puramente interno. Aliás, a Convenção fornece uma definição bastante ampla de "bens culturais", incluindo os monumentos de arquitetura, as obras de arte, os manuscritos, os livros de interesse histórico, os museus, as grandes bibliotecas, os depósitos de arquivos, os sítios arqueológicos e os edifícios históricos. (BISCHOFF, 2004, p. 280, 281).

---

6 A UNESCO, Organização para a Educação, a Ciência e a Cultura, é uma organização das Nações Unidas que busca promover a paz mundial por meio da educação, cultura e ciência. A sigla UNESCO corresponde ao nome em inglês da organização: United Nations Educational, Scientific and Cultural Organization. A discussão a respeito da necessidade de ser criada uma organização voltada para a promoção da educação, da cultura e da ciência como forma de promoção da paz mundial começou a ser formulada durante a Segunda Guerra Mundial. Ao término da Segunda Guerra Mundial, com a dissolução da Liga das Nações e a formação da ONU, em 1945 foi convocada a Conferência das Nações Unidas para o Estabelecimento de uma Organização Educacional e Cultural (ECO / CONF), que deu origem à UNESCO. Promove o acesso igualitário à educação em seus países-membros. No âmbito cultural, a organização defende o patrimônio histórico e a memória coletiva, como forma de defesa do direito ao acesso à cultura e à informação. Outra importante bandeira da UNESCO, é a promoção da liberdade de expressão como direito fundamental da democracia. (LEITÃO, 2006, p. 1).

Verifica-se com esta promulgação da Convenção para a Proteção de Bens Culturais em caso de conflito armado, sendo estabelecido neste acordo transcontinental que proíbe exclusivamente os atos de pilhagem, nota-se que foi provocado ações ilegais desenvolvidas por soldados, guerrilheiros que infleucniaram para impulsionaram o contrabando e degradações dos patrimônios culturais.

É visível que a Convenção de Haia proporciona uma proteção dos patrimônios culturais de forma mais abrangente, inclusive proibindo outros atos de conflitos até internos dentro dos Estados ou países. E essa proteção é essencial, tanto em relação aos patrimônios, quanto aos bens[7] culturais que compõem a localidade ou região.

Vale ressaltar que a Convenção, além de ser abrangente em relação à tutela dos patrimônios, também se caracteriza por englobar, sem distinção, os bens móveis e imóveis, como esclarece Moura (2012):

> A Convenção de Haia é mais abrangente em razão do número maior de bens tutelados, porquanto protege os bens móveis e imóveis, considerando nesta modalidade os bens que tenham uma grande importância para o patrimônio cultural dos povos; os edifícios onde se conservam ou se expõem os bens culturais móveis assim como os abrigos destinados à proteção dos bens culturais móveis e os centros que contenham um número considerável de bens culturais, como os bairros históricos de grandes cidades ou cidades históricas inteiras, tais como Florença, Veneza, Gand, Cambridge e Carcassone. (MOURA, 2012, p. 98).

Com base nos fundamentos da Convenção, verifica-se que ela realmente exerce a proteção dos bens móveis e imóveis em determinadas cidades históricas. Nessas cidades, os edifícios e bairros demostram vasta representatividade cultural para a população. Assim, o ato de protegê-las e conservá-las demonstra à população a relevância da necessidade de se desenvolver o "saber cuidar", já que esses bens culturais proporcionam a reafirmação da cidadania.

O conceito de proteção estabelecido na Convenção de Haia fornece uma definição ampla de bens culturais, que se torna realmente essencial à

[7] A terminologia bem cultural apresenta várias definições. Podemos dizer que a expressão está presente em várias esferas, em diferentes períodos, e vem sendo pouco a pouco reelaborada, tendo a sua inserção e ampliação de sentido expandida e definida ao longo do tempo. A noção de bem cultural pode ser empregada tanto lato sensu quanto stricto sensu. (GUEDES; MAIO, 2016, p.1)

especificação. Bischoff (2004), por sua vez, expõe deveres que a Conveção estabelece para os Estados:

> A Convenção estabelece deveres principais para os Estados partes cumprirem. As partes são obrigadas a respeitar os bens culturais situados tanto em seu próprio território, quanto no território do inimigo; não é permitido usar tais bens para fins que possam os expor à destruição, que inclui o bombardeio e a requisição. Além disso, as partes contratantes têm a responsabilidade de proteger os bens, isto é, de proibir e de impedir que ocorra qualquer ato de roubo, de pilhagem e de apropriação indevida de bens culturais, inclusive os atos de vandalismo. O Protocolo da Convenção aplica-se aos territórios ocupados, obrigando as forças no controle a impedir a exportação dos bens culturais. (BISCHOFF, 2004, p.282).

De acordo com as proposições da Convenção, que estabelece deveres aos Estados e seus territórios, nota-se que a obrigação de respeitar e proteger os bens culturais situados no próprio território ou no do inimigo caracteriza o ato de saber valorizar e reconhecer que aquele bem ou patrimônio representa a história e cultura daquela população.

Ressalte-se que proteger os bens, independentemente de se encontrarem em território alheio, viabiliza a não ocorrência de outras disparidades, além da apropriação indevida, do vandalismo ou exportações ilegais dos bens culturais.

Abarcando os aspectos de proteção mencionados na Convenção de Haia de 1954, observa-se que os bens culturais têm tutela limitada, como se demonstra no fragmento abaixo, extraído da obra de Bischoff:

> A ampla proteção proporcionada pela Convenção de 1954 aos bens culturais, no entanto, é limitada em um importante aspecto: o artigo 4° (2) prescreve que as obrigações de salvaguardar os bens culturais poderão deixar de ser cumpridas quando uma necessidade militar impedir de maneira imperativa o seu cumprimento. Isto significa dizer que a necessidade militar pode justificar a destruição dos bens culturais que normalmente seriam protegidos. A Convenção de Haia de 1954 e seu Protocolo continuam sendo os únicos instrumentos mundiais dedicados exclusivamente à proteção dos bens culturais durante o conflito armado. (BISCHOFF, 2004, p.282).

Apesar de se constatar que a proteção estabelecida na Convenção, em relação aos bens culturais, seja limitada, diante da necessidade militar em não exercer proteção específica, percebe-se que cada ato deve ser minuciosamente observado no caso concreto, buscando-se a ponderação e a máxima aplicação de atos preservacionistas.

Analisando, pois, os fundamentos jurídicos da Convenção, nota-se que esse instrumento estabeleceu progressos para a ocorrência de melhorias na proteção dos patrimônios culturais, nos tempos dos conflitos armados e guerras, a fim de que os Estados e países cumprissem com seus deveres de proteger, respeitar e revitalizar os bens culturais, não se eximindo das suas obrigações para tutelar os patrimônios culturais.

Similarmente, com a sociedade na busca por proteção dos patrimônios, os Estados e países continuaram ampliando essas melhorias, visando à defesa dos bens nos seus territórios. Nesse contexto, foi promulgada a Convenção da UNESCO, no ano de 1970, cujas diretrizes desse instrumento internacional foram elencadas por Bischoff:

> O primeiro e principal instrumento internacional que visa a proteger os bens culturais em tempos de paz é a Convenção da UNESCO sobre as medidas a serem dotadas para proibir e impedir a importação, exportação e transferência de propriedade ilícita dos bens culturais de 1970. A Convenção proíbe o contrabando de bens culturais furtados ou ilegalmente exportados. O processo da construção de um regime jurídico internacional que visa a proteger o patrimônio cultural em tempos de paz desenvolveu-se independentemente do processo análogo para tempos de guerra, e é muito mais recente, começando a sério apenas em 1970 com a promulgação da Convenção da UNESC0. A diferença central entre os dois regimes é a de que os instrumentos para tempos de guerra aplicam-se somente à conduta das forças armadas enquanto os instrumentos para tempos de paz também regulam a conduta de agentes privados. Outra diferença fundamental é a de que os instrumentos para tempos de paz se concentram principalmente no comércio dos bens culturais, enquanto os instrumentos para tempos de guerra também protegem a sua integridade física. (BISCHOFF, 2004, p.284).

Como se pode verificar, a Convenção da UNESCO de 1970 determina parâmetros de proteção dos bens culturais, nos tempos de paz. O objetivo principal desse documento internacional era combater o comércio dos bens culturais, evitando, assim, as ilegalidades, na tentativa de frear os países, para que não ocorressem maiores degradações contra os patrimônios.

As especificidades das medidas de proibições mencionadas nesta Convenção da UNESCO, fundamentadas no artigo[8] 1°, proporcionaram

---

[8] Artigo 1° Para os fins da presente Convenção, a expressão "bens culturais" significa quaisquer bens que, por motivos religiosos ou profanos, tenham sido expressamente designados por cada Estado como de importância para a arqueologia, a pré-historia, a história, a literatura, a arte ou a ciência, e que pertençam às seguintes categorias. (BRASIL, 1973).

a diminuição da importação e exportação de bens culturais, pois naquele período existiam facilidades para furtar e praticar ilegalidades em relação aos bens entre países. Contudo a fiscalização estadual e governamental contra os contrabandos de bens era escassa, pois diversos fatores contribuíam para o comércio clandestino dos bens materiais, mas o artigo[9] 2° determinava a necessidade de cooperação internacional como forma eficiente para proteger os bens culturais de todos os países envolvidos.

Fundamental evidenciar que, também visando à garantia, à proteção e à preservação dos bens culturais, a UNESCO criou, em 1972, a Convenção do Patrimônio Mundial, Cultural e Natural. E, em 2014, o Órgão IPHAN (2014) Instituto do Patrimônio Histórico e Artístico Nacional, sendo responsável pela preservação do patrimônio cultural brasileiro, buscando proteger e promover os bens culturais do País e, assegurando sua permanência para o usufruto das gerações presentes e futuras, explicita os objetivos da Convenção para incentivar a preservação dos bens:

> A Convenção do Patrimônio Mundial, Cultural e Natural, adotada em 1972 pela Organização das Nações Unidas para a Ciência e a Cultura (UNESCO), tem como objetivo incentivar a preservação de bens culturais e naturais considerados significativos para a humanidade. Trata-se de um esforço internacional de valorização de bens que, por sua importância como referência e identidade das nações, possam ser considerados patrimônio de todos os povos. Cabe aos países signatários desse acordo indicar bens culturais e naturais a serem inscritos na Lista do Patrimônio Mundial. As informações sobre cada candidatura são avaliadas pelos órgãos assessores da Convenção (Icomos e IUCN) e sua aprovação final é feita, anualmente, pelo Comitê do Patrimônio Mundial, composto por representantes de 21 países. (IPHAN, 2014, p. 1).

Diante da Convenção, o IPHAN se refere aos objetivos de incentivar e preservar os bens culturais e naturais, sinalizando para essa junção de diretrizes, ressaltando a necessidade permanente e incisiva de proteção. Isso porque os bens culturais podem estar conectados e integrados entre

[9] Artigo 2. 1. Os Estados Partes na presente Convenção reconhecem que a importação, a exportação e a transferência de propriedade ilícitas dos bens culturais constituem uma das principais causas do empobrecimento do patrimônio cultural dos países de origem de tais bens, e que a cooperação internacional constitui um dos meios mais eficientes para proteger os bens culturais de cada país contra os perigos resultantes daqueles atos. 2. Para tal fim, os Estados Partes comprometem-se a combater essas práticas com meios de que disponham, sobretudo suprimindo suas causas, fazendo cessar seu curso, e ajudando a efetuar as devidas reparações. (BRASIL, 1973).

si, devido às relações que a população estabelece com eles. Por exemplo, um templo religioso, sítio arqueológico/histórico, cemitério ou mesmo um rio sagrado (Eufrates, Jordão) sendo determinado pela população, dentre outros patrimônios culturais materiais, naturais e imateriais, podem ser considerados essenciais para a afirmação da história da humanidade e de sua cultura.

Diante desse cenário para se estabelecer proteção e preservação constante dos bens culturais e naturais, considera-se que os elementos que compõem tais bens fazem parte da consolidação e sustentação da identidade da população. Com a união de esforço internacional para proteção dos bens, busca-se motivar a participação da sociedade para a valorização dos próprios bens, moldam a identidade e o modo de viver da coletividade.

Na sequência, além das proteções elencadas na Convenção da UNESCO de 1972, os países signatários buscaram melhorias mais específicas para proteção dos bens culturais, criando o comitê que trata da devolução ou restituição de bens culturais perdidos ou saqueados, especificamente para os casos que ocorreram anteriormente à Convenção de 1970. Nesse aspecto, a UNESCO expõe os fundamentos do comitê intergovernamental:

> Em 1978, foi instituído o comitê intergovernamental para promover o retorno de bens culturais a seus países de origem ou sua restituição em caso de apropriação ilícita (Intergovernmental Committee for Promoting the Return of Cultural Property to its Countries of Origin or its Restitution in case of Illicit Appropriation - ICPRCP). Esse comitê trata especificamente da devolução ou restituição de bens culturais perdidos ou saqueados, especialmente para casos ocorridos antes da entrada em vigor da Convenção de 1970 - a qual não tem efeito retroativo. (UNESCO, 2020, p.1).

No que tange a essas atribuições do comitê intergovernamental, que articula para que ocorra o retorno ou restituição de bens culturais para seus países de origem, entende-se que para se estabelecerem e serem desenvolvidas essas ações, a UNESCO necessita promover aliança pautada na preservação dos patrimônios das partes envolvidas, promovendo proteção benéfica para os países.

Para que a UNESCO fizesse com que um bem imaterial fosse devolvido, ou mesmo o país restituísse o bem, no caso de apropriação ilícita, necessário que houvesse medidas judiciais específicas, com eficácia na prática, pois os conflitos não se solucionavam facilmente.

Desse modo, ainda para fomentar melhores medidas específicas contra os saques e tráficos de bens culturais, foi criada a Convenção do Instituto Internacional para a Unificação do Direito Privado (UNIDROIT[10]), com a inclusão de medidas judiciais:

> O arsenal de medidas judiciais contra o tráfico de bens culturais foi completado em 1995, com a aprovação da Convenção do Instituto Internacional para a Unificação do Direito Privado (Unidroit) sobre bens culturais furtados ou ilicitamente exportados. Ela abrange todos os bens culturais furtados - incluindo itens que não foram inventariados e declarados - e estipula que todos os bens furtados devem ser devolvidos. (UNESCO, 2020, p.1).

No cumprimento específico da Convenção contra o tráfico de bens culturais, as medidas judiciais foram sendo acolhidas e desenvolvidas pelos Estados[11] e países signatários, que combatiam a exportação, o contrabando e os furtos que aconteciam com os bens culturais.

A Convenção, abordando minuciosamente o combate ao tráfico de bens, possibilitava também um vasto fluxo de comercialização e utilização ilícita de bens, devido ao seu aspecto econômico e da dimensão histórica e cultural de diferentes símbolos e naturezas dos bens, por estarem inclusos no contexto da história da humanidade. Em suma, a prevenção, precaução e repressão internacional contra o tráfico ilícito de bens culturais, precisava ter eficiência, utilizando-se a cooperação internacional e se estabelecendo a conectividade e compartilhamento de informações verídicas, a fim de sanar ou amenizar os conflitos nesse contexto de bens e patrimônios.

---

10 A Convenção da UNIDROIT sobre Bens Culturais Furtados ou Ilicitamente Exportados, promulgada pelo Instituto Internacional para a Unificação do Direito Privado, em 1995, busca adiantar o propósito da Convenção da UNESCO de 1970, de regular o comércio transacional de bens culturais. Os autores da Convenção reconheciam a continuidade e a persistência do tráfico ilegal e a pilhagem de sítios arqueológicos, por causa da ineficácia da Convenção da UNESCO, e resolveram assim fortalecer o regime de proteção. (BISCHOFF, 2004, p.286).

11 A Convenção agora tem 140 Estados partícipes. Nos 50 anos de existência do instrumento, a UNESCO, por meio da Convenção, conduziu campanhas de conscientização sobre o tema, ajudou muitos países a desenvolver leis nacionais e medidas preventivas e incentivou a restituição de bens culturais removidos ilegalmente de seus territórios. Muitos museus de todo o mundo - como o British Museum, em Londres, e o Getty Museum, em Los Angeles - adotaram 1970, a data de aprovação da Convenção, como o ano a partir do qual a proveniência dos objetos deve ser questionada. Isso torna mais difícil a circulação de objetos traficados recentemente. (UNESCO, 2020, p.1).

Visando a uma maior eficácia de proteção e preservação dos bens culturais, tornou-se necessária a positivação, o desenvolvimento, a atualização e o progresso das Convenções Internacionais, Tratados e também de legislação nacional conjunta, para se combaterem as degradações e ilegalidades contra os bens culturais. Alguns exemplos são a Convenção para a Proteção do Patrimônio Cultural Subaquático[12] (2001), a Convenção Cultural Imaterial[13](2003) e a Convenção pela Diversidade Cultural[14] (2005).

Diante dessa breve abordagem da história mundial em relação à proteção do patrimônio cultural, percebe-se que a cooperação internacional necessita ser constante, para que sejam estabelecidos diálogos e atuações institucionais co-ordenadas dos governos federais, na prática, juntamente com a sociedade civil.

Objetivando-se a ampliação e o progresso na proteção dos patrimônios culturais, as Convenções e diálogos desenvolvidos no nível internacional precisam romper barreiras fronteiriças e alcançar o âmbito nacional, estabelecendo-se relações mútuas, que acolham as necessidades de cada país para proteger seus patrimônios culturais, incluindo-se o Brasil.

---

12 Sobre a Convenção para a Proteção do Patrimônio Cultural Subaquático. A Convenção da UNESCO para a proteção do Patrimônio Cultural Subaquático, adotada em 2001, permite aos estados proteger este patrimônio. Linhas principais. A Convenção de 2001 define os princípios básicos para a proteção do Patrimônio Cultural Subaquático; contém disposições para um esquema de cooperação internacional; fornece orientações práticas para lidar com esse patrimônio. A convenção consiste em um texto principal e em um anexo, que define as regras para as atividades dirigidas ao Patrimônio Cultural Subaquático. (UNESCO, 2017, p. 1).

13 A Convenção para a Salvaguarda do Patrimônio Cultural Imaterial. I Disposições Gerais. Artigo 1; Finalidade da Convenção. A presente convenção tem as seguintes finalidades: a/ a salvaguarda do patrimônio cultural imaterial; b/ o respeito cultural imaterial das comunidades, grupos e indivíduos envolvidos; c/ a conscientização no plano local, nacional da importância cultural imaterial e seu reconhecimento recíproco; d/ a cooperação e assistência internacionais. (UNESCO, 2003, p.2).

14 Convenção sobre a Proteção e Promoção da Diversidade das Expressões Culturais. Referindo-se às disposições dos instrumentos internacionais adotados pela UNESCO relativos à diversidade cultural e ao exercício dos direitos culturais, em particular a Declaração Universal sobre a Diversidade Cultural, adota, em 20 de outubro de 2005, a presente Convenção. I. Objetivos e princípios diretores Artigo 1 – Objetivos Os objetivos da presente Convenção são: a) proteger e promover a diversidade das expressões culturais; b) criar condições para que as culturas floresçam e interajam livremente em benefício mútuo; c) encorajar o diálogo entre culturas a fim de assegurar intercâmbios culturais mais amplos e equilibrados no mundo em favor do respeito intercultural e de uma cultura da paz; d) fomentar a interculturalidade de forma a desenvolver a interação cultural, no espírito de construir pontes entre os povos ... (UNESCO, 2005, p.4).

Convém destacar que, existindo proteção e preservação eficiente dos patrimônios culturais, torna-se possível e sustentável a reafirmação da história e memória da população, como a história dos patrimônios culturais e suas proteções no Brasil.

2.1 História da proteção do patrimônio cultural no Brasil

Estabelecendo uma abordagem da trajetória histórica da proteção do patrimônio cultural no Brasil, constata-se que começaram a ocorrer iniciativas governamentais primordiais de proteção dos monumentos históricos nacionais dentro do período do Brasil colônia, aproximadamente no século XVIII. Diante da constatação de preocupações governamentais para a preservação dos patrimônios, Miranda (2006) afirma:

> O primeiro indício de preocupação governamental com preservação do patrimônio cultural brasileiro data do ano de 1742, quando então Vice-Rei do Brasil, André de Melo e Castro, Conde de Galveias, escreveu ao Governador de Pernambuco, Luiz Pereira Freire de Andrade, ordenando a paralisação das obras de transformação do Palácio das Duas Torres, construído por Maurício de Nassau, em um quartel para as tropas locais, ocasião em que foi determinada a restauração do palácio. (MIRANDA, 2006, p. 1).

Devido a essa inicial preocupação governamental com a preservação e proteção do patrimônio cultural no Brasil, tornou-se possível dar visibilidade a essa área dos patrimônios, bens culturais. Todavia, depois dessa iniciativa governamental, as atividades dos governantes ocorreram influenciando o crescimento e o desenvolvimento de outras formas de elaboração de instrumentos jurídicos, que buscavam viabilizar a preservação dos patrimônios, no decorrer dos séculos seguintes.

Depois da demonstração e crescimento das preocupações governamentais com a proteção dos monumentos históricos, ao longo dos séculos, os governantes passaram a buscar melhorias na elaboração dos dispositivos jurídicos para a proteção dos bens patrimoniais. Criou-se, então, no âmbito penal[15], a primeira tipificação no ordenamento jurídico referente à tutela do

---

[15] Em âmbito penal, a primeira tipificação no ordenamento jurídico brasileiro objetivando a tutela do patrimônio cultural - ainda de forma tímida e indireta - adveio como o art. 178 do Código Criminal do Império (1830), que considerava criminosa a conduta consistente em destruir, abater, mutilar ou danificar monumentos, edifícios, bens públicos ou quaisquer outros objetos destinados à utilidade, decoração ou receio público, cominando pena de prisão com trabalho de dois meses a quatro anos e multa de vinte por cento do dano. O Código Penal Republicano (1890) repetiu a tipificação em seu art. 328. (MIRANDA, 2012, p. 1).

patrimônio cultural, no artigo 178 do Código Criminal do Império de (1830). E, apesar do pouco progresso, na área cível[16] foi promulgado o Aviso de 13 de dezembro de 1855, que estabelecia que os governantes buscassem a preservação na restauração dos monumentos, garantindo a proteção das características originais expostas dos bens.

Por conseguinte, com a criação e desenvolvimento dos dispositivos jurídicos específicos para a proteção dos bens, monumentos e patrimônios[17] históricos naquela época de 1830/1855, os governante passaram a construir anteprojetos de lei em defesa do patrimônio artístico nacional, no decorrer dos anos. Como bem nos esclarece Miranda (2006), no ano de 1920, ocorreu, no Brasil, a elaboração de anteprojeto de lei de proteção patrimonial artístico-cultural. Senão vejamos:

> No Brasil, em 1920, a Sociedade Brasileira de Belas Artes, por meio de seu presidente, Bruno Lobo, encarregou o professor Alberto Childe, conservador de Antiguidades Clássicas do Museu Nacional, de elaborar um anteprojeto de lei em defesa do patrimônio artístico nacional. Contudo, a proposta preocupava-se quase exclusivamente com a proteção dos bens arqueológicos, propondo a desapropriação das áreas possuidoras desses bens, o que gerou reação por parte das oligarquias que se mantinham no poder, grandes proprietários de terras, e inviabilizou a sua aprovação. Um outro projeto, de autoria do deputado pernambucano Luiz Cedro, apresentado na Câmara em 1923, visava organizar a proteção dos monumentos artísticos, mas, ao contrário de Alberto Childe, não se preocupava com a questão arqueológica. (MIRANDA, 2006, p. 2).

Inquestionável a necessidade de que os projetos de lei apresentassem melhorias práticas, em relação à proteção do patrimônio histórico cultural, ainda que mais voltadas para o âmbito artísitco. Todavia, em virtude de interesses diversos, os governantes entravam em conflito, o que inviabilizava a realização desses projetos. Certo é que o interesse da coletividade precisava ser respeitado e acolhido, buscando-se uma solução favorável a todos.

---

[16] No âmbito Cível, apesar do interesse de Dom Pedro II pelos estudos da história e das artes, pouca evolução houve acerca da proteção ao patrimônio cultural brasileiro. Merece registro o Aviso de 13 de dezembro de 1855, expedido pelo Ministro do Império, Conselheiro Luiz Pedreira de Couto Ferraz, que transmitia ordens aos Presidentes das Províncias e ao Diretor das Obras Públicas da Corte para terem cuidados especiais na restauração dos monumentos, protegendo as inscrições nelas gravadas. (MIRANDA, 2012, p. 2).

[17] Para que um bem seja considerado como patrimônio histórico é necessária existência de nexo vinculante com a identidade, a ação e a memória dos diferentes grupos formadores da sociedade brasileira. (FIORILLO, 2019, p. 580).

Nessa linha de raciocínio, no ano de 1924, o Deputado Augusto de Lima apresentou na Câmara Federal o seu projeto, como explicita Miranda (2012):

> No ano 1924 o Deputado Augusto de Lima apresentou na Câmara Federal um projeto que visava proibir a saída de obras de arte antiga para o estrangeiro. Preocupava-se o ilustre mineiro com proliferação do comércio desordenado e cada vez mais crescente de nossos bens culturais, mas o seu projeto não se mostrou viável porque entrava em choque com a Constituição Federal então vigente, que não previa restrição à propriedade com o propósito de se proteger o patrimônio cultural do País. Em 1925 o Estado de Minas Gerais, por intermédio do governo Mello Vianna, encaminhou propostas ao Congresso Nacional para impedir a dispersão do patrimônio histórico e artístico das velhas cidades mineiras, mas novamente a tentativa de proteção não surtiu efeito no âmbito federal. (MIRANDA, 2006, p. 2-3).

Analisando-se o contexto, pode-se afirmar que a criação de projetos, no âmbito federal, para promover a proibição da saída de obras de arte antigas para o estrangeiro e também combater o crescimento do comércio desordenado dos bens culturais no Brasil, naquela época (1924, 1925), era uma iniciativa de urgência a ser estabelecida. Exemplo disso era o Estado de Minas Gerais, que precisava de apoio federal para amenizar ou sanar a dilapidação do patrimônio cultural das cidades mineiras, como acontecia em Ouro Preto[18].

Independentemente da consolidação de ações protetivas, no âmbito federal, os governantes estaduais não permaneceram inertes, observando os bens das cidades sendo degradados e delapidados. Apesar dos já citados conflitos entre governantes estaduais, em relação ao desenvolvimento e positivação de proteção dos bens, ocorreu, na década de 20, uma junção de Estados brasileiros, para promover e garantir a defesa dos patrimônios e acervos históricos. Nesse sentido, interessante destacar o que nos traz Miranda:

> Em nível estadual, ainda na década de 20 do século passado, Bahia e Pernambuco decidiram organizar a defesa de seus acervos históricos. A Bahia, com o então presidente estadual Francisco Marques de Góis Calmon, por meio das Leis Estaduais nº 2.031 e nº 2.032, de 8 de agosto

[18] Ouro Preto é uma das primeiras cidades tombadas pelo Iphan, em 1938, e a primeira cidade brasileira a receber o título de Patrimônio Mundial, conferido pela Unesco, em 1980. Tal reconhecimento deve-se, principalmente, ao fato da cidade ser um sítio urbano completo e pouco alterado em relação à sua essência: formação espontânea a partir de um sistema minerador, seguido por uma marcada presença dos poderes religioso e governamental, e fortes expressões artísticas que se destacam por sua relevância internacional. (IPHAN, 2014, p. 1).

> de 1927, regulamentadas pelo Decreto nº 2.031 e nº 2.032, de 8 agosto de 1927, regulamentadas pelo Decreto nº 5.339 de 6 de dezembro de 1927, criou a Inspetoria Estadual nº 1.918 de 24 de agosto de 1928, criou a inspetoria Estadual de Monumentos Nacionais e um Museu. Apesar das medidas adotadas, os Estados não conseguiam assegurar a proteção dos monumentos históricos e artísticos, pois o Código Civil não previa sanções aos que atentassem contra o patrimônio cultural. (MIRANDA, 2006, p. 3).

Houve, sem dúvida, progresso das leis de proteção patrimonial, em nível estadual, como consequência da organização de instrumentos jurídicos, com seus essenciais dispositivos para combater as ilegalidades contra os patrimônios e acervos históricos.

Com a positivação dessas leis e decretos estaduais houve elaboração de outros projetos, que buscavam aprovação no sentido de promover melhorias na proteção dos patrimônios. Exemplo disso ocorreu no ano de 1930[19], com o projeto de Lei n° 230 que versava especificamente sobre a proteção dos monumentos históricos.

Devido à consolidação e potencialidade desse aparato jurídico, foi possível criar a Inspetoria[20] Estadual de Monumentos Nacionais. Essa Inspetoria além de desenvolver funções para inspecionar, uniformizar legislações sobre a proteção e conservação dos monumentos nacionais, organizava a fiscalização dos patrimônios com suas edificações, estabelecendo guarda, controle e comércio dos artefatos de artes antigas.

---

19 No ano de 1930, o deputado baiano José Wanderley de Araújo Pinho apresentou ao Congresso Nacional novo projeto de lei versando sobre a proteção dos monumentos históricos, que, com a dissolução do Congresso Nacional causado pela Revolução de outubro de 1930, não teve prosseguimento. (MIRANDA, 2006, p. 3).

20 A Inspetoria de Monumentos Nacionais (IMN) foi criada pelo Decreto nº 24.735, de 14 de julho de 1934 - assinado pelo presidente Getúlio Vargas e seu ministro da Educação e Saúde Pública, Washington Pires -, que aprovou o novo regulamento do Museu Histórico Nacional (MHN). Caberiam ao novo departamento do Museu Histórico as funções de inspeção das edificações de valor histórico e artístico e o controle do comércio de objetos de arte e antiguidades, o que seria feito com base em algumas determinações, entre as quais a organização de um catálogo dos edifícios dotados de "valor e interesse artístico-histórico existentes no país" para propor ao governo federal aqueles que deveriam ser declarados Monumentos Nacionais, não podendo ser demolidos, reformados ou transformados sem a permissão e fiscalização do MHN. A IMN não tinha autonomia para determinar quais edificações deveriam ser consideradas monumentos nacionais. Estava previsto apenas um levantamento a título de sugestão ao governo federal para que este então atribuísse o título de monumento. (MAGALHÃES, 2014, p. 1).

Referente aos efeitos dos desdobramentos jurídicos brasileiros, a proteção e conservação dos monumentos nacionais se ampliaram, como no ano de 1933, quando a cidade de Ouro Preto foi reconhecida como monumento nacional:

> Somente em 1933, surgiu o primeiro diploma federal brasileiro tratando do patrimônio cultural. Foi o Decreto nº 22.928, de 12 de junho de1933, que erigiu a cidade de Ouro Preto a Monumento Nacional. No ano seguinte iniciou-se a organização de um serviço de proteção aos monumentos históricos e às obras de arte mediante o Decreto nº 24.735, que aprovou um novo regulamento para o Museu Histórico Nacional. Mas o grande avanço se deu em 1934, com a consagração da proteção ao patrimônio cultural a partir da Constituição Federal promulgada em 16 de julho daquele ano 1934. A novel Carta Magna instituiu a função social da propriedade como princípio constitucional (art.133, inc. XVII e 134). (MIRANDA, 2006, p. 3-4).

A positivação de proteções patrimoniais no ano de 1933, bem como a promulgação da Constituição Federal Brasileira de 1934, que abarcava os monumentos históricos, artísticos e naturais, atribuíram responsabilidades aos Estados e municípios, para que garantissem maior preservação e cuidados com os bens. As diretrizes decretadas na Constituição Federal Brasileira de 1934, estipulando proteção das belezas naturais e dos monumentos históricos ou artísticos, e impedindo a saída de obras de arte do país, propiciaram importantes inovações constitucionais para combater as ilegalidades contra os patrimônios e a propriedade privada. "De fato, a Constituição de 16 de julho de 1934 é a primeira a estabelecer a função social da propriedade como determinante em relação à propriedade privada". (GOMES, 2016, p. 11).

Nessa concepção de proteção dos patrimônios, nota-se que a criação e desenvolvimento de instrumentos jurídicos se ampliavam no Brasil, como afirma Miranda (2006), referindo-se ao primeiro Congresso Brasileiro de Proteção à Natureza:

> Em 1935, durante o Primeiro Congresso Brasileiro de Proteção à Natureza, ocorrido no Rio de Janeiro, foi idealizada a criação de um serviço técnico especial de monumentos nacionais. O então Ministro da Educação, Gustavo Capanema, foi quem tomou a iniciativa de um projeto de lei federal referente ao assunto. Contando com a colaboração do historiador Luíz Camilo de Oliveira Neto e com alusão às leis francesas e ao projeto de José Wanderley de Araújo Pinho, o Ministro encarregou o escritor Mário de Andrade, então diretor do departamento de Cultura do Município de São Paulo, da elaboração de um plano de criação do Serviço do Patrimônio Histórico e Artístico Nacional. (MIRANDA, 2006, p.4).

As iniciativas governamentais de criar projetos em nível federal, resultaram em motivação e referência para outros Estados do Brasil se posicionarem a respeito da proteção dos patrimônios, adotando medidas jurídicas para não deixar seus patrimônios desprotegidos.

As proposições dos governantes, na busca para se estabelecer a proteção dos patrimônios, garantiram e incentivaram ações de permanência e valorização da identidade cultural da população, visto que o poder público estadual serve como instrumento basilar para promover a intervenção e reafirmação da revitalização, restauração do Patrimônio Histórico e Artístico Nacional.

Na análise do desenvolvimento dos dispositivos jurídicos brasileiros, verifica-se a criação do projeto de lei elaborado no ano de 1936, o qual versava sobre a proteção do patrimônio histórico artístico nacional:

> O projeto de lei sobre a proteção do patrimônio histórico artístico nacional, elaborado por Mário de Andrade e por Rodrigo de Melo Franco Andrade, foi apresentado à Câmara dos Deputados em 15 de outubro de 1936, onde tramitou muito rapidamente, sendo aprovado e encaminhado ao Senado. No Senado o texto foi aprovado com emendas e retornou à câmara, sendo marcada data de 10 de novembro de 1937 para discussão final. Naquele mesmo dia, por ironia da história, um golpe de Estado dissolveu o Congresso e entrou em vigor nova Constituição Federal que, embora sendo produto do autoritarismo, era mais eficaz na defesa do patrimônio cultural brasileiro. (MIRANDA, 2006, p.4-5).

O projeto supramencionado de 1936[21] apresentou diretrizes importantes para preencher as necessidades da época, na proteção dos bens. O projeto[22] e a

---

[21] Em 1936, atendendo à demanda do ministro Gustavo Capanema, Mário de Andrade apresenta o seu anteprojeto de criação do Serviço de Patrimônio Artístico Nacional (SPAN). Por muitos motivos, esse documento é emblemático. A leitura que dele se faz hoje é a de que é extremamente atual, e se atribui a Mario de Andrade o adjetivo de visionário, tendo em vista os encaminhamentos na direção da imaterialidade do patrimônio advogada naquele documento. Esse anteprojeto é a materialização de que, para que se tenha e se utilize o vocábulo patrimônio, há necessidade de elaboração e constituição de um pensamento reflexivo acerca da área; e não é de outro escopo o instrumento elaborado por Mario de Andrade: conceituação e categorização do patrimônio, seguido de um documento que se poderia denominar regimento, pois desenvolve todo um projeto institucional, contemplando inclusive o corpo de profissionais necessários. Estamos, sem dúvida, diante de uma proposta que desvela toda uma autonomização do campo do patrimônio. (GOMES, 2016, p. 10).

[22] Denso e polêmico, tanto nos detalhes como na abrangência, o Anteprojeto estabelece os objetivos da nova instituição – "O Serviço do Patrimônio Artístico Nacional, tem por objetivo: determinar, organizar, conservar, defender e propagar o patrimônio artístico nacional –, delimita um campo de discussão, levanta problemas, cria uma estrutura técnico-administrativa, nomeia interlocutores e opositores, enquanto define o que Mário de Andrade entende por "patrimônio artístico nacional. (SANTOS, 2018, p. 15).

importante política cultural de Mario de Andrade[23] e Rodrigo de Melo Franco Andrade, juntamente ao Órgão SPHAN[24], fizeram com que as instituições culturais existentes estabelecessem novos objetivos em determinar, organizar, conservar, defender e propagar a preservação dos patrimônios artísticos do Brasil.

A positivação do projeto de proteção do patrimônio histórico artístico nacional e, na sequência, a promulgação da Constituição Federal Brasileira de 1937, trouxeram diretrizes eficazes que contribuíram para influenciar na elaboração e desenvolvimento de outras legislações, por exemplo, no surgimento do Estado Novo, com a positivação constitucional do relevante Decreto-Lei n° 25° de 1937:

> Cumprindo a vontade constitucional, o Estado Novo editou, com apenas vinte dias de sua existência, o seu 25° Decreto-Lei, no dia 30 novembro de 1937, organizando a proteção do patrimônio histórico e artístico nacional. O texto do Decreto era praticamente uma cópia do projeto de Mario de Andrade já aprovado na Câmara e no Senado. Com a edição o sistema jurídico brasileiro obteve um instrumento legal para a proteção do patrimônio cultural, batizado popularmente como "Lei do Tombamento". Apesar do produto final da lei de proteção ao patrimônio cultural ter se materializado em um ato típico do autoritarismo (Decreto-Lei), ele passou por todo o procedimento democrático que antecede a sanção e promulgação dos projetos de leis e o seu conteúdo era o resultado de trabalhos aprofundados e sérios de intelectuais e políticos comprometidos com a defesa da cultura brasileira. (MIRANDA, 2006, p.5).

A positivação desse Decreto-Lei nº 25º, de 30 novembro de 1937, que impulsionou a legislação, organizando a proteção do patrimônio histórico e artístico nacional, tornou-se primordial essa discussão, estabelecendo uma somatória de reivindicações e experiências de governantes passados, que lutavam pela

[23] A política cultural que Mário de Andrade ajudará a promover através do Departamento de Cultura, a partir do início dos anos 30 incluirá a defesa do patrimônio artístico e cultural do estado de São Paulo e também será inspiradora da criação do Serviço do Patrimônio Histórico e Arquitetônico Nacional (SPHAN) atual IPHAN. (POLONI, 2017, p. 71).

[24] O SPHAN começou a funcionar em 1936, a partir de determinação presidencial dirigida ao ministro da Educação e Saúde Pública, Gustavo Capanema, conforme mencionado no relatório de atividades desse ano apresentado por Rodrigo Melo Franco de Andrade. A Lei nº. 378 que criou o Conselho Consultivo do SPHAN, como um órgão necessário ao funcionamento do Serviço, e determinou sua composição. As primeiras ações do SPHAN envolveram a criação do Museu Nacional de Belas Artes, no Rio de Janeiro (1937), o Museu da Inconfidência, em Ouro Preto (1938) e o Museu de São Miguel das Missões no Rio Grande do Sul (1940). Serviço do Patrimônio Histórico e Artístico Nacional (SPHAN) foi a primeira denominação do órgão federal de proteção ao patrimônio cultural brasileiro, hoje Instituto do Patrimônio Histórico e Artístico Nacional (IPHAN). (THOMPSON *et al*, 2010, p. 1).

institucionalização da proteção dos patrimônios artísticos, culturais e paisagísticos nos períodos de mudanças entre as décadas[25] de vinte e trinta.

Esse primoroso Decreto 25/1937[26] incorporou ideias, diretrizes dos projetos anteriores tendo sido elaborado com minúcias, trazendo garantias inovadoras e singulares para tutelar com eficácia o patrimônio artístico e histórico nacional. O dispositivo jurídico, sendo imprescindível e determinando diretrizes para conservar e preservar o patrimônio histórico e artístico nacional, independentemente de serem bens imóveis ou móveis, demonstrou que a conservação deve ser realizada inicialmente por meio do interesse público, pois isso fortalece o civismo. "O patrimônio cultural do país era considerado indispensável na formação do civismo nacional". (MAIA, 2018, p. 94).

Paralelamente às determinações do Decreto 25/1937, de que a conservação dos patrimônios deve ocorrer por meio do interesse público, nota-se que o dispositivo declara que existe a vinculação do interesse público aos fatos memoráveis da história do Brasil, que precisam ser preservados, juntamente com os bens. De acordo com esse aspectos de proteção dos patrimônios, o nacionalismo[27] no Brasil crescia, somando e promovendo a reafirmação, preservação dos patrimônios, das manifestações folclóricas e expressões artísticas de grupos na população.

---

25 A onda de mudanças, porém, ecoa no Brasil. Nas décadas de 20-30 há um movimento para confecção de uma legislação protetiva do patrimônio cultural, que culmina com edição do Decreto-lei 25/37, conhecido como Lei do Tombamento. As discussões que antecederam tal decreto se deram sob influência do movimento modernista, numa conjuntura sociocultural que buscava a valorização da identidade brasileira e seus vários elementos. A essa conjuntura somam-se s repercussão da crise econômica mundial no cenário brasileiro e a própria mudança socioeconômica interna, com o fortalecimento da elite industrial e comercial, que marca a nova fase do capitalismo no país. (SOARES, 2009, p. 24).

26 Apesar de muitos afirmarem que o Decreto lei 25 de 30 de novembro de 1937 é uma releitura do anteprojeto de Mario de Andrade, peço licença para discordar e sinalizar que neste diploma há maior preocupação em estabelecer penalidades e restrições aos bens móveis e imóveis objetos do tombamento, do que propriamente em definir o que seria efetivamente patrimônio. O Decreto-lei 25 de 1937, por sua natureza mais disciplinadora, encaminha alguns artigos que procuram regulamentar a questão da conservação, preservação e restauração. (GOMES, 216, p.6)

27 Ao longo do século XIX e também do século XX, o nacionalismo surgiu (1937-1945) sempre que as elites nativas lutaram para expelir poderes estrangeiros, imperiais ou coloniais, de tal modo que, durante algum tempo, o nacionalismo pareceu indistinto da democracia popular. O nacionalismo utiliza a proliferação de culturas ou a riqueza cultural preexistente, herdadas historicamente, embora o faça seletivamente. É possível revivificar línguas mortas, inventar tradições, restaurar antigas essências bastante fictícias. Isso não significa que o nacionalismo seja uma invenção ideológica. (MARRATZU, 2016, p.1, 2).

É possível afirmar, diante da análise do desenvolvimento dos dispositivos jurídicos brasileiros para a preservação e proteção dos patrimônios no Brasil, que os governantes tiveram influência da cultura personalista presente no poder, para ampliar o ordenamento jurídico, como foi a sanção da inovação legislativa pela Lei nº. 3.924, de 26 de junho de 1961, do presidente Jânio Quadros:

> A importantíssima inovação legislativa adveio no ano de 1961, com o então presidente Jânio Quadros, quando foi sancionada a Lei n.3. 924, de 26 de junho, dispondo sobre o nosso patrimônio arqueológico. O texto desse diploma legal foi resultado dos trabalhos desenvolvidos por uma comissão formada por estudiosos do assunto, dentro os quais estavam Paulo Duarte (USP), José Loureiro Fernandes (Universidade do Paraná), Rodrigo Melo Franco de Andrade (IPHAN) e Benjamin Campos (Procuradoria do Ministério da Agricultura) (MIRANDA, 2006, p. 7).

A união de estudiosos, buscando esforços para proteger e preservar os patrimônios arqueológicos e sítios contra ações danosas, também apresentavam, para além de toda a proteção, interesses econômicos que os bens poderiam gerar futuramente.

Mesmo com todo o aparato legislativo, que previa a proteção de bens imóveis, foi no decorrer do ano de 1965[28] que aconteceu maior delapidação e extravio de bens móveis culturais brasileiros. Mas em contrapartida a esses acontecimentos, foi sancionada a Lei nº 4.845/65[29] para combater o avanço das ilegalidades, proibindo a saída para o exterior das obras de arte e ofícios criados no país, até o fim do período monárquico. Os artigos 1° e 2º determinavam proibições específicas contra o tráfico das obras de arte, pois muitas obras eram traficadas vindas de Portugal durante o regime colonial e imperial.

---

[28] Em 1965, objetivando o controle de evasão dos bens moveis integrantes do patrimônio cultural brasileiro, houve a proibição da saída de para o exterior de obras de arte produzidas no país até o fim do período monárquico com a edição da Lei nº 4.845, de 19 de novembro de 1965. (MIRANDA, 2006, p. 8).

[29] Lei nº 4.845 de 19 de novembro de 1965. Proíbe a saída, para o exterior, de obras de arte e ofícios produzidos no país, até o fim do período monárquico. O presidente da república, faço saber que o Congresso Nacional decreta e eu sanciono a seguinte Lei: Art.1º - Fica proibida a saída do País de quaisquer obras de artes e ofícios tradicionais, produzidas no Brasil até o fim do período monárquico, abrangendo não só pinturas, desenhos, esculturas, gravuras e elementos de arquitetura, como também obra de talha, imaginária, ourivesaria, mobiliário e outras modalidades. Art.2º - Fica igualmente proibida a saída para o estrangeiro de obras da mesma espécie oriundas de Portugal e incorporadas ao meio nacional durante os regimes colonial e imperial. (BRASIL, 1965).

Nesse contexto de combate ao tráfico de obras de arte no Brasil, no ano seguinte, em 1966, foi criado o Conselho Federal de Cultura[30](CFC), órgão que se consolidou buscando incorporar e valorizar as características gerais do regionalismo nacional.

Nesses relatos referentes ao desenvolvimento das legislações protetivas dos patrimônios, constatou-se já no ano 1968[31], um avanço legislativo com a positivação da Lei nº 5.471/68[32], proibindo as exportações de bens móveis antigos, por exemplo, obras de arte, livros etc. Essa Lei, que se referia à proteção dos conjuntos bibliográficos brasileiros e estabelecia proibição de exportações dos bens, fez garantir a preservação de quaisquer bens culturais, originais e cópias antigas, até de partituras musicais.

Na sequência, diante do avanço jurídico para a proteção dos bens culturais, na década de 70, sob o comando do governador General Ernesto Geisel foi promulgada a Lei nº 6.292 de 1975[33]. Essa lei objetivava promover melhores garantias para combater os conflitos que existiam envolvendo os bens

---

[30] O Conselho foi criado pelo decreto-lei n.74, de 12 de novembro de 1966, e funcionou no Palácio da Cultura, no Rio de Janeiro. O início de suas atividades ocorreu no início de 1967. A criação do Conselho Federal de Cultura teve como objetivo institucionalizar a ação do Estado no setor cultural e tornar hegemônicas as concepções de um grupo de intelectuais sobre a cultura nacional. Dessa forma, a atuação dos intelectuais no setor cultural tem um duplo objetivo: primeiro, a redefinição da função política da cultura e do papel estatal no setor; segundo, uma disputa no campo cultural pela definição da cultura e da identidade nacionais. (MAIA, 2018, p. 89).

[31] No ano de 1968 foi sancionada a Lei nº 5.471 que proibiu, sob qualquer forma, a exportação de livros antigos e conjuntos bibliográficos brasileiros editados entre o século XVI E XIX. Em meados da década 70, no governo de General Ernesto Geisel, foi sancionada a Lei nº 6.292, de 15 de dezembro de 1975, que tornou o tombamento e seus cancelamentos dependentes da homologação do Mistério da Educação e Cultura. (MIRANDA, 2006, p. 8).

[32] Lei nº 5.471, de 9 de julho de1968. Regulamento. Dispõe sobre a exportação de livros antigos e conjuntos bibliográficos brasileiros. Art. 1º Fica proibida, sob qualquer forma, a exportação de bibliotecas e acervos documentais constituídos de obras brasileiras ou sobre o Brasil, editadas nos séculos XVI a XIX. Parágrafo único. Inclui-se igualmente, nessa proibição a exportação de: a) obras e documentos compreendidos no presente artigo que, por desmembramento dos conjuntos bibliográficos, ou isoladamente, hajam sido vendidos; b) coleções de periódicos que já tenham mais de dez anos de publicados, bem como quaisquer originais e cópias antigas de partituras musicais. (BRASIL, 1968).

[33] Lei nº 6.292, de 15 de dezembro de 1975. Dispõe sobre o tombamento de bens no Instituto do Patrimônio Histórico e Artístico Nacional (IPHAN). Art. 1º O tombamento de bens no Instituto do Patrimônio Histórico e Artístico Nacional (IPHAN), previsto no Decreto-lei nº 25, de 30 de novembro de 1937, dependerá de homologação do Ministro de Estado da Educação de Cultura, após parecer do respectivo Conselho Consultivo. Parágrafo único. Aplica-se o disposto neste artigo ao caso de cancelamento a que se refere o § 2º do artigo 19

tombados do Instituto do Patrimônio Histórico e Artístico Nacional (IPHAN). Principalmente através de ações de conservação de patrimônios vinculados a fatos memoráveis da história do Brasil.

Avançando na compreensão da legislação protetiva dos patrimônios culturais no Brasil, nota-se que os dispositivos jurídicos precisam progredir, se adequando às necessidades da população, proporcionando medidas eficazes para combater as degradações e ilegalidades que ocorrem contra os patrimônios.

No decorrer dessa análise, verificou-se que as influências do desenvolvimento do aparato jurídico no transcurso da história da proteção do patrimônio cultural no Brasil foi base fundamental para legislação da proteção dos patrimônios na contemporaneidade. Constatou-se, também, que as influências dos progressos legislativos refletem na Constituição Federal Brasileira de 1988, conforme será abordado a seguir.

2.2 Proteção atual do patrimônio cultural brasileiro

Na análise dos relatos a respeito do desenvolvimento jurídico no decorrer dos anos, no Brasil, para a proteção dos patrimônios e do ambiente cultural vinculado com o ambiente natural, destaca-se primordialmente a Constituição da República do Brasil de 1988. Essa Constituição passou a tutelar o ambiente natural fundamentado no artigo 225, estabelecendo a proteção dos patrimônios e do ambiente cultural, através da positivação nos artigos 215, 216 e 216 A.

No que tange à Constituição da República do Brasil de 1988, especificamente para a proteção dos patrimônios e o ambiente cultural, percebe- se que a Constituição recepcionou o Decreto-Lei nº 25 de 1937, estabelecendo tal dispositivo jurídico tivesse força vinculante no território nacional. O Decreto influenciou outros dispositivos jurídicos na Constituição visando à proteção e preservação dos patrimônios culturais materiais no Brasil.

A Constituição Federal brasileira de 1988, especificamente em seu Artigo 216, incisos I a V, representa a estrutura central do sistema de proteção e preservação dos patrimônios e bens culturais brasileiros. "Com a promulgação da Constituição Federal de 1988, o conceito de patrimônio cultural e também o de bem cultural foram ampliados, permitindo novas possibilidades de proteção". (OLIVEIRA JUNIOR, CUNHA FILHO, 2014, p. 247).

---

do Decreto-lei nº 25, de 30 de novembro 1937. Art. 2º Esta lei entrará em vigor na data de sua publicação, revogadas as disposições em contrário. (BRASIL, 1975).

Além do Artigo supramencionado, merece destaque, ainda, o Artigo 215, no que tange a essa proteção, conforme se verifica, *in verbis:*

> Da cultura. Art. 215. O Estado garantirá a todos o pleno exercício dos direitos culturais e acesso às fontes da cultura nacional, e apoiará e incentivará a valorização e a difusão das manifestações culturais. Art. 216. Constituem patrimônio cultural brasileiro os bens de natureza material e imaterial, tomados individualmente ou em conjunto, portadores de referência à identidade, à ação, à memória dos diferentes grupos formadores da sociedade brasileira, nos quais se incluem: I - as formas de expressão; II - os modos de criar, fazer e viver; III - as criações científicas, artísticas e tecnológicas; IV - as obras, objetos, documentos, edificações e demais espaços destinados às manifestações artístico-culturais; V - os conjuntos urbanos e sítios de valor histórico, paisagístico, artístico, arqueológico, paleontológico, ecológico e científico. (BRASIL, 1988).

Devido à positivação desses dispositivos jurídicos, observa-se que foi essencial definir e conceituar os patrimônios culturais[34] de natureza material e imaterial na Constituição Federal Brasileira de 1988, para que pudessem ocorrer melhorias específicas na proteção e efetivação das ações do Estado, que, garantindo a proteção e o exercício dos direitos culturais, proporciona fortalecimento da identidade[35] cultural e da cidadania[36] para a população.

---

[34] O patrimônio cultural é composto por monumentos, conjuntos de construções e sítios arqueológicos, de fundamental importância para a memória, a identidade e a criatividade dos povos e a riqueza das culturas. Esta composição está definida na Convenção para a Proteção do Patrimônio Mundial, Cultural e Natural, elaborada na Conferência Geral da Organização das Nações Unidas para Educação, a Ciência e a Cultura (Unesco), em Paris (França), em 1972, e ratificada pelo Decreto No. 80.978, de 12 de dezembro de 1977. (IPHAN, 2014, p. 1)

[35] A identidade cultural remete à origem de um determinado grupo que supostamente caracterizaria o indivíduo de maneira autêntica. Tal compreensão da identidade cultural como reflexo das raízes constitutivas de um grupo social aparece tanto nas leituras "naturalistas" como "culturalistas" realizadas pelas ciências sociais. A identidade seria resultado da essência cultural de um grupo, cabendo aos intelectuais o papel de difusor dessa identidade, pela investigação dos elementos formadores da cultura. (MAIA, 2008, p. 100, 101).

[36] A cidadania plena é o primeiro fator de proteção e imortalidade da história de uma nação e vice-versa. É por meio dos cidadãos que a história é vivida e recontada. Não há patrimônio histórico onde não há cidadania. Temos que observar também que o entrelaçamento do patrimônio histórico com a cidadania é relação contínua, trabalhada e vivida a cada dia. Os bens culturais são elementos vivos e dinâmicos e a luta por essa convivência deve ser permanente e reconstruída a cada geração para que não se perca o direito/dever de todos a sua história, aos seus antepassados, ao legado deixado e aos sentimentos envolvidos. (CUSTÓDIO; LIMA, 2015, p.13).

Considerando a importância da proteção de bens e patrimônios culturais por ações do Estado, a Constituição Federal Brasileira de 1988, no já citado artigo 216, incisos I a V, define os patrimônios para a melhor efetivação da tutela.

> Constituem patrimônio cultural brasileiro os bens de natureza material ou imaterial, tomados individualmente ou em conjunto, portadores de referência à identidade, a ação, a memória dos diferentes grupos formadores da sociedade brasileira, nos quais se incluem: I. as formas de expressão; II. os modos de criar, fazer e viver; III. as criações científicas, artísticas e tecnológicas. IV. as obras, objetos, documentos, edificações e demais espaços destinados ás manifestações artístico-culturais; V. conjuntos urbanos e sítios de valor histórico, paisagístico, artístico, arqueológico. (BRASIL, 1988).

Verifica-se que esse conceito positivado na matriz constitucional representa os fundamentos dos patrimônios compostos por natureza material ou imaterial, reunindo vasta diversidade cultural, que deve ser preservada, na sua integralidade, sem distinção. "A partir da matriz constitucional, tem-se que a diversidade deve ser não apenas preservada como também incentivada. Para tanto, foi prevista a criação de mecanismos de incentivo e preservação da cultura". (FELISBERTO, 2012, p.16).

Por conseguinte, dentro da diversidade de patrimônios culturais materiais e imateriais, destaca-se o patrimônio artístico, composto por bens artísticos que refletem nas diversas manifestações artístico-culturais de um povo. Isso porque o patrimônio cultural é intrínseco à formação humanística da sociedade.

Ressalta-se, nessa mesma compreensão, que a proteção jurídica brasileira dos patrimônios históricos e culturais passou por reformulações e progresso na legislação, devido às necessidades das relações socioculturais.

A Constituição Federal Brasileira de 1988, nos artigos 225, 216 e 216A[37]com o objetivo primordial de proteção e gestão do patrimônio cultural[38] vincula a letra da Lei à tutela e diversidade de todo o meio ambiente

---

[37] Art. 216-A. O Sistema Nacional de Cultura, organizado em regime de colaboração, de forma descentralizada e participativa, institui um processo de gestão e promoção conjunta de políticas públicas de cultura, democráticas e permanentes, pactuadas entre os entes da Federação e a sociedade, tendo por objetivo promover o desenvolvimento humano, social e econômico com pleno exercício dos direitos culturais. (BRASIL, 1988).

[38] A Constituição Federal consagra um patrimônio cultural multifacetário, pois abarca conceitos de natureza material e imaterial, considerados individualmente ou em conjunto, portadores de referência à identidade, à ação, à memória dos diferentes grupos formadores da sociedade brasileira". (FACHIN; FRACALOSSI, 2019, p.23).

cultural. "Todavia, é mais correto afirmar que o patrimônio cultural constrói o conceito de meio ambiente cultural". (FACHIN; FRACALOSSI, 2015. p.7). Essa composição do patrimônio cultural e do meio ambiente cultural passa a ser indissociável das relações sociais, pois compõe o mesmo núcleo, com agregação, autorreconhecimento[39] e reafirmação de valores culturais, o que influencia no modo de pensar, criar, agir, entre outros.

Com as características dos patrimônios e bens culturais, sejam materiais ou imateriais, nota-se que o Direito brasileiro necessitou tutelar, sem distinção, as manifestações culturais, artísticas (arte[40]) e todos os patrimônios culturais, de maneira abrangente. Diante da necessidade de continuar garantindo e expandindo a proteção e preservação dos patrimônios e do ambiente cultural, destaca-se o órgão IPHAN - Instituto do Patrimônio Histórico e Artístico Nacional, Autarquia Federal criada desde 13 de janeiro de 1937 pela Lei nº 378, pelo governo de Getúlio Vargas.

De fato, as atribuições do órgão IPHAN apresentaram progressos consideráveis na legislação pertinente à proteção dos patrimônios culturais. Foram sendo implementadas leis, ao longo dos anos, dentre as quais o Decreto n° 99.492, de 3 de setembro de 1990, com base na Lei nº 8.029[41] de 12 de abril de 1990. Esse decreto determina a proteção para as Fundações do Instituto Brasileiro de Arte e Cultura IBAC, Biblioteca Nacional (BN), e a Autarquia Federal Instituto Brasileiro do Patrimônio Cultural IBPC. A Lei nº 8.029/90, por sua vez, sustenta as diretrizes do Decreto n° 99.492/90, com a previsão de que o Poder Executivo autoriza extinguir ou mesmo a transformar entidades da Administração Pública Federal.

---

39 O autorreconhecimento se caracteriza por meio da autoafirmação que o próprio grupo faz de si mesmo enquanto produtor cultural e concomitantemente aquele que frui diretamente do bem "produzido", colocando-se em posição diferente dos demais grupos e manifestações culturais. (FELISBERTO, 2012, p. 61).

40 A arte pode tornar perceptível, acessível aos sentidos e ás emoções o salto vertiginoso para dentro da virtualização que efetuamos tão frequentemente ás cegas e contra nossa vontade. Mas a arte pode também intervir ou interferir no processo (LEVÝ, 1996, p. 148).

41 Lei nº 8.029, de 12 de abril de 1990. Dispõe sobre a extinção e dissolução de entidades da administração Pública Federal, e dá outras providências. Art. 1° É o Poder Executivo autorizado a extinguir ou a transformar as seguintes entidades da Administração Pública Federal. Art. 2° É o Poder Executivo autorizado a constituir: I - o Instituto Brasileiro da Arte e Cultura - IBAC, sob regime jurídico de Fundação, ao qual serão transferidos o acervo, as receitas e dotações orçamentárias, bem assim os direitos e obrigações das fundações a que se referem as alíneas a, b e c do inciso II do artigo anterior, com as seguintes competências. (BRASIL, 1990).

Além dessas demonstrações do aperfeiçoamento do aparato jurídico brasileiro para a proteção dos patrimônios culturais, evidencia-se, também, a publicação da Lei nº 8.113[42], de 12 de dezembro de 1990, que apresenta fundamentos do Poder Executivo autorizando a constituir e garantir proteção no que tange à natureza jurídica do Instituto Brasileiro do Patrimônio Cultural[43]- IBPC e da Biblioteca Nacional. Posteriormente, ao passar vinte anos, foi criado o imprescindível Decreto nº 6.844[44], de 07 de maio de 2009, que estabeleceu a estrutura regimental e o quadro demonstrativo dos cargos em comissão e das funções ratificadas do Instituto do Patrimônio Histórico e Artístico Nacional - IPHAN.

Com a criação e fortalecimento das diretrizes e garantias proporcionadas pelo órgão IPHAN, juntamente com os instrumentos jurídicos elencados no ordenamento jurídico brasileiro para a tutela dos patrimônios e do ambiente cultural, surge a necessidade de serem aplicados, exercidos de maneira sistemática, eficiente e eficaz na proteção dos patrimônios culturais, como relatam Fachin e Fracalossi (2015):

---

42 Lei nº 8.113, de 12 de dezembro de 1990. Conversão da Medida Provisória nº 264, de 1990. Dispõe sobre a natureza jurídica do Instituto Brasileiro do Patrimônio Cultural - IBPC e da Biblioteca Nacional. Art. 1° É atribuída a natureza jurídica de autarquia ao Instituto Brasileiro do Patrimônio Cultural (IBPC), a que se refere o inciso II do art. 2° da Lei nº 8.029, de 12 de abril de 1990. Art. 2° É atribuída à Biblioteca Nacional, a que se refere o inciso III do art. 2° da Lei nº 8.029, de 12 de abril de 1990, a natureza jurídica de fundação. Art. 3° As relações jurídicas decorrentes das Medidas Provisórias nº 206, de 8 de agosto de 1990, 221 de 6 de setembro de 1990, e 242, de 10 de outubro de 1990, serão disciplinadas pelo Congresso Nacional, nos termos do disposto no parágrafo único do art. 62 da Constituição. (BRASIL, 1990).

43 O Instituto Brasileiro do Patrimônio Cultural (IBPC) foi uma das denominações que recebeu a instituição federal de preservação do patrimônio cultural entre 1990 e 1994. O Instituto sucedeu a Secretaria do Patrimônio Histórico e Artístico Nacional e a Fundação Nacional Pró-Memória, esta última, junto com a Fundação Nacional de Arte (Funarte), extinta em 1990. (REZENDE; GRIECO; TEIXEIRA; THOMPSON, 2014, p.1).

44 Decreto nº 6.844, de 7 de maio de 2009. Aprova a Estrutura Regimental e o Quadro Demonstrativo dos Cargos em Comissão e das Funções Gratificadas do Instituto do Patrimônio Histórico e Artístico Nacional - IPHAN, e dá outras providências. Decreta: Art. 1º Ficam aprovados a Estrutura Regimental e o Quadro Demonstrativo dos Cargos em Comissão e das Funções Gratificadas do Instituto do Patrimônio Histórico e Artístico Nacional - IPHAN, na forma dos Anexos I e II. Art. 2º Em decorrência do disposto no inciso II do art. 14 da Lei nº 11.906, de 20 de janeiro de 2009, ficam remanejados, na forma do Anexo III, os seguintes cargos em comissão do Grupo-Direção e Assessoramento Superiores - DAS e Funções Gratificadas – FG. (BRASIL, 2009).

> Diante dessas considerações, não é errôneo afirmar que o IPHAN é o grande guardião do patrimônio cultural federal brasileiro. Existe uma gama variada de instrumentos de tutela do meio ambiente cultural, encontrados nos mais variados campos do ordenamento jurídico, com as mais variadas roupagens normativas - visualiza-se a existência de instrumentos constitucionais, processuais, administrativos e penais. Se dependesse unicamente desse plexo instrumental, o meio ambiente cultural seria tutelado de uma forma global e efetiva. (FACHIN; FRACALOSSI, 2015. p. 22).

Com a relevância dos instrumentos de tutela do meio ambiente cultural e dos patrimônios, o órgão do IPHAN e seus dispositivos com suas funções normativas, necessitam exercer suas atuações interligadas, estabelecendo comunicação com outras áreas do Direito brasileiro, proporcionando uma melhor aplicação e desenvolvimento do Direito, na prática, a fim de garantir informações e interconexões para a proteção e preservação dos patrimônios culturais, visando ao bem-estar da coletividade.

Nessa concepção de informações e interconexões para a proteção dos patrimônios[45] e do ambiente cultural, necessário acrescentar o panorama do Direito brasileiro que, com sua linguagem jurídico-legal, vem regulando como proteção a diversidade das relações e manifestações socioculturais. O Direito, sendo indispensável à proteção das reações socioculturais, se expande junto aos instrumentos de comunicação e informações, pois está exposto e conectado na rede de computadores, com suas redes digitais, conforme afirma Lacerda (2017):

> O Direito, como integrante deste gênero é influenciado pelas mudanças sociais ocorridas nas últimas décadas, tendo assim, portanto, que estabelecer seus limites de atuação e não-interação. Tal premissa é parte indissociável do processo de formação da linguagem jurídico-legal. Em um mundo cada vez mais conectado aos computadores e ás redes digitais, a pessoa natural, assim como outros entes, vai se virtualizando. (LACERDA, 2017, p. 1).

Fica clara a interação do Direito, com as várias ferramentas tecnológicas, através das quais, é possível a exposição de ideias e conteúdo nas redes digitais. E assim o Direito vem se adequando e se desenvolvendo, para estabelecer normas mais eficientes, as quais possam expandir a tutela dos patrimônios e do meio ambiente cultural, por meio dessas novas tecnologias de informações e da internet.

---

[45] A proteção ao patrimônio cultural insere-se sem dúvida, no conceito de direitos fundamental de terceira dimensão, sendo inconteste que a tutela desse direito satisfaz a humanidade como um todo (direito difuso), na medida em que preserva a sua memória e seus valores, assegurando a sua transmissão às gerações futuras. (MIRANDA, 2006 p. 16).

Concomitantemente, a sociedade também está cada vez mais interconectada, com informações virtuais disponíveis sobre seus direitos e deveres, no que concerne à proteção dos patrimônios culturais. Percebe-se que devido à possibilidade de conexão pelas redes sociais digitais, ocorre melhor acesso a dados, documentos, imagens (fotografias) e informações digitalizadas[46] que facilitam a tutela do patrimônio cultural, composto por museus[47], pinacotecas, cinematecas, teatros e etc. "Ao se digitalizar informações (seja ela uma fotografia, uma música, um livro, uma aula, um documento, o acervo de um museu), portanto, haverá a transmutação em códigos numéricos daquilo que estaria, em princípio, no mundo tangível". (LACERDA, 2017, p.16).

Seguindo essa sistemática de progresso da proteção ambiental cultural dos patrimônios e instituições, constata-se que a disponibilização de informações pelos órgãos públicos precisa ser atualizada e com conteúdo verídico, a fim de proporcionar maior eficácia à proteção dos patrimônios culturais,[48] preservando *in loco* a diversidade das manifestações culturais. "A diversidade cultural é um dado de realidade que foi incorporado pela Constituição de 1988 e, em razão disso, foi colocada como algo que deve ser preservado". (FELISBERTO, 2012, p.16).

---

46 A digitalização da informação aproxima-se nesse sentido da virtualização, a partir da existência de códigos de computadores, invisíveis e intangíveis, facilmente transferíveis em rede. O mundo virtual é um grande conjunto de códigos digitais. (LACERDA, 2017. p. 16).

47 Uma das mais expressivas aparições no cenário do mundo digitalizado foi protagonizado pela Europeana, um projeto dirigido pela Fundação para a Biblioteca Digital Europeia, lançado em 2005 e aberto ao público em novembro de 2008, com o objetivo de disponibilizar o patrimônio cultural e científico dos 27 Estados-membros, em 29 línguas, com uma abrangência que vai da pré-história à atualidade. Com muitas referências ao Brasil, constitui uma rede de arquivo de grande interesse para a pesquisa histórica e cultural sobre o país. A análise das características técnicas econômicas e culturais da Europeana pode contribuir para a orientação e o fortalecimento do crescente processo de criação e socialização de bibliotecas digitais no Brasil. (WINER, ROCHA, 2013, p.1).

48 Para que a interlocução entre patrimônio e cidadania aconteça de maneira real é imprescindível a implementação da educação patrimonial. Ela irá, didaticamente, apresentar as bases da conscientização acerca da proteção e criar um processo de valorização e pertencimento à história. Para que a educação patrimonial torne-se efetiva é importante que estabeleça proximidade com o cidadão, fato que ocorre no cenário das Missões Jesuíticas no qual se o cidadão percebe a proximidade da história com a sua vida e verdadeira ligação entre o tempo presente e o passado estampado nas ruínas. Assim, consegue valorizar e proteger, cumprindo a função de verdadeiro cidadão – com direito de fruição sobre o bem e cumpridor do dever de proteger para a posteridade. (CUSTÓDIO, LIMA, 2015, p.13).

Convém ressaltar que as caraterísticas dos patrimônios e sua diversidade cultural se revelam mediante as manifestações culturais, como afirma Leite (2004):

> Diz respeito ás manifestações fruto das culturas dos povos. Diz respeito à manifestações que surgem das condicionantes culturais de cada comunidade. Note-se que a tese do direito vinculado no multiculturalismo apenas ganha força como reconhecimento do ambiente cultural. (LEITE, 2004, p.97).

Devido às manifestações culturais de cada comunidade, nota-se que o multiculturalismo se torna reconhecido também devido à liberdade que as comunidades têm de se expressar, sem cerceamento de direitos. Havendo reconhecimento das interações das manifestações e culturas populares, sendo elas protegidas e reafirmadas dentro do ambiente cultural, possivelmente também serão transmitidas entre os grupos populacionais, ao longo das gerações.

Reconhecer e proteger os patrimônios e as manifestações culturais populares fará com que, a médio e longo prazo ocorra o desenvolvimento da autoafirmação da identidade cultural, o que influenciará na efetivação e expansão dos direitos culturais. "As manifestações culturais populares são caracterizadas especialmente pelo fato de que seus produtores são também aqueles que as fruem diretamente, pois elas fazem parte da própria identidade do grupo e dos indivíduos que o compõem". (FELISBERTO, 2012, p.11).

Na sequência evolutiva para continuar garantindo a proteção das manifestações culturais e patrimônios junto à diversidade cultural, os direitos culturais brasileiros devem estar constantemente em progresso e atualizados dentro dos Estados[49] para que se proteja a livre expansão dos direitos culturais[50] de forma coletiva nas comunidades. "Quanto mais o patrimônio cultural

---

[49] O Estado deve estar em parceria com a comunidade a favor da cultura e do patrimônio histórico e artístico nacional. (CAVALCANTE, 2018 p.70).

[50] Os direitos culturais são direitos humanos que se desenvolvem numa dinâmica social, na qual diversos instrumentos e mecanismos, aceitos na estrutura do Estado Democrático de direito, são utilizados com a finalidade de garantir o acesso, a fruição e o resguardo dos bens culturais. Desse modo, os direitos humanos culturais necessitam, além da garantia formal (prevista no sistema de justiça e no aparato administrativo), de uma garantia real, que se revela pelo aparato jurídico-administrativo estabelecido para a tutela e fruição do patrimônio cultural. Por certo, que a garantia real dos direitos culturais é a legitimação do acesso e desfrute dos bens materiais e imateriais fundamentais para viver, pela comunidade e do desenvolvimento sustentável do bem, caracterizado como autossuficiente e, indispensável para as futuras gerações. (PORTES, 2019, p. 208).

for protegido, mais a pessoa se desenvolverá integralmente – haverá mais equilíbrio emocional, psicológico – enfim, desenvolverá sua personalidade de maneira mais efetiva". (FACHIN; FRACALOSSI, 2019, p. 7).

A compreensão sobre a valorização histórica sociocultural das gerações faz ressurgir o resgate de identidades, memórias e perspectivas de pertencimento das pessoas a determinados grupos, por meio das interações e acesso aos patrimônios culturais. Essa noção de pertencimento é fundamental para a evolução e consolidação do processo de formação e desenvolvimento cultural da população. Através de atitudes que fomentem a proteção dos patrimônios e direitos dos atores culturais, respeitando-se as diversidades, torna-se possível o exercício dos direitos no meio ambiente cultural, de forma livre, sem violação ou cerceamento destes, dentro do "Estado Democrático[51] de Direito".

Nesse contexto, destaca-se a Lei de nº 9.605, de 12 de fevereiro de 1998, que define sanções para quem pratica crime contra o patrimônio cultural:

> Dispõe sobre as sanções penais e administrativas derivadas de condutas e atividades lesivas ao meio ambiente, e dá outras providências. Seção IV Dos Crimes contra o Ordenamento Urbano e o Patrimônio Cultural. Art. 62. Destruir, inutilizar ou deteriorar: I - bem especialmente protegido por lei, ato administrativo ou decisão judicial; II - arquivo, registro, museu, biblioteca, pinacoteca, instalação científica ou similar protegido por lei, ato administrativo ou decisão judicial: Pena - reclusão, de um a três anos, e multa. Parágrafo único. Se o crime for culposo, a pena é de seis meses a um ano de detenção, sem prejuízo da multa. (BRASIL, 1988).

Diante desse aparato jurídico contra as condutas lesivas sobre o patrimônio cultural, o Poder Judiciário, com seus atos administrativos, deve exercer suas funções visando proporcionar melhores benefícios, com ações preservacionistas, na prática, para a coletividade. Os artigos 63 e 64 desta Lei de Crimes Ambientais também destacam outras infrações recorrentes, em face dos patrimônios culturais.

Em consonância com a Lei de Crimes Ambientais para a proteção do ambiente cultural e seus patrimônios, é indispensável a atuação preservacionista da comunidade, que também deve atuar, buscando tutelar

[51] O Estado Democrático de Direito surge em decorrência da falência do Estado Social, que evidenciou problemas relevantes, e apresentou tentativas de superar a oposição existente entre o Estado Social e o direito formal liberal. Criou uma nova compreensão do modo constitucional de estado, na qual, todos os atores devem estar envolvidos na proteção e garantia dos interesses sociais, bem como na formação dos desígnios da sociedade que vive. (CUSTÓDIO, 2014, p. 205).

os patrimônios e o ambiente cultural, impulsionando e provocando o Poder Público para não se isentar, tampouco se omitir de suas atribuições para garantir proteção dos bens.

Considera-se que a participação da comunidade, deve ser exercida mediante ações preservacionistas conscientes, utilizando-se diálogos pacíficos com o Poder Público para o exercício e progresso dos direitos e deveres culturais do cidadão, na proteção dos patrimônios culturais. "Também a comunidade, que detém direitos sobre o patrimônio cultural brasileiro, passa a ter obrigações em relação a ele, que estão ligadas à sua proteção, sendo tipificadas como crimes, agressões cometidas contra aquele bem jurídico". (MIRANDA, 2006, p. 25).

Nesse contexto, evidencia-se que os instrumentos de revitalização, tombamento[52] ou inventário,[53] são utilizados pelo Poder Público em prol da manutenção e melhoria dos patrimônios.

Diante das ações e atribuições desenvolvidas pelo Poder Público para a proteção ambiental cultural dos patrimônios, Miranda (2006) explicita:

> Tanto o Poder Público quanto para os particulares o patrimônio cultural brasileiro, enquanto direito difuso, é sempre indisponível e deve ser preservado em atenção inclusive às gerações futuras. Assim, as gerações atuais não podem dispor de tal patrimônio, devendo obrigatoriamente protegê-lo e preservá-lo. (MIRANDA, 2006, p. 25).

---

[52] O tombamento é o instrumento de reconhecimento e proteção do patrimônio cultural mais conhecido, e pode ser feito pela administração federal, estadual e municipal. Em âmbito federal, o tombamento foi instituído pelo Decreto-Lei nº 25, de 30 de novembro de 1937, o primeiro instrumento legal de proteção do Patrimônio Cultural Brasileiro e o primeiro das Américas, e cujos preceitos fundamentais se mantêm atuais e em uso até os nossos dias. (IPHAN, 2014, p.1).

[53] Os Inventários são instrumentos de preservação que buscam identificar as diversas manifestações culturais e bens de interesse de preservação, de natureza imaterial e material. O principal objetivo é compor um banco de dados que possibilite a valorização e salvaguarda, planejamento e pesquisa, conhecimento de potencialidades e educação patrimonial. A delimitação da área do Inventário Nacional de Referências Culturais (INRC) ocorre em função das referências presentes em um determinado território. Tais áreas podem ser reconhecidas em diferentes escalas, podendo ser corresponder a uma vila, um bairro, uma zona ou mancha urbana, uma região geográfica culturalmente diferenciada ou a um conjunto de segmentos territoriais. Os projetos do INRC são distribuídos por regiões do País e pelas Superintendências Estaduais do Iphan, sendo classificados como realizados e em andamento. (IPHAN, 2014, p. 1).

Acerca dessa constatação de tutela do Poder Público e de particulares em face da proteção dos patrimônios culturais para as gerações futuras, entende-se que o Poder Público não pode se omitir, nem negligenciar ações da sua competência, destinadas a preservar os patrimônios e conhecimentos culturais brasileiros, a médio e longo prazo.

De fato, os valores culturais precisam ser transmitidos como herança entre as gerações, pois os cidadãos desenvolvem afirmação e reconhecimento para que a herança cultural seja difundida com aceitação e pertencimento entre as relações sociais, fortalecendo as relações socioculturais para se ter progresso na proteção dos patrimônios e direitos culturais.

Consoante ao tema aqui tratado, Soares (2009) destaca atribuições imprescindíveis do Poder Público:

> O Poder Público deve investir constantemente num aparato legal e organizacional com instituições fortes e preparadas para tutelar o patrimônio cultural. Ao mesmo tempo, incumbe-lhe possibilitar a participação ampla da sociedade por meio de incentivos econômicos e sociais. Nesse sentido, vale ressaltar que o Poder Público (legislativo, executivo e judiciário) exerce um papel de relevância como contexto de seleção. Entre outras razões para se destacar a importância do Poder Público, vale lembrar: a) o dever constitucional de não omissão (ou, como está expresso no art. 216, § 1º, o dever de vigilância em relação aos bens culturais); e b) a sua interferência na formação do patrimônio cultural, com a previsão dos artigos 62 a 65 da Lei de Crimes Ambientais (Lei 9.605/98), por exemplo. (SOARES, 2009, p. 47).

Isso posto, infere-se que o Poder Público, possuindo funções primordiais, tais como zelar, vigiar, implementar e executar ações de fiscalização (fiscalis[54]), com eficácia, deve desenvolver proteção dos patrimônios e do ambiente cultural utilizando da melhor forma possível o aparato jurídico brasileiro.

Dentre as funções do Poder Público, que devem ser exercidas com transparência e vigilância, destaca-se a necessidade da inclusão participativa da sociedade, objetivando promover melhor proteção dos patrimônios. Priorizando-se essa vinculação participativa, o resultado será a adoção de medidas mais efetivas a favor da coletividade.

---

[54] Nesse contexto, o desenvolvimento do Fiscalis é um importante marco para atuação do IPHAN, que passa a compreender e adotar a tecnologia como uma aliada na consecução de seu mister institucional. Nesse sentido, ignorar a nova realidade trazida e imposta socialmente pela revolução tecnológica seria buscar um objetivo que já não pode mais ser alcançado como em outros tempos. (ERTHAL, 2018. p.458).

Mediante a necessidade do Poder Público de continuar adequando constantemente o aparato jurídico, para se alcançar progresso legislativo e organizacional para tutelar os patrimônios culturais, Miranda (2009) fundamenta:

> Realizada essa breve análise da evolução das normas de proteção ao patrimônio cultural brasileiro, resta evidente o grande avanço legislativos alcançado em tal área, principalmente nas últimas décadas. Há, contudo, necessidade de que os operadores de Direito aprofundem os estudos acerca deste relevante o máximo de efetividade em prol da tutela dos bens que integram o valiosíssimo patrimônio cultural de nosso País. (MIRANDA, 2006, p. 10).

Nessa sequência interpretativa, percebe-se a necessidade da efetividade das normas em prol da tutela dos patrimônios, visto que o aparato jurídico brasileiro ainda carece de maior eficácia, na prática, para que haja gestão eficiente dos bens e patrimônios culturais, como museus, cinematecas, pinacotecas, teatros, centros culturais e outras instituições.

Diante do exposto, observa-se que, para existir efetividade e eficácia de normas em prol da tutela ambiental cultural das instituições e patrimônios, é necessário que ocorram interações conjuntas e pacíficas de ações e informações do Poder Público com a população, buscando o bem-estar sociocultural para a coletividade. E essa interação do poder estatal com o corpo social, na contemporaneidade, pode ser otimizada pelos instrumentos de comunicação e pelas informações que estão sendo disseminadas e potencializadas pelas tecnologias virtuais, largamente utilizadas para melhor proteção dos patrimônios.

De fato, o progresso tecnológico, com os dispositivos digitais, fomenta o desenvolvimento cultural, econômico e sustentável[55] nas instituições culturais acima elencadas.

---

[55] O tema da sustentabilidade ambiental tem recebido progressiva atenção do Estado, da iniciativa privada e da sociedade civil, na gestão dos interesses públicos e privados. E como o Estado é a entidade que, por excelência, detém apresentação e a representação da soberania popular, os processos e procedimentos relacionados à sua autogestão têm sido objeto de estudos quanto à necessária observância de práticas administrativas sustentáveis. (OLIVEIRA; CUSTÓDIO, 2015, p. 202).

3

REVOLUÇÃO TECNOLÓGICA

Diante da concepção estabelecida devido às características da revolução tecnológica, destacam-se os Estados Unidos, país que foi o precursor na criação de aparelhos eletrônicos que foram desenvolvidos e potencializados para serem utilizados em comunicação virtual, nas suas pesquisas e treinamentos militares, no auge da Guerra Fria[56] (1945-1991).

No mesmo sentido, na década de 1960 a 1969[57], aconteceu a expansão de trocas de informações entre os Estados Unidos e a União Soviética. Contudo, esses dois blocos ideológicos, sendo politicamente antagônicos, buscavam exercer controle e dominação para ampliar territórios mediante disputas e conflitos decorrentes da guerra.

---

[56] Em pleno fervor da Guerra-Fria, os Estados Unidos da América (EUA) lançaram no ano de 1958 um audacioso projeto no campo da defesa, denominado de Defence Advanced Research Projects Agency (DARPA). No âmbito deste projeto, novas tecnologias deveriam ser desenvolvidas a fim de ampliar a proteção do Estado norte-ameriacano, sobremaneira diante do inimigo socialista, a União das Repúblicas Socialistas Soviéticas (URSS). (LACERDA, 2017 p. 20).

[57] Assim, em 1969 a DARPA apresentou uma rede de comunicação dedicada às organizações ligadas a realizações científicas na área de Defesas. Esta rede foi denominada de Advenced Research Projects Agency Network (ARPANet). Por não possuir um servidor central, mas sim, vários serviores, esa nova rede foi concebida para que, se houvesse um ataque ou mesmo o mau funcionamento de um destes ela não viesse a deixar de funcionar. (LACERDA, 2017. p. 20).

Similarmente, devido às influências dos Estados Unidos e da União Soviética por partes do mundo, surgiu a necessidade de os Estados Unidos fazerem circular informações, potencializadas pelas inovações tecnológicas do projeto ARPANet[58]."Essa tecnologia da ARPANet passou a ser usada paulatinamente por universidades e outras grandes organizações, quando, enfim, na década de oitenta do século XX, recebeu a denominação de Internet". (LACERDA, 2017, p. 20).

Em conformidade com a necessidade imprescindível da utilização do sistema de computadores, devido suas potencialidades de transmitir informações e dados sigilosos naquela época, os Estado Unidos perceberam que podiam colocar os países envolvidos em estado de vulnerabilidade, no cenário mais elevado de violências[59] e guerras.

Desenvolvendo-se o modelo de troca de dados via tecnologia do projeto ARPANet, permitiu-se a descentralização de informação, dados e comunicações sigilosas entre países, a partir dos anos de 1970 e 1980, via correio eletrônico, como afirma Lacerda (2017):

---

[58] Em 29 de outubro de 1969, Charley Kline, um estudante da UCLA (Universidade da Califórnia em Los Angeles), sentou-se frente a um terminal de computador e enviou um comando a outro computador no Instituto de Pesquisa de Stanford, a cerca de 560 Km de distância; Login. Deu errado: o sistema de Stanford travou após as duas primeiras letras serem recebidas. Foi assim, com um tropeço, que nasceu a ARPANET, uma rede de comunicação que mudaria a história da humanidade. A ARPAnet (Advanced Research Projects Agency Network, em português, Rede da Agência de Pesquisas em Projetos Avançados) foi a primeira rede de computadores, construída em 1969 como um meio robusto para transmitir dados militares sigilosos e para interligar os departamentos de pesquisa por todo os Estados Unidos. ARPAnet primeiro executou NCP (Network Control Protocol, em português, Protocolo de Controle de Rede) e posteriormente a primeira versão do protocolo de internet ou o conjunto de protocolos TCP/IP (Transmission Control Protocol/Internet Protocol, em português, Protocolo de Controle de Transmissão/ Protocolo de Internet), fazendo da ARPAnet uma parte proeminente da nascente Internet. ARPAnet foi fechado no início de 1990. (RODRIGUES, 2019, p.1).

[59] Posto que a violência – distintamente do poder, da força ou do vigor – sempre necessita de implementos (como Engels observou há muito tempo), a revolução da tecnologia, uma revolução na fabricação dos instrumentos, foi especialmente notada na guerra. A própria substância da ação violenta é regida pela categoria meio-fim, cuja principal característica, quando aplicada aos negócios humanos, foi sempre a de que o fim corre o perigo de ser suplantado pelos meios que a ele justifica e que são necessários para alcançá-lo. Visto que o fim da ação humana, distintamente dos produtos finais da fabricação, nunca pode ser previsto de maneira confiável, os meios utilizados para alcançar os objetivos políticos são muito frequentemente de mais relevância para o mundo futuro do que objetivos pretendidos. (ARENDT, 2010, p. 18).

> Nos anos de que seguiram, especialmente durante a década de 1970, surgem então o primeiro correio eletrônico, é realizada a primeira conexão internacional (com universidades europeias) depois surge uma rede de notícias, ou seja, a ARPANet foi se desenvolvendo a partir da ideia embrionária. Nos anos de 1980, surge a necessidade de se estabelecer uma única linguagem para o intercâmbio de informações na nova rede, vindo então a ser construído o conceito de protocolo. Nessa época, já era possível identificar várias redes pelas quais circulavam de interesses diversos (militar, universitário, empresarial, entre outros). Porém, não havia interconexão entre elas. Ao final dessa década, precisamente no ano de 1989, o projeto ARPANet deixa de existir. (LACERDA, 2017, p. 21, 22).

Depois da utilização desse primeiro correio eletrônico, com a conexão internacional entre universidades europeias e a circulação de notícias, o projeto ARPANet criou expansão para que a comunicação e interação fosse disseminada rapidamente e de forma segura. Com o desenvolvimento, a partir da ideia embrionária do projeto ARPANet, outras áreas afins como empresas, escolas ou instituições particulares e públicas buscaram investir financeiramente no projeto, a fim de que fosse ampliado e se compartilhassem informações pelo sistema eletrônico, para facilitar a comunicação entre as áreas.

Mediante a expansão do projeto ARPANet e da potencialidade de transmissão de informações pelo sistema de computadores, Levy (1999) afirma sobre o surgimento da internet:

> É correto que a Internet nasceu de uma decisão do exército americano. O sistema foi incialmente concebido para permitir que laboratórios dispersos pelo território americano pudessem acessar os supercomputadores concentrados em alguns locais. Esse projeto foi imediatamente desviado já que, desde seus primórdios, o principal uso da Internet foi a correspondência entre os pesquisadores. Partindo da máquina de potência concedida pela autoridade militar, os primeiros idealizadores e usuários construíram um espaço de comunicação transversal. (LÉVY, 1999, p. 226).

Diante dessa constatação do desenvolvimento e expansão da internet iniciado dentro do sistema dos supercomputadores, percebe-se que as comunicações e conexões com uso da internet se ampliaram devido ao estreitamento de relações entre pesquisadores. Esses supercomputadores eram compostos por tecnologia especializada, pois tinham rapidez e agilidade dinâmica para pesquisar, armazenar e disseminar informações, viabilizando as conexões de comunicações.

Ressalta-se que, com a potência da internet e do sistema de computadores proporcionando compartilhamentos de informações e dados, surgiram ampliações e investimentos nessa área de comunicação e interconexão, de forma globalizada. "Os sistemas de computadores espalhados ao redor do mundo talvez estejam conseguindo alcançar um sonho antigo da humanidade: de falar a mesma língua". (LACERDA, 2017, p.11).

De forma similar, a ampliação e alcance ilimitados dos sistemas de computadores e da internet, proporcionado pelo mundo digital[60], despertou interesse em diversos países ao redor do mundo. Em âmbito nacional, constata-se que o sistema de computadores e implantação da internet ocorreu a partir dos anos de 1987 e 1988. Contudo as instituições de ensino e também o governo da época possuíam intenções de investir na área da comunicação e tecnologia, para, num futuro próximo, realizar pesquisas e exploração comercial utilizando os mecanismos da internet e o sistema virtual[61]dos computadores.

Com o progresso e ampliação do sistema dos computadores e da internet iniciando e sendo implantado no Brasil, as instituições governamentais e privadas desenvolveram parcerias com os Estados Unidos. Nesse contexto se destacam principalmente as instituições[62]das Fundações de Pesquisa do Estado de São Paulo e o Laboratório Nacional de Computação Científica, que buscaram adquirir e utilizar o sistema de computadores com as inovações tecnológicas, para implantação e implementação das suas pesquisas e serviços dentro das instituições.

---

[60] O mundo digital abriu à humanidade a possibilidade praticamente ilimitada de acessar a todo e qualquer tipo de informação, representando efetivamente a mais recente "revolução" pela qual passou a civilização, tamanhos foram e são os seus impactos em todos os aspectos da vida individual e social. (COLOMBO; FACCHINI NETO. 2019. p.9).

[61] No uso recorrente da palavra virtual é empregada com frequência para significar a pura e simples ausência de existência, a "realidade supondo uma efetuação material, uma presença tangível. O real seria da ordem do "tenho", enquanto o virtual seria da ordem do "terás", ou da ilusão, o que permite geralmente o uso de uma ironia fácil para evocar as diversas formas de virtualização. A palavra virtual vem do latim medieval virtualis, derivado por uma vez de virtus, força, potência. Na filosofia escolástica, é virtual o que existe em potência e não em ato. O virtual tende a atualizar-se, sem ter passado, no entanto à concretização efetiva ou formal. (LÉVY, 1996, p.15).

[62] Em 1987 a FAPESP (Fundações de Pesquisa do Estado de São Paulo) e o LNCC conectaram-se a instituições nos EUA. 1988 a UFRJ conectou-se à UCLA; Várias universidades e centros de pesquisa conectaram seus equipamentos a uma dessas instituições. 1990. A RNP (Rede Nacional de Pesquisa) é uma iniciativa do Ministério da Ciência e Tecnologia (MCT) cujo objetivo é implantar uma moderna infraestrutura de serviços Internet, com abrangência nacional. 1991 apresentação do planejamento de uma forma mais adequada de interconectar os diversos centros de pesquisa do país; 7 de junho: Aprovação da implantação de um Backbone para a RNP, financiada pelo CNPq. (UFMG, 2014, p.1).

Referente à expansão do cenário vigente das inovações tecnológicas e utilização da internet no Brasil, tal desenvolvimento passou a ter maior acessibilidade para a população no decorrer dos anos de 1999, 2000. Segundo dados do Instituto Brasileiro de Geografia e Estatística - IBGE[63] - nos domicílios familiares cresceram os acessos e utilização da "internet de 74,9% para 79,1%, do ano de 2017 para 2018" (IBGE, 2020, p.1). Devido às potencialidades das conexões e comunicações virtuais, houve expansão do mundo virtual, mediante o fácil acesso das mídias eletrônicas, redes sociais virtuais e também com o consumismo dos aparelhos eletrônicos, como os celulares, computadores etc. "O computador não é um centro, mas um pedaço, um fragmento da trama, um componente incompleto da rede calculadora universal". (LÉVY, 1999, p.47).

Com as interações proporcionadas pelos dispositivos tecnológicos, redes sociais virtuais que estão conectadas pela internet vêm influenciando as atividades e relações humanas. Sobre isso Lacerda (2017) declara:

> As relações humanas possivelmente jamais serão as mesmas após a invenção das denominadas redes sociais. A própria ampliação do uso da internet está ligada ao interesse dos indivíduos em participar destas redes interativas. É, portanto, sem dúvida, uma das ferramentas virtuais que mais tem transformado a sociedade da informação na última década. (LACERDA, 2017, p. 31).

Constata-se que as mídias de comunicações, redes sociais e toda a utilização da internet[64] vêm se desenvolvendo na contemporaneidade, devido

---

[63] O percentual de domicílios que utilizavam a Internet subiu de 74,9% para 79,1%, de 2017 para 2018. O rendimento médio per capita daqueles em que havia utilização da Internet era quase o dobro do rendimento dos que não utilizavam a rede. O equipamento mais usado para acessar a Internet foi o celular, encontrado em 99,2% dos domicílios com serviço. O segundo foi o microcomputador, que, no entanto, só era usado em 48,1% desses lares. Já o acesso pela televisão subiu de 16,1% para 23,3% dos domicílios com internet, de 2017 para 2018. Essas são algumas informações da PNAD Contínua do IBGE que, no quarto trimestre de 2018, pesquisou o acesso dos domicílios brasileiros à Tecnologia da Informação e Comunicação (TIC). (IBGE, 2020, p. 1).

[64] A introdução da internet, de recursos telemáticos e de programas de computador sofisticados, os quais são aperfeiçoados cotidianamente, criou novas relações sociais, mudando não só a forma de se fazer negócio, mas também de se combater e se prevenir o risco dele decorrente, inclusive nas diversas interações com a administração pública. No que tange especificamente ao combate à corrupção, como visto, as inovações tecnológicas desempenham papel primordial, conferindo maior transparência na gestão pública, reduzindo as chances de um agente corromper e ser corrompido, possibilitando um secionamento efetivo diante da prática de um ilícito e melhorando o desempenho de programas de compliance. Se, por um lado, a revolução tecnológica trouxe vantagens no combate à corrupção, por outro lado,

às diversas formas de interações e informações proporcionadas pelo acesso aos meios de comunicação na internet, pois com a circulação de imagens, vídeos e dados criam-se conexões interativas devido à sociedade estar imersa nesse contexto e se beneficiando das ferramentas digitais (virtuais). "A sociedade imersa em um enorme paradigma virtual, faz com que as emoções, ideias, conceitos, noções de tempo, espaço e, até mesmo, do que seja realidade transformem-se constantemente". (LACERDA, 2017, p. 2).

No que tange ao progresso tecnológico e aos meios de comunicações digitais, impulsionados pela revolução que a internet provocou no mundo ou mesmo no Brasil, Castells (2003) afirma:

> A internet está revolucionando a comunicação por sua capacidade de fazer os grandes meios de comunicação entrar em curto-circuito. O fato de ser uma comunicação horizontal, de cidadão a cidadão, significa que eu posso criar meu próprio sistema de comunicação na internet, posso dizer o que quiser, posso comunicá-lo. (CASTELLS, 2003, p. 285).

Na constatação das potencialidades revolucionárias, proporcionadas pela internet e seus meios de interação e comunicação, os indivíduos, na sociedade plural, desenvolveram novos modos de ser, ter, estar e ver-se nos ambientes virtual e cultural. "A extensiva e intensiva presença dos meios de comunicação na vida contemporânea altera os modos de ser e de ver-se no mundo". (BARROS FILHO; PERES NETO, 2018 p. 195).

De acordo com as alterações provocadas pelas novas tecnologias e o uso da internet interligando as comunicações, nota-se que os indivíduos criaram outras formas de entretenimentos digitais e culturais, interagindo com diversos grupos no ambiente digital, pois exercem conexões baseadas na autonomia, no livre arbítrio[65] e na liberdade exercida no ambiente digital (virtual). "Com

---

introduziu novos desafios, aumentando o grau de complexidade das relações jurídicas e criando novos meios de corrupção. E nessa luta contra o ilícito, homem e máquina revelam-se imprescindíveis, unidos em prol da redução de suas imperfeições e da potencialização de suas qualidades. (CHAVES; FÉRES; 2019, p. 611, 612).

[65] A noção popular do livre-arbítrio humano envolve não somente a liberdade de agir de acordo com motivações, mas também o poder de quebrar a continuidade e de agir sem causa — uma combinação que pode ser grossamente ilustrada pela analogia de uma balança, algumas vezes agindo de modo usual, mas também possuindo faculdade de agir por ela própria a favor ou contra os pesos. Este ponto de vista de uma ação anômica dos desejos, que é incompatível com o argumento científico, subexiste como opinião manifesta ou latente na mente humana, e afeta fortemente a sua visão teórica da história (LARAIA, 2001, p. 18).

isso, a virtualização fluidifica as distinções instituídas, aumenta os graus de liberdade, cria vazio motor". (LÉVY, 1996, p.18).

Todo esse movimento tecnológico requer que a população compreenda as interconexões estabelecidas, devido à utilização e regulamentação[66] dos meios de comunicação digital. Afinal, a população passou a utilizar as tecnologias e comunicações digitais de forma mais rotineira, interconectando as suas relações socioculturais.

Percebe-se que o meio ambiente digital vem fornecendo conexão, interação e difusão da cultura para ser reconhecida, reafirmada e ampliada no meio ambiente cultural. Importante relatar neste aspecto das interações das tecnologias e comunicações, a expansão da cultura cinematográfica[67] no Brasil, pois com as inovações tecnológicas, as manifestações culturais vêm sendo reconhecidas e se expandindo para a sociedade.

Realmente as tecnologias e suas inovações criam difusões de culturas com múltiplas funções para a população, instituições e para o ambiente cultural, de forma geral. A inter-relação das tecnologias com o meio ambiente cultural vem sendo ampliada, através da implementação e utilização da inteligência artificial em instituições culturais, como por exemplo no Atelier des Lumières[68] em Paris (Art & Music Immersive Experience).

---

66 A importância da regulamentação por meio do "código" para a Internet não significa, porém, que as normas jurídicas devem ser escritas para uma tecnologia específica; pelo contrário, é de boa técnica legislativa utilizar normas gerais, sendo papel do intérprete determinar as maneiras de aplicação dessas normas aos atos praticados por meio da Rede. (LEONARDI, 2019, p. 157).

67 O cinema teve seu pontapé inicial no Brasil em 1896, quando foram exibidos no Rio de Janeiro uma série de filmes curtos retratando o cotidiano nas cidades europeias. Depois dessa primeira exibição, o país construiu uma história cinematográfica rica e variada, que atravessou muitas fases e conquistou reconhecimento ao redor do mundo. Ao longo de seus diferentes períodos históricos, as obras cinematográficas brasileiras acompanharam e incorporaram influências do contexto social, econômico, cultural e político do país. (AIC, 219, p. 1).

68 Baseando-se nisso, o Atelier de Lumières, centro de artes em Paris, irá inaugurar uma exposição dia 22 de fevereiro das obras de Van Gogh. Porém, de um jeito especial: será digital e imersiva, com telas de 10 metros de altura, espalhando-se por todo o espaço... paredes, chão e teto. O Atelier é administrado por uma empresa chamada Culturespaces, e eles desenvolveram uma tecnologia chamada AMIEX® (Art & Music Immersive Experience). https://newronio.espm.br/van-gogh-tera-exposicao-digital-e-imersiva-em-paris/. (FACCIN, 2019, p. 1).

Observa-se que as tecnologias promovem divulgação e interação inovadoras nas instituições culturais para a população do Brasil, como no Museu de Pesca,[69] na cidade de Santos, no Estado de São Paulo, no Museu do Amanhã[70] na cidade Rio de Janeiro, na Pinacoteca,[71] em São Paulo e outras instituições e ambientes culturais.

Percebendo a necessidade das interatividades das tecnologias sendo utilizadas nas instituições e nos patrimônios culturais, constata-se que o progresso das tecnologias cria dispositivos inovadores para o meio ambiente cultural, por exemplo, assistente virtual (Íris +), aplicativos (para identificar, localizar), QR code, chips, câmeras, identificação facial, hologramas, projeções, audiovisuais com realidade virtual e também *drones* (para fiscalizar, monitorar), dentre outros dispositivos tecnológicos.

Dessa forma, os dispositivos tecnológicos e a internet,[72]com suas potencialidades, de implementar, conectar, divulgar e fortalecendo as instituições e

---

[69] Com o intuito de estimular a interação, a curiosidade e o aprendizado das crianças, o Museu de Pesca, localizado em Santos, litoral paulista, tem utilizado o celular como um aliado na visitação de suas atrações. Grupos de até 30 crianças, com idade de 6 a 12 anos, podem participar da nova atração Caça ao Tesouro, onde os pequenos são estimulados a utilizar a tecnologia do QR Code para descobrir respostas das pistas espalhadas em todo o Museu e conhecer mais sobre a biodiversidade, sustentabilidade e biologia marinha. A atração necessita de agendamento prévio. https://www.pesca.sp.gov.br/instituto/centro-de-comunicacao/sala-de-imprensa/1208-museu-de-pesca-estimula-interacao-e-aprendizado-com-o-uso-de-tecnologia-qr-code. (DOMICIANO, 2019. p.1).

[70] O Museu do Amanhã é um museu de ciências aplicadas que explora as oportunidades e os desafios que a humanidade terá de enfrentar nas próximas décadas a partir das perspectivas da sustentabilidade e da convivência. Inaugurado em dezembro de 2015 pela Prefeitura do Rio, é um equipamento cultural da Secretaria Municipal de Cultura, que opera sob gestão do Instituto de Desenvolvimento e Gestão (IDG). https://museudoamanha.org.br/pt-br/content/experimentacoes-tecnologicas.(MA, 2015, p. 1).

[71] A IBM Brasil realiza na Pinacoteca de São Paulo o projeto 'A Voz da Arte', que usa a computação cognitiva para tornar o passeio ao museu ainda mais interativo e personalizado. A companhia criou um assistente cognitivo que responde perguntas dos visitantes sobre sete obras de arte do acervo da Pina. A visita guiada com a tecnologia IBM Watson será aberta ao público a partir desta quarta-feira, dia 5 de abril 2019. A iniciativa é inédita no Brasil. Segundo estudo do Instituto de Pesquisa Econômica Aplicada (Ipea) realizado em 2010, 70% dos brasileiros nunca foram a um museu ou a um centro cultural. https://www-03.ibm.com/press/br/pt/pressrelease/52020.wss. (IBM, 2019, p.1).

[72] A Internet já está sendo utilizada na proteção do meio ambiente natural e cultural, por exemplo, através da educação ambiental, da comunicação entre as tribos indígenas ou no monitoramento de queimadas e extração clandestina de madeira. "No Brasil algumas comunidades indígenas já utilizam a internet como ferramenta para o diálogo intercultural. Em sites como http:// www.indiosonline.org.br estão reunidas informações de sete nações indígenas, Kiriri, Tupinambá, Pataxó-Hãhãhãe, Tumbalalá na Bahia, Xucuru-Kariri, Kariri-Xocó em Alagoas e os Pankararu em Pernambuco". (COUTINHO, 2014, p.239).

patrimônios culturais tornam-se indissociáveis e imprescindíveis para a proteção do ambiente cultural, que necessita cada vez mais ser preservado.

É interessante observar o desenvolvimento das interações de comunicação do cidadão, utilizando as tecnologias nas suas relações. Vejamos, pois, o que afirmam Leite e Fiorillo (2016) sobre as tecnologias:

> Vive-se, hoje, numa sociedade baseada essencialmente no desenvolvimento e na disseminação das tecnologias de comunicação - daí a designação Sociedade da Informação - que nada mais é do que uma forma específica de organização social em que a gestão, o processamento e a transmissão de informações tornam-se as fontes fundamentais de produção e de poder, devido às novas condições tecnológicas surgidas nesse período histórico. O surgimento dessa nova sociedade trouxe, portanto, a necessidade de repensar o papel do Estado nesse novo contexto. (LEITE; FIORILLO, 2016. p.339).

A sociedade interligada pelo desenvolvimento das tecnologias de comunicação e informação precisa compreender que o Estado deve exercer funções necessárias para garantir a tutela dessas relações. Nesse mesmo viés, a população necessita ter seus direitos garantidos para que possam ser exercidos junto às ações do Estado, diante do avanço das tecnologias.

Essas relações sociais e culturais impulsionadas pelas tecnologias e disseminação de informações têm gerado investimento em projetos e pesquisas, como por exemplo, o projeto Tainacan[73] e a pesquisa iniciada no ano de 2017, na cidade de São Paulo, no Centro Regional de Estudos para o Desenvolvimento da Sociedade da Informação (Cetic.br[74]) e no Núcleo de

---

[73] Desenvolvido em software livre (plataforma WordPress), o Tainacan pode ser utilizado gratuitamente pelas instituições museológicas na identificação e catalogação de suas coleções. A ferramenta também permite a integração dos sites institucionais, a criação de coleções, a publicação de conteúdos nas redes sociais, o aumento da interconexão com outras instituições de memória, além da colaboração de usuários. Atualmente 10 museus Ibram já estão no Tainacan e até o final de 2019 todos os demais museus da rede Ibram também disponibilizarão seus acervos na plataforma. As faculdades de museologia da Universidade de Brasília (UnB) e da Universidade Federal do Rio Grande do Sul (UFRGS) também utilizam a plataforma como repositório de suas exposições, além da Funarte e do Museu do Índio (Funai/MJ). https://www.museus.gov.br/projeto-que-disponibiliza-acervos-dos-museus-ibram-na-web-e-destaque-em-palestra-no-mctic/. (IBRAM, 2019. p.1).

[74] A pesquisa TIC Cultura tem como objetivo investigar como o acesso e uso das TIC modificam as práticas culturais da população. Para isso, foi promovida pelo Cetic.br uma exploração qualitativa com grupos formados por brasileiros de diferentes idades e perfis socioeconômicos, residentes nas cinco regiões do país. Entre as questões que permeiam o estudo, estão os potenciais da disseminação e uso das TIC para ampliação do acesso

Informação e Coordenação do Ponto BR (NIC.br). Essa pesquisa desenvolve, principalmente, estudos sobre as influências das tecnologias nas práticas culturais no Brasil, demonstrando as potencialidades que podem ser desenvolvidas com a utilização e o progresso das tecnologias e da internet. Válido citar, aqui, o pensamento de Leonardo Marceli (2019), sobre o progresso e regulamentação da tutela de direitos na internet:

> A efetividade da tutela de direitos no âmbito da Internet depende, necessariamente, da capacidade de regulação da Rede pelo sistema jurídico. Essa regulação, porém, nem sempre é obtida diretamente: em determinadas situações, modalidades de regulamentação indireta alcançam resultados práticos mais eficientes. Ocorre que, para afastar a equivocada ideia de que a Internet não pode ser regulada nem possibilita a tutela adequada de direitos, é imprescindível adotar uma abordagem interdisciplinar, bem como examinar certos aspectos essenciais da arquitetura atual da Internet. (LEONARDI, 2019, p. 19, 20).

Avançando na análise da regulação de direitos na internet, é forçoso ressaltar que o sistema jurídico brasileiro, não pode admitir regulamentações e ações equivocadas, nem omissas, seja no ordenamento jurídico, ou por via de ações do Estado. De fato, a tutela de direitos deve ser adequada e eficiente, na prática, em face das relações e utilização da internet[75]. Isso é indispensável para favorecer e manter as interconexões nesse ambiente digital.

Por conseguinte, com as interconexões proporcionadas pelas inovações tecnológicas vinculadas à internet, vem sendo desenvolvido e regulado o Direito Digital brasileiro, como demonstra Pinheiro (2014):

---

a bens e serviços culturais e promoção da diversidade do que é produzido e difundido culturalmente no Brasil. Além disso, o estudo também buscou identificar se existem limitações para a promoção da diversidade cultural e para a ampliação do direito à cultura com o uso das tecnologias. (CETIC, 2017, p.1).

75 Nesse contexto, destaca-se a importância da Internet, das redes sociais, da TV, rádio e telefonia celular —instrumentos integrantes da revolução tecnológica em curso — que podem ser utilizados como mecanismos em prol da defesa do meio ambiente, quer seja na fiscalização e monitoramento das atividades que causem impacto direta ou indiretamente ao meio ambiente, quer seja como alternativa para a diminuição da degradação ambiental decorrente da poluição visual produzida pela comunicação social existente nas cidades, ou no auxílio às comunidades distantes dos centros urbanos a fim de que sirvam como ponte de acesso à sociedade da informação, fomentando, assim a educação ambiental e, sobretudo, uma nova educação para o consumo sustentável. (COUTINHO, 2014. p.224).

> Pelos motivos expostos acima, reiteremos que o Direito Digital não se limita a Internet, sendo a própria evolução do Direito onde a Internet é um novo recurso que deve ser juridicamente atendido, como todas as outras inovações que estejam, por vir. Em tal realidade, o maior compromisso dos operadores de direito do Direito Digital é evitar qualquer tipo de arbitrariedade. Por isso, a discussão dos projetos de lei sobre temas que envolvem informática, internet, crimes virtuais deve ser feita com a sociedade civil, envolvendo empresas e organizações sociais, para não cometermos o erro de desmoralizar a lei, desacreditando o Direito. (PINHEIRO, 2014 p.80).

De acordo com esses esclarecimentos referentes ao Direito Digital[76] e a utilização das tecnologias, percebe-se que o aparato jurídico tem que progredir com celeridade, dinamismo e autorregulamentação com base legal na prática, para desenvolver proteção, fiscalização e garantir funcionamento eficaz das tecnologias. "O funcionamento da rede depende essencialmente, portanto, da responsabilidade dos fornecedores e usuários de informação em um espaço público". (LÉVY, 1999, p.244).

Devido ao avanço da tutela e implementações proporcionadas pelo arcabouço jurídico brasileiro, no decorrer dos anos, para a regulamentação, fiscalização e proteção das relações vinculadas à utilização das tecnologias e da internet, constata-se a positivação da legislação brasileira. A Lei nº 12.965/2014[77] é conhecida como Marco Civil da Internet e há também a Lei

---

[76] As características do Direito Digital, portanto, são as seguintes: celeridade, dinamismo, autorregulamentação, poucas leis, base legal na prática costumeira, o uso da analogia e solução por arbitragem. Esses elementos o tornam muito semelhante à Lex Mercatoria (conjunto de regras, princípios e costumes oriundos da prática comercial, sem vinculação a qualquer direito nacional), uma vez que que ela não está especificamente disposta em um único ordenamento, tem alcance global e se adapta ás leis internas de cada país de acordo com as regas gerais que regem as relações comerciais e com os princípios universais do Direito como a boa-fé, suum cuique tribuere, neminem laedere e honeste vivere. (Estas três expressões do latim traduzem três princípios basilares do Direito. Suum cuique tribuere significa "dar a cada um o que é seu"; neminem laedere significa " a ninguém lesar; honest viere significa " viver honestamente". (PINHEIRO, 2014, p. 80).

[77] Tornando-se a Lei nº 12.965/2014, o Marco Civil constitui-se em texto que impactará profundamente nas relações virtuais e no campo do Direito Digital, que muitas vezes, diante da lacuna legislativa, se valia da legislação posta, como o próprio Código Civil. Criticado por alguns e aprovado por outros, fato é que o Marco Civil é lei no Brasil, impondo uma série de direitos e deveres a usuários e prestadores de serviço no País. (JESUS, MILAGRE, 2014, p.15,16).

nº 13.709/2018[78], referente à Proteção de Dados Pessoais (LGPD). Essas leis estão correlacionadas e visam proporcionar ações interligadas para a proteção, acesso, fiscalização e preservação de instituições e patrimônios culturais. Esse aparato jurídico está sendo utilizado de forma indispensável para influenciar na criação, desenvolvimento, divulgação e regulação de diretrizes nesse contexto que envolve os bens e patrimônios culturais.

Conforme alhures demonstrado, a legislação busca garantir proteção dos direitos e deveres dos usuários, mediante as relações e interações digitais, envolvendo o ambiente cultural, as instituições e os patrimônios. Especificamente ao acesso, utilização de bancos de dados, documentos históricos digitalizados reunidos dentro de museus, teatros, pinacotecas, bibliotecas e outras instituições culturais, estes são tutelados pela regulamentação do Marco Civil da Internet e a Lei de Proteção de Dados Pessoais (LGPD).

Mediante a positivação dessas normas, no Brasil, é possível afirmar que o aparato jurídico interfere direta e indiretamente, na proteção das relações da população, no ambiente digital, proporcionando melhorias e garantias fundamentais bem como regulando as formas de acesso e utilização da internet.

Para que haja, de fato, segurança no acesso ao ambiente virtual, e é indispensável que haja constante progresso dessa, legislação específica.

Com o advento dessas leis e com o alargamento da proteção, no ambiente virtual, bem como com a disseminação das tecnologias, criando interações da população nas instituições e no ambiente cultural, percebe-se que as relações socioculturais se ampliaram, devido aos diversos fatores dinâmicos das inovações tecnológicas e do ambiente digital.

Ademais, o progresso da revolução tecnológica e do meio ambiente digital se desenvolve como ferramenta de inclusão e de fácil acesso para a melhoria das instituições e do ambiente cultural, pois reflete constantemente na contemporaneidade, influenciando o Estado e a população, a fim de proteger e preservar a diversidade das manifestações culturais. Indubitavelmente, as tecnologias junto ao ambiente digital proporcionam a produção, exposição e amplificação de ações educativas patrimoniais nos museus, pinacotecas, cinematecas e outras instituições culturais, possibilitando a difusão de culturas e arte para a população.

---

[78] A Lei n. 13.709/2018 é um novo marco legal brasileiro de grande impacto, tanto para as instituições privadas como para as públicas, por tratar da proteção dos dados pessoais dos indivíduos em qualquer relação que envolva o tratamento de informações classificadas como dados pessoais, por qualquer meio, seja por pessoa natural, seja por pessoa jurídica. É uma regulamentação que traz princípios, direitos e obrigações relacionadas ao uso de um dos ativos mais valiosos da sociedade digital, que são as bases de dados relacionados às pessoas. (PINHEIRO, 2018, p. 15).

4

CONCEITOS E DESDOBRAMENTOS

Diante das interações da população no meio ambiente digital, com a cultura e o ambiente cultural, foram desenvolvidas comunicações, informações e conhecimentos que fizeram ampliar os vínculos entre tais áreas. Observa-se ser essencial demonstrar especificidades das ligações e influências que ocorrem entre essas áreas e a população, já que patrimônios culturais e a cultura fazem parte da história da sociedade.

Os patrimônios, bens e manifestações culturais estão se vinculando com a utilização das tecnologias, porque são dispositivos dinâmicos, eficientes e que proporcionam interações, divulgações, localizações e acessos de informações, com rapidez. Considera-se ser preciso desmistificar as nomenclaturas e características dos conceitos nessa área para que se possa melhor compreender o que representam as instituições, os patrimônios e os bens culturais. Ademais, exige-se a implementação e reformulação de normas, portarias, leis, decretos para ensejar desenvolvimento e progresso entre os patrimônios. Isso porque o aparato jurídico precisa estar adequado constantemente conforme as necessidades cotidianas e atuais da população, para amenizar ou sanar os conflitos socioculturais.

Realmente, os conceitos são importantes, porque fazem parte de uma representação geral ou abstrata do significado que permeia a realidade das relações, pois traduzem linguagens, conhecimentos, informações e culturas. Existe uma unidade semântica (significado das palavras) que se demonstra através do conhecimento transmitido nos conceitos, porque possivelmente correspondem a uma representação de uma linguagem e símbolo, bem como se revela explicando como pode ser constituído ou como funciona determinado objeto ou tema. As necessidades sociais com os relacionamentos conduzem a criação dos conceitos e a aplicação práticas deles, porque são considerados indispensáveis para somar e ajudar a promover a regulação do ordenamento jurídico brasileiro. Os conceitos precisam ser verídicos e aplicados no contexto adequado para melhor esclarecimento e compreensão, pois criam agregações de conhecimentos para fortalecer as relações.

Certamente os conhecimentos e informações transmitidas através dos conceitos proporcionarão melhor entendimentos na preservação dos patrimônios culturais. Nesse contexto, considera-se ser necessário estabelecer diálogos pacíficos da população junto ao Estado, no que toca ao meio digital e ao cultural, visto que as relações culturais necessitam de mais reconhecimento e aceitação, devido às interações e potencialidades com a utilização das tecnologias digitais.

Com as interações virtuais da população, percebe-se que há comprtilhamentos e agregação de conhecimentos, vez que as tecnologias se tornaram parte fundamental para unir e manter as relações, possibilitando meios diferentes de obter informações e respostas às necessidades da sociedade. Na sequência, verifica-se que a tecnologia não é um fim, mas se torna instrumento para que a população realize os seus objetivos socioculturais, econômicos, políticos etc. Nesse sentido, a seguir será apresentado o conceito do meio ambiente digital e suas influências entre os patrimônios, bens e manifestações culturais artísticas. Posteriormente, serão explanados os conceitos de cultura e sua pluralidade, bem como as características do ambiente cultural positivado na Constituição Federal Brasileira de 1988 e legislações federais e estaduais.

4.1 Meio ambiente digital

Compreende-se que o meio ambiente digital, também denominado como ambiente cibernético (virtual), desenvolve-se na contemporaneidade, devido à ascensão das novas tecnologias digitais, com a expansão do alcance e acesso da internet, iniciada no século XX e introjetada nas relações sociais. De fato, Fiorillo (2013) afirma: "A internet, como outras tecnologias da informação, demonstra que ao lado da dimensão econômica coexistente de variáveis históricas, culturais e ambientais, igualmente dinâmicas e também presentes nas relações da sociedade informacional". (FIORILLO, 2013, p. 568).

O meio ambiente digital é considerado como uma espécie de meio ambiente, conforme reconhecido pela legislação brasileira. Nesse sentido, Coutinho (2012) esclarece:

> Com efeito, falar em meio ambiente digital é relacionar o conceito jurídico de meio ambiente, extraído da Política Nacional de Meio Ambiente (art. 3°, da Lei n° 6.938/81), com a existência humana dentro da tela do computador, da televisão, do celular e do cinema. Nesses ambientes constituídos sob a forma de energia, existem modos de criar, fazer e se expressar (art. 216, I e II, da CF/88), que correspondem à própria vida, devendo estar dotada de qualidade e dignidade humana (art. 1° e art.225, da CF/88). (COUTINHO, 2012, p. 161).

Diante dessas interações de criar, fazer e se expressar, estabelecidas no meio ambiente digital, as tecnologias estão promovendo ampliação das relações, comunicações e informações. Com a expansão tecnológica, a população está acessando com mais facilidade novos conhecimentos. Nesse teor, Fiorillo (2013) faz uma abordagem essencial a respeito da regulamentação jurídica do ambiente digital:

> Destarte a jurídica do meio ambiente digital tem como finalidades de interpretar os arts. 220 a 224 da Constituição Federal diante dos arts. 215 e 216, com assegura orientação dos princípios fundamentais indicados nos arts. 1° a 4° de nossa Carta Política em face particularmente da denominada "cultura digital", a saber, estabelecer a tutela jurídica das formas de expressão, dos modos de criar, fazer e viver, assim como das criações científicas, artísticas e principalmente tecnológicas realizadas com a ajuda de computadores e outros componentes eletrônicos, observando-se o disposto nas regras de comunicação social determinadas pela Constituição Federal. (FIORILLO, 2013, p.586).

Mediante a positivação jurídica no Brasil, garantiu-se a proteção das relações digitais, já que considerada necessária esta tutela para que as relações e expressões de criar e fazer possam ser exercidas de forma ampla e segura pela população.

Similarmente, as interações tecnológicas estão sendo implantadas, por exemplo, nos museus, pinacotecas, cinematecas, teatros, bibliotecas, dentre outras instituições culturais. Na análise das conexões e interações da população com o ambiente digital[79] Coutinho (2012) esclarece:

---

[79] O mundo digital abriu à humanidade a possibilidade praticamente ilimitada de acessar a todo e qualquer tipo de informação, representando efetivamente a mais recente "revolução" pela qual passou a civilização, tamanhos foram e são os seus impactos em todos os aspectos da vida individual e social. (COLOMBO; FACCHINI NETO. 2019. p.9).

> A noção de meio ambiente digital – uma vez que o mundo digital envolve a existência de ondas eletromagnéticas difundidas no espaço mediante a propagação de perturbações de energia em um meio suporte, ainda, implica o transporte de energia por meio de cabos de fibra óptica ou outro meio similar – pressupõe um meio físico que abriga, permite e rege formas de vida. O que é importante notar é que a TV, a internet e a telefonia móvel celular oferecem possibilidades de manifestações culturais de ampla abrangência, podendo construir-se em instrumentos de transformação a favor da preservação da "vida em todas as suas formas". (COUTINHO, 2012, p.182).

De acordo com o desenvolvimento e abrangência das transformações ocasionadas com a internet, a televisão e a telefonia móvel estabelecem ligações e, em consequência, ampliam as formas de comunicações sociais e virtuais entre a população. Com a ampliação da comunicação provocada com as tecnologias da informação[80], a população vem buscando utilizar as tecnologias para facilitar suas relações e necessidades sociais da vida contemporânea. "É conhecido que a evolução das tecnologias da informação propiciou mudanças reveladoras de novo processo civilizatório que, com o advento da internet, criou novo espaço de troca e de formação de relações sociais". (FIORILLO, 2019, p. 562).

De fato, as tecnologias da informação estão se revestindo de alcance ilimitado devido às potencialidades das conexões da internet e funções de comunicações no ambiente digital[81]. Nesse sentido, compreende-se que o meio ambiente digital "trata-se indiscutivelmente no século XXI de um dos mais importantes aspectos do direito ambiental brasileiro". (COUTINHO, 2012, p.186).

---

80 É sabido que o avanço das tecnologias da informação que iniciou a partir da década de 1970 foi importante para o desenvolvimento do capitalismo. A sociedade de informação nasceu, de acordo com Wesrthein, como substituto para o conceito complexo de sociedade pós-industrial e como forma de transmitir o conteúdo específico do novo paradigma técnico – econômico. A expressão, utilizada para demonstrar as inter-relações globais que ocorrem por meio das tecnologias da comunicação, não apenas se liga aos fatores de expansão do capitalismo, mas, ao mesmo tempo, identifica importante troca de conhecimentos, sons, imagens e culturas. (FIORILLO, 2013, p.561).

81 Um espaço virtual em que os indivíduos, entre eles e instituições, possam estabelecer relações sociais ligadas ao movimento laboral, trocas de informações ou com fins meramente de lazer. (GARCIA, 2011, p.42).

É interessante destacar que os acessos e interações virtuais acontecem, ultrapassando fronteiras, como esclarece Fiorillo (2013):

> A internet, uma das mais poderosas ferramentas dessa sociedade, é caracterizada com um espaço aberto e sem fronteiras e atualmente demonstra seu potencial positivo entre processos sociais e intervenções tecnológicas que, de modo interligado, estimulam a mudança de determinados padrões de desenvolvimentos. (FIORILLO, 2013, p. 565).

Vê-se que as potencialidades de interatividade dos dispositivos tecnológicos e conexões da internet estão influenciando gradativamente nos comportamentos para a formação das relações sociais. Esses comportamentos se desenvolvem sendo estimulados com as comunicações tecnológicas, podendo-se citar a comunicação via telefonia móvel, os computadores, as filmadoras, os *drones*, os satélites, os *chips*, identificação digital, dentre outros dispositivos que hoje atuam na circulação dinâmica de conhecimentos e geram progresso para a população. Além disso, as facilidades das interações tecnológicas estão proporcionando acesso a lugares, informações e criando diálogos com comunidades[82] indígenas, quilombolas e culturas diversas. "As facilidades que ocasiona, pela acessibilidade, baixo custo, rapidez e amplo alcance da circulação de informações, torna seu potencial um incrível instrumento de aprimoramento do convívio democrático e cidadão". (BITTAR, 2015, p.822). Nessas relações com acessibilidade e disseminação de informações, os conhecimentos da população estão sendo ampliados para melhor reivindicação e positivação de direitos.

As interconexões tecnológicas junto ao ambiente digital[83] estabelecem vinculação com o ambiente cultural, como demonstra Silva (2012):

---

[82] O uso de ferramentas tecnológicas como a internet pode conferir suporte para manifestações de diferentes ordens, tais como as realizadas por comunidades indígenas, quilombolas e outros atores individuais e coletivos. Ao mesmo tempo iniciativas estatais ou ainda promovidas a partir das corporações podem ser divulgadas de modo a facilitar o diálogo interno e externo de cada nação. (FIORILLO, 2019 p. 568).

[83] Assim verifica-se que a tutela jurídica do meio ambiente digital tem como finalidade interpretar os arts.220 a 224 da Constituição Federal em face dos Arts.215 e 216 com a segura orientação dos princípios fundamentais indicados nos arts.1º a 4º de nossa Carta Política em face particularmente da denominada "cultura digital", a saber, estabelecer a tutela jurídica das formas de expressão, dos modos de criar, fazer e viver assim como das criações científicas, artísticas e principalmente tecnológicas realizadas pela pessoa humana com a ajuda de computadores e outros componentes eletrônicos observando-se o disposto nas regras de comunicação social determinadas pela Constituição Federal. (FIORILLO; OOSTERBEEK, 2012, p. 21).

> O meio ambiente digital está inserido no meio ambiente cultural, sendo tutelado pelo artigo 216, inciso III da Constituição Federal Brasileira de 1988, tendo em vista ser um meio de propagação do meio ambiente cultural por meio de ferramentas tecnológicas, como também se trata de um produto cultural. Seu conceito também se encontra na Lei nº 6.938, de 1981, sem seu artigo 3º I. (SILVA, 2012, p.70).

Partindo-se do entendimento de que o foco do trabalho é o meio ambiente cultural a interface do ambiente digital e as interações da população com as tecnologias, de modo a oferecer possibilidades de fortalecimento da divulgação e expansão das manifestações multiculturais, o Webmuseu[84] didático virtual é nítido exemplo da correlação acima explicitada. "Dessa forma, é possível entender a internet como uma criação humana que oferece possibilidades diversas de expressão, sendo um espaço de manifestações multiculturais". (FIORILLO, 2019, p. 567).

De igual modo, os acessos e interações tecnológicas influenciam positivamente para o reconhecimento e fortalecimento de identidades culturais,[85] pois estão amplamente expostos em meio virtual. Observa-se que as influências e integrações tecnológicas junto ao ambiente digital[86] e relações com a

---

84 Este website tem por objetivo ser um espaço de divulgação e experimentação das pesquisas, projetos de extensão e disciplinas do Curso de Museologia da UFMG, do PROMESTRE (Mestrado Profissional da Faculdade de Educação da UFMG, linha Museus e Divulgação Científica) e PPGCI (Programa de Pós-Graduação em Ciência da Informação da UFMG). Esta plataforma está sendo implementada nos museus do IBRAM (Instituto Brasileiro de Museus). (VEIGA, 2019, p.1).

85 Além do mais, no caso brasileiro, é imperioso lembrar que o conceito de identidade cultural contido na Constituição Federal de 1988, além de ser indeterminado – o que pressupõe a necessidade de seu preenchimento pelo intérprete da norma – é também dinâmico. Não se esgotando em si mesmo. Trata-se de um processo constante de renascimento e reestruturação, ou, lembrando os poetas da semana da arte moderna de 1922, é um "movimento antropofágico" constante. Mas sempre valerá a tentativa de se entendê-lo, numa busca incessante pelo seu significado e conteúdo, aliás, mais do que tudo, uma tentativa de extrair a essência do que seja verdadeiramente o povo brasileiro. (COUTINHO, 2012, p.148).

86 O meio ambiente digital, por via de consequência, fixa no âmbito de nosso direito positivo, os deveres, direitos, obrigações e regime de responsabilidades inerentes à manifestação de pensamento, criação, expressão e informação realizados pela pessoa humana com a ajuda de computadores (Art.220 da Constituição Federal) dentro do pleno exercício dos direitos culturais assegurados a brasileiros e estrangeiros residentes no País (Art.215 e 5º da CF) orientado pelos princípios fundamentais da Constituição Federal Art.1º a 4º da CF em face da ordem econômica do capitalismo (Art.170 e segs. da CF). (FIORILLO; OOSTERBEEK, 2012, p. 21).

população demonstram a necessidade de se estabelecer em seu bojo a tutela de direitos e deveres dos usuários, posto que precisa ser garantido o exercício das liberdades de criar, fazer e expressar, com responsabilidades e limites.

Buscando traçar tais limites ante às interações tecnológicas e ao uso da internet, foi positivada a Lei. 12.965/2014 (Marco Civil da Internet), que regula seu acesso. Esta lei se tornou importante porque define no seu artigo 5° o conceito legal da internet[87] e determina para os usuários direitos e deveres a ser cumpridos, uma vez que o acesso e a inclusão digital precisam ser garantidos e as relações devem ser respeitadas no espaço virtual[88]. "A internet é um ambiente que estimula as relações em vários níveis, jamais se configurando como um veículo restritivo". (PINHEIRO, 2013, p. 272).

Com o desenvolvimento das relações nas redes[89] virtuais, a população estabelece vinculação para o compartilhamento de projetos na comunidade,[90] pois as tecnologias facilitam o acesso a novas informações. Nota-se que no

---

87 Artigo 5º. Para os efeitos dessa Lei, considera-se: I internet: o sistema constituído do conjunto de protocolos lógicos, estruturado em escala mundial para uso público e irrestrito, com a finalidade de possibilitar a comunicação de dados entre terminais por meio de diferentes redes; II - terminal: computador ou qualquer dispositivo que se concentre à internet; III- endereço de protocolo de internet (endereço IP)... o código atribuído a um terminal de uma rede para permitir sua identificação, definido segundo parâmetros internacionais; Uma legislação como o Marco Civil da Internet necessariamente trata de termos técnicos. Seria perigoso que não trouxesse a explicação referente a tais termos, o que poderia gerar interpretações diversas e entendimentos distintos. (JESUS; MILAGRE, 2014, p. 25,26).

88 O secretário-geral da ONU lançou, nesta quinta-feira, o Roteiro para Cooperação Digital. O objetivo é garantir que todas as pessoas estejam conectadas e respeitadas no espaço virtual. O documento é resultado de um esforço global sobre temas como internet, inteligência artificial e outras tecnologias digitais. António Guterres disse que para aproveitar plenamente os benefícios e conter possíveis danos, é preciso garantir que a era digital seja definida pelo aumento da cooperação internacional. (ONU, 2020, p.1).

89 As redes virtuais são marcadas pelo caráter difuso e introduzem na sociedade uma temporalidade aberta, que entende o momento presente como conectado com o tempo das futuras gerações. Nesse sentido é que avaliamos a dimensão funcional da comunicação na contemporaneidade, demonstrando como os usos da Internet apresentam um dos campos de investigação mais importante do direito ambiental na atualidade. (FIORILLO, 2013, p.556).

90 Uma comunidade virtual pode, por exemplo, organizar-se sobre uma base de afinidade por intermédio de sistemas de comunicação telemáticos. Seus membros estão reunidos pelos mesmos núcleos de interesses, pelos mesmos problemas: a geografia, contingente, não é mais nem um ponto de partida, nem uma correção. Apesar de "não-presente", essa comunidade está repleta de paixões e de projetos, de conflitos e de amizades. Ela vive sem lugar de referência estável: em toda parte onde se encontrem seus membros móveis... ou em parte alguma. (LÉVY, 1996, p. 20)

Brasil[91] houve crescimento do acesso à internet e da utilização das tecnologias, nos anos de 2018 e 2019, como demonstra o IBGE[92].

Nesse contexto de interações cibernéticas, a população tem buscado se incluir e participar com maior frequência no ambiente digital. Quanto a esse fato, Garcia (2011) afirma:

> Em que pese o ambiente em que se desenvolvem as relações cibernéticas ser comumente denominado ciberespaço, do ponto de vista jurídico, a expressão meio ambiente cibernético parece mais correta, uma vez que designa esse espaço como meio ambiente artificial e articula que essa artificialidade é obtida a partir do ciberespaço. A partir das especulações jurídicas, todavia, ciberespaço e meio ambiente cibernético são expressões sinônimas que remetem ao conceito de espaço cibernético. O espaço cibernético ou ciberespaço ou, ainda, meio ambiente cibernético é o ambiente virtual alcançado por meio da informática e da telemática, que permite a interação do ser humano com a máquina e, mais que isso, do ser humano com outros semelhantes e com a sociedade. As transformações evidenciadas a partir da nova ordem tecnológica podem ser agrupadas sob um mesmo prisma, o do meio ambiente cibernético e as relações sociais nele estabelecidas. (GARCIA, 2011, p. 50).

O ambiente cibernético e suas expressões sinônimas se apresentam como suporte de expansão e desenvolvimento das relações e conhecimentos tradicionais,[93] pois com suas funções, por exemplo, de informar e entreter,

---

[91] No Brasil as tecnologias disponíveis são hoje comparadas às existentes nos países desenvolvidos, porém vale ressaltar que as imensas desigualdades sociais do país independem o desenvolvimento homogêneo do uso dos meios de informáticos (art.3° da CF). E essa realidade é igual na maioria dos países, onde, mesmo com barateamento dos equipamentos de informática e a facilidade de acesso aos meios de comunicação para boa parte dos cidadãos, ainda existem problemas de acesso e de aprendizado para o uso dos equipamentos informáticos. Mesmo admitindo que as desigualdades de renda também se encontram reproduzidas no espaço virtual, em que se travam as relações da sociedade da informação, um dos desafios jurídicos é justamente como tutelar direitos neste campo a fim de reduzir os aspectos negativos que se ligam frequentemente à expressão. (FIORILLO, 2013. p. 564).

[92] Entre os brasileiros com 10 anos ou mais de idade, a utilização da Internet subiu de 74,7%, em 2018, para 78,3%, em 2019, segundo dados coletados no período de referência da pesquisa. Como nos anos anteriores, os menores percentuais de pessoas que utilizaram a Internet foram observados na Região Nordeste (68,6%) e na Região Norte (69,2%). (IBGE, 2021, p. 2)

[93] O uso da internet para divulgação de conhecimentos tradicionais também ressalta a importância da cultura para a redefinição de outra racionalidade produtiva, mediante a aproximação de saberes não científicos que podem trazer exemplos mais eficientes do uso racional dos recursos naturais. (FIORILLO, 2019, p. 575).

influenciam as populações como elementos culturais e educacionais, fazendo difundir conhecimento e agregando valores.

As interações e transformações tecnológicas estão criando novas perspectivas e percepções na sociedade, pois possibilitam que os indivíduos se agrupem, socializando e compartilhando pensamentos[94] e discursos. As relações tecnológicas ligadas ao meio cultural com suas formas de manifestações e expressões estão se expandindo, trazendo maior visibilidade às conexões digitais. Por exemplo, a população pode utilizar as ferramentas de aparelhos eletrônicos, como celulares e seus aplicativos[95], para interações de aprendizados. O Museu de pesca[96], na cidade de Santos, no Estado de São Paulo, está criando interações tecnológicas com crianças, proporcionando ações educativas e estimulando acesso a novas culturas.

Paralelamente, o ambiente digital está interligado ao ambiente cultural, vez que se percebe a existência de dinamicidade e repercussão proporcionada com a visibilidade das tecnologias, pois as manifestações e expressões culturais estão carregadas de informações socioculturais, motivo pelo qual, hoje, o meio digital tem sido propício para o desenvolvimento de pesquisa, conhecimento etc.

Pode-se dizer que os efeitos das relações tecnológicas audiovisuais no ambiente cultural criam divulgação e acesso a plataformas interativas em

---

[94] O pensamento é parte da cultura e é nela que a criação verbal descobre uma nova forma de descrever o ser. A atividade cultural revela o ser através do sujeito que se torna seu servo e guia. Este é o esquema da fase final do pensamento heideggeriano e influencia o pensamento contemporâneo no esforço de superar a relação sujeito-objeto. (CARVALHO, 1993. p.3).

[95] A parceria com o TikTok demonstra a força e o impacto cultural dos museus brasileiros e da cultura em geral. Esta parceria é uma iniciativa importante no sentido de potencializar a visibilidade dos museus, que são espaços de construção de memórias e de transformação social. Agradecemos, em nome do Ibram, o TikTok e toda equipe envolvida nesta ação. Agradecemos também aos museus participantes, que toparam esse desafio e que, não só representam cada instituição participante, mas como também os mais de 3,800 museus localizados nas cinco regiões do país, conta Ana Lourdes Costa - Coordenadora de Promoção e Gestão da Imagem Institucional do Ibram. (IBRAM, 2020.p. 1).

[96] Com o intuito de estimular a interação, a curiosidade e o aprendizado das crianças, o Museu de Pesca, localizado em Santos, litoral paulista, tem utilizado o celular como um aliado na visitação de suas atrações. Grupos de até 30 crianças, com idade de 6 a 12 anos, podem participar da nova atração Caça ao Tesouro, onde os pequenos são estimulados a utilizar a tecnologia do QR Code para descobrir respostas das pistas espalhadas em todo o Museu e conhecer mais sobre a biodiversidade, sustentabilidade e biologia marinha. A atração necessita de agendamento prévio. (DOMICIANO, 2020, p. 1).

instituições culturais, como por exemplo, no Instituto Brasileiro de Museus[97] (Ibram). Denota-se que as interações e produções com as plataformas tecnológicas audiovisuais (câmeras, ilhas de edição, drones) provocam ampliações das comunicações e discursos culturais entre a população. "A tecnologia audiovisual e dos meios de comunicações, que servem para contrapor-se aos sistemas de censura e controle nas sociedades autoritárias, deveria ter se aperfeiçoado a democracia e incentivado a participação na vida pública". (LLOSA, 2013, p.121).

No acesso ao espaço virtual e no estabelecimento de comunicações, percebe-se o rompimento de limitações para se adquirirem conhecimentos e se assimilarem informações, como fundamenta Bittar (2015):

> Se as dimensões do espaço virtual rompem com as conhecidas limitações do espaço físico, o próprio alcance dos efeitos das "ações digitais" se manifesta corporificado numa dimensão que, agora, é tomada como ponto de apoio para plurais canais comunicativos, tornando a tarefa da "fiscalização" uma tarefa que se exerce na dimensão de um espaço público, aberto e transfronteiriço. Um fato é que a Internet ressignificou a noção de fronteira; quando as fronteiras digitais erodiram as fronteiras como limites dos Estados-nação, uma nova onda de manifestação da integração entre povos tornou-se possível. Por isso, a noção de "território" não é a mesma desde então, o que torna a tarefa da cultura do direito mais complexa, na medida em que tem de se tornar transfronteiriça. Assim, o dimensionamento dos efeitos das "ações digitais" é global. Ainda que os recursos para o tratamento das "questões digitais" estejam ainda precariamente atrelados à legislação pontuais, geralmente a partir de marcos normativos nacionais, ou supranacionais, mas ainda assim, neste último caso, geoespacialmente delimitados em seus campos de alcance. (BITTAR, 2015, p. 819- 820).

Conforme a análise dos preceitos relativos às interações, compreende-se que os efeitos das ações comunicativas digitais disseminadas pela internet ampliaram o conhecimento e disseminação de costumes diante das culturas. Assim, com o fácil acesso às tecnologias, a comunicação e informação entre

[97] Parceria inédita entre o Instituto Brasileiro de Museus (Ibram) e o aplicativo TikTok promove a campanha #MuseuSemFronteiras entre os dias 27 de julho e 2 de agosto. Já realizada em países da Ásia e da Europa, a campanha contará com a participação de 12 instituições brasileiras em uma semana inteira dedicada a lives de museus na plataforma de vídeos. Os usuários do aplicativo poderão acompanhar os variados conteúdos preparados pelas instituições – que vão desde temas como racismo e higiene até um passeio noturno com música e poesia. A ideia é matar a saudade do passeio cultural, já que todos os museus seguem fechados devido à pandemia da Covid-19. Quem também quiser aderir à campanha poderá postar seus próprios vídeos com dados, curiosidades, memórias e experiências de suas visitas usando a hashtag #MuseuSemFronteiras. (IBRAM, 2020, p.1).

comunidades[98] indígenas, ciganas, matrizes africanas, ribeirinhas, de pescadores, dentre outras no Brasil foram expandidas, devido às dimensões proporcionadas com o avanço das interações e aprendizados[99] no espaço virtual.

Dessa forma, as interações tecnológicas e comunicações influenciam na construção da dinamicidade das informações na atual sociedade, pautando-se na lógica das redes virtuais[100]. Seguindo essa concepção, Coutinho (2012) afirma, ao expor as mudanças que estão sendo provocadas diante das interações no ambiente digital:

> Admitir a existência do meio ambiente digital é reconhecer as mudanças que hoje o mundo experimenta por meio das tecnologias comunicacionais (e/ou informacionais). Trata-se da consciência acerca das forças (econômicas, sociais e políticas) que se apresentam como propulsora do movimento que ocorre em todas as relações humanas e nas relações com o meio. Em outras palavras, é observar e compreender o processo revolucionário que particulariza a atual existência humana, cuja abrangência possui uma escala global rara de ser observada no decorrer da nossa história. (COUTINHO, 2012, p. 162).

Realmente a internet possibilitou à população compreender que existe a necessidade de se estabelecerem processos de interações e comunicações mais dinâmicas, porque fortaleceu as interações no setor econômico, social e político. Em outras palavras, o ser humano passou a ser motivado pelas influências tecnológicas, que impulsionaram as relações virtuais, ocasionando progresso para a população, o qual está relacionado à aquisição e produção de melhores conhecimentos com pesquisas, expandindo as experiências pessoais e profissionais.

---

98 No Brasil, algumas comunidades indígenas já utilizam a internet como ferramenta para diálogos interculturais. Em sites como http://www.indioonline.org.br estão reunidas informações de sete nações indígenas: Kiriri, Tupinambá, Pataxó- Hãhãhãe, Tumbalalá na Bahia, no Xucuru-Kariri, Kariri-Xocó em Alagoas e os Pankararu em Pernambuco. (FIORILLO, 2019, p. 572).

99 Esse aprendizado contínuo se traduz por meio de compartilhamento e trocas formais e informais com os outros indivíduos na aquisição de habilidades e competências. (GRACCO; NEPOMUCENO, 2013, p. 5).

100 As redes virtuais são marcadas pelo caráter difuso e introduzem na sociedade uma temporalidade aberta, que entende o momento presente como conectado com o tempo das futuras gerações. Nesse sentido é que avaliamos a dimensão funcional da comunicação na contemporaneidade, demonstrando como os usos da internet apresentam um dos campos de investigação mais importantes do direito ambiental brasileiro na atualidade. (FIORILLO, 2019, p. 562).

Diante das possibilidades de interações tecnológicas, compreende-se que as relações virtuais se tornaram essenciais para a população aprender novas habilidades e costumes. Nesse contexto de aprendizados com a utilização da internet e suas redes de comunicações, Fiorillo (2013) relata:

> Tal passo, a partir do primeiro estágio que envolveria o aprendizado para o uso das redes, formou um ciclo de realimentação a partir de quando passou a estimular o desenvolvimento de novos processos, nos quais os próprios usuários poderiam assumir o controle da tecnologia. Dessa forma, é possível entender a internet como uma criação humana que oferece possibilidades diversas de expressão, sendo um espaço de manifestação multicultural. (FIORILLO, 2013, p.561).

Compreendendo as concepções do estágio de aprendizado da população com a internet e meios tecnológicos, instiga-se constantemente o desenvolvimento e expansão das expressões e ações multiculturais[101] nas redes virtuais. Os processos da técnica com a utilização e acesso da internet representa um acúmulo de experiência, conhecimentos construindo uma identidade midiática[102]digital dos usuários, pois as relações se baseiam em trocas de mensagens, vídeos, imagens, diálogos e manifestações de liberdade artística.

No que se refere às interações e ao desenvolvimento multicultural na democracia, Coutinho (2012) relata sobre as manifestações culturais:

> Pensar, criar, expressar e informar são manifestações de uma cultura desenvolvida a partir da própria existência humana, que é um requisito antropocêntrico. Esse patrimônio composto de bens ambientais corresponde a uma cultura contemporânea baseada na comunicação social que, por sua vez, abrange tanto os veículos comunicacionais existentes quanto os que existirão no futuro. Nesse cotejo, o meio ambiental digital utiliza-se dos processos de tecnologia de massa, ou, ainda, dos instrumentos de comunicações de massa para gerir uma gama de informações muito intensa. (COUTINHO, 2012. p. 183).

[101] O multiculturalismo pressupõe a validade do princípio da igualdade. Esse princípio considera que todos os homens são considerados iguais, em todas as esferas da vida, independente de sua raça, cor, sexo ou cultura. O multiculturalismo utiliza-se do princípio da igualdade, pois fundamenta-se na ideia da presença de várias culturas em um mesmo território, sem a prevalência de uma, com reconhecimento e respeito a todas as culturas. (SILVA, 2020, p. 1).

[102] A oferta de identidade midiática funciona segundo a sua lógica de doutrina de acompanhamento, na qual a mídia mostra realidades socialmente estabelecidas e, assim, prescreve implicitamente modos de agir e de pensar consideradas "modernos" ou melhores para a inserção social do sujeito na contemporaneidade. Por meio dessas identidades, a instância midiática produz sentidos e significações do que é e não é socialmente aceito. (FLORES, 2011, p.43).

Ao analisar os efeitos tecnológicos nas relações, observa-se que esses proporcionam circulação de informações em tempo real para que haja acesso e valorização de linguagens e culturas. Nesse mesmo contexto, os tipos de linguagens dos instrumentos de comunicações escritos (jornais, livros e revistas), sonoros (rádio e telefone), audiovisuais (televisão, cinema e teatro) e as multimídias (TV digital e internet) também promovem desenvolvimentos socioculturais ilimitados.

Com o acesso e ampliação das conexões, a população vem desenvolvendo entretenimentos no ciberespaço[103], como esclarece Lévy (2003):

> No ciberespaço, em troca, cada um é potencialmente emissor e receptor num espaço qualitativamente diferenciado, não fixo, disposto pelos participantes, explorável. Aqui, não é principalmente por seu nome, sua posição geográfica ou social que as pessoas se encontram, mas segundo centros de interesses, numa paisagem comum do sentido ou do saber. (LÉVY, 2003, p. 113).

Relativamente aos interesses e aos compartilhamentos com trocas de informações e comunicações entre emissor e receptor no ciberespaço[104], verificou-se que as relações virtuais se interconectaram, pois oriundos de interesses diversos adquiridos com a utilização das tecnologias e do ciberespaço, culminando em novas formas de resgatar e reafirmar a identidade[105]cultural. "A cada

---

[103] O ciberespaço significa o espaço de interação formado pela rede global de computadores que compõe a internet. No ciberespaço, não podemos saber com nenhum grau de certeza detalhes sobre a identidade da outra pessoa, se, se é homem ou mulher, ou onde se encontram no mundo. (GUINDDENS, 2012, p.518, 519).

[104] O ciberespaço. O prefixo "ciber", derivado de cibernética (que vem do grego kubepvntikóç e significa a habilidade de navegar ou governar), tem sido comumente empregado para descrever novas entidades ou eventos que ocorrem no ciberespaço, entendido como o ambiente que emerge da interação entre máquinas por meio da internet e do digital. Juntamente como o fenômeno do ciberespaço, entendo que é preciso analisar novos mecanismos de poder emergenciais, isso porque o aumento das conexões, da infraestrutura e da vida on-line produzem transformações nas estratégias de vigilância e controle, dando origem a formas inéditas de dominação e também a novos conflitos e lutas de resistências. (ALVES, 2017. p.174).

[105] As identidades nacionais não são nem genéticas nem hereditárias, ao contrário, são formadas e transformadas no interior de uma representação. Uma nação é, nesse processo formador de uma identidade, uma comunidade simbólica em um sistema de representação cultural. E a cultura nacional é um discurso, ou modo de construir sentidos que influenciam e organizam tanto as ações quanto às concepções que temos de nós mesmos. Não é ocioso lembrar que tais identidades, no caso do Brasil, estão embutidas em nossa língua e em nossos sistemas culturais, mas estão longe de uma homogeneidade – que já não perseguimos –; ao contrário, estão influenciadas (as identidades) pelas nossas diferenças étnicas, pelas desigualdades sociais e regionais, pelos desenvolvimentos históricos diferenciados, naquilo que denominamos 'unidade na diversidade. Como todas as nações, mas bem mais do que a maioria delas, somos híbridos culturais e vemos esse processo como um fator de potencialização de nossas faculdades criativas. (MIRANDA, 2000, p. 10).

minuto, novas pessoas se interconectam, outras são inseridas no ciberespaço, dando a este mais e mais um caráter universal, sem qualquer chance de se fechar em um conteúdo particularizado". (LACERDA, 2017, p. 10).

Mediante as características do ciberespaço, percebe-se que as conexões digitais criaram vigilâncias e transformações com estratégias para a população buscar a informação e adquirir conhecimentos. Com as interações dos usuários no ciberespaço, estão sendo desenvolvidas habilidades e percepções devido à utilização e domínio das funções tecnológicas. Ressalta-se que aumentaram as exposições de conflitos envolvendo imagens, vídeos e dados, devido ao fluxo da dinamicidade das informações no ciberespaço. "O ciberespaço fez com que surgissem dois dispositivos informacionais que são originais em relação às mídias precedentes: o mundo virtual e a informação em fluxo". (LÉVY, 1999, p. 62).

No ciberespaço, com a disseminações de informações e exposições das relações, os conflitos virtuais cresceram, a exemplo do *revenge porn*[106], o estupro virtual[107] e de outros crimes virtuais. Mesmo com os conflitos, os indivíduos buscam garantir e ter reafirmação de seus direitos, utilizando as tecnologias e redes sociais virtuais.

Nesse teor de compreensão, quando a população exerce participação e inclusão cidadã no meio digital, precisa perceber que necessita ter formação consciente e responsável das suas relações virtuais. De fato, os direitos e deveres devem ser respeitados e cumpridos, pois a população precisa buscar promover melhorias nas relações virtuais.

---

[106] O fenômeno conhecido por Revenge Porn ou pornografia de vingança pode ser definido como imagens íntimas consensualmente entregues a um parceiro que posteriormente distribui sem o seu consentimento. Trata-se do ato de oferecer, trocar, disponibilizar, transmitir, vender ou expor à venda, distribuir, publicar ou divulgar, por qualquer meio (de comunicação em massa), fotografia, vídeo ou outro registro audiovisual que contenha cena de sexo, nudez ou pornografia, sem o consentimento da vítima. (PERANTONI, 2019, p.10)

[107] A princípio se acreditava que o estupro virtual tratava-se de uma nova modalidade ou tipo penal. Mas, diante de novas tecnologias e de uma sociedade de constante risco, é possível constatar-se tal ação a partir de um novo modus operandi, como facilitador de práticas delituosas no meio ambiente virtual. O termo se tornou notório após ampla divulgação de um caso tipificado como estupro a partir de meios virtuais no Estado do Piauí. Segundo informações veiculadas na imprensa, o homem, de porte de vídeos e imagens íntimas de sua ex-namorada, mediante grave ameaça de divulgação das imagens, a obrigou a gravar vídeos em prática de ato libidinoso e a enviar a ele. Esse caso exemplifica a polêmica que envolve a tipificação de condutas e a relativização da dignidade sexual, questionando-se a possibilidade de estupro por meios virtuais. (SANTOS; FERREIRA, 2018, p.103,104).

O ambiente digital, como mecanismo usado para o compartilhamento e produção de conhecimentos socioculturais, favorece na prevenção, proteção e preservação do ambiente cultural e seus patrimônios. Verifica-se que esse fenômeno da revolução das tecnologias possui diversas dimensões socioculturais, mas compreende que as abordagens dos conflitos possivelmente são mais comportamentais e não são provocadas pela técnica[108] das tecnologias. Desse modo, possivelmente as influências negativas dos conteúdos disponibilizados com as tecnologias são acolhidos por indivíduos que exercem ações degradantes e violentas no ambiente digital, violando direitos, utilizando os dispositivos tecnológicos e a internet como instrumento base.

Ao lado dessas concepções, as tecnologias e o ambiente digital[109] junto com a administração governamental no Brasil, envolvendo a gestão e proteção dos patrimônios e culturas, apresentam precariedade e *déficit* para a população obter acesso e inclusão, como por exemplo, na formação sociocultural de comunidades tradicionais e carentes.

No decorrer desta análise, percebe-se que os instrumentos das tecnologias e relações digitais precisam ter melhores proteções eficazes na prática, pois o ordenamento jurídico brasileiro deve se adequar constantemente para garantir relações pacíficas no ambiente digital. Ademais, os Estados e governantes devem oferecer alternativas seguras para amenizar ou sanar os conflitos virtuais, que estão visivelmente carregados de discursos de ódio e violência.

4.2 Cultura

A princípio, convém ressaltar que as questões culturais que envolvem as relações humanas e as comunicações digitais estão em constante dinamicidade. A necessidade de reafirmação e proteção das culturas é exteriorizada física ou virtualmente, devido à pluralidade das manifestações e expressões. Nesste contexto, serão adotadas como base primordial as fundamentações e compreensões de Luiz Gonzaga de Mello, pois esclarece que: "Não se

[108] O desenvolvimento tecnológico é produto dessa autonomia humana na técnica, mas, com ela, o próprio criador pode tornar-se refém de sua obra, em razão dos riscos a que se expõe. (REIS; NAVES, 2020, p. 159, 160).

[109] Tendo o presente estudo o escopo de investigar o meio ambiente digital, cabe localizá-lo no contexto da existência desses quatro aspectos do direito ambiental brasileiro. Neste sentido, considerando que a Carta Maior previu um sistema de reconhecimento e tutela dos bens culturais (arts. 215 e 216), o meio ambiente digital pertence especificamente à seara do meio ambiente cultural. (COUTINHO, 2014, p.9).

pode esquecer que a cultura muda e se transforma ao longo do tempo. Tais modificações são, em sua maioria, adaptação às novas necessidades humanas". (MELLO, 209, p, 60).

De fato, com as interações das relações, o Direito brasileiro necessita se desenvolver para garantir a tutela cultural material e imaterial dos patrimônios junto à história da sociedade. Mediante esta sistemática de proteção, o Estado e o arcabouço jurídico brasileiro precisam exercer suas funções de regulação, mediação e organização das relações, já que possuem o dever de garantir e promover a cultura junto com o bem-estar das relações coletivas[110]. "A cultura representa o esforço adaptativo do homem frente à realidade que o cerca." (MELLO, 2009, p. 60).

Nesse aspecto das relações socioculturais, o antropólogo brasileiro Laraia (2001), menciona:

> O conceito de Cultura, pelo menos como utilizado atualmente, foi, portanto, definido pela primeira vez por Tylor. Mas o que ele fez foi formalizar uma ideia que vinha crescendo na mente humana. A ideia de cultura, com efeito, estava ganhando consistência talvez mesmo antes de John Locke (1632-1704) que, em 1690, ao escrever Ensaio acerca do entendimento humano, procurou demonstrar que a mente humana não é mais do que uma caixa vazia por ocasião do nascimento, dotada apenas da capacidade ilimitada de obter conhecimento, através de um processo que hoje chamamos de endoculturação. Locke refutou fortemente as ideias correntes na época (e que ainda se manifestam até hoje) de princípios ou verdades inatas impressas hereditariamente na mente humana, ao mesmo tempo em que ensaiou os primeiros passos do relativismo cultural ao afirmar que os homens têm princípios práticos opostos. (LARAIA, 2001, p. 14,15).

Por conseguinte, diante dos relatos abordados, percebe-se que o desenvolvimento da mente humana e sua sistemática são fundamentos originados do fenômeno das vivências naturais da espécie. Nota-se que a construção social se desenvolve dentro de um círculo que pode ser chamado de cultura[111], apontando para a existência de um sistema ou um conjunto de

---

110 A cultura não é um bem de um grupo determinado ou determinável, ao contrário, é um bem de interesse de toda a coletividade. (FACHIN; FRACALOSSI, 2015, p.22).

111 Ao longo da história, a noção de cultura teve diversos significados e matizes. Durante muitos séculos foi um conceito inseparável da religião e do conhecimento teológico; na Grécia, este foi marcado pela filosofia, e em Roma, pelo direito, ao passo que o Renascimento foi impregnado principalmente pela literatura e pelas artes. Em épocas mais recentes, como o Iluminismo, foram à ciência e as grandes descobertas científicas que deram o rumo principal à ideia de cultura. (LLOSA, 2013.p. 59).

bens culturais que influencia as interações. Observando-se essas interações culturais, em sentido amplo, Mello (2009) afirma:

> Na realidade, a cultura, em sentido largo, é todo o conjunto de obras humanas. É a cultura que distingue o homem dos outros animais. Por mais perfeito que seja um ninho de passarinho, pouco representa como realização comparada com qualquer objeto feito pelo homem. A diferença está, ao nosso ver, na inconsciência que denomina a atividade animal e na consciência que está presente ao ato humano. Temos a considerar, de saída, que a cultura não é adquirida apenas, como o texto acima sugere, ela é também transformada, mudada e acrescentada pela inovação ou descoberta. (MELLO, 2009, p. 41).

Em conformidade com os apontamentos conceituais considerados amplos, observa-se ser a cultura determinada pelas ações conscientes e populares de cada ser humano, abrangendo o âmbito local ou regional. Desse modo, a cultura[112] se apresenta como essencial nas relações, proporcionando esclarecimento e conhecimento, pois possui influências nas inovações e suas descobertas. Neste sentido, pode ser composta por agregação de valores e tradições, mas possivelmente não sendo transmitida ou adquirida por meio biológico.

As relações firmadas entre a população se desenvolvem vinculadas aos patrimônios e símbolos[113] culturais, considerando-se que as simbologias influenciam comportamentos da coletividade. Além dessas considerações, verifica-se que "a cultura é como se fosse uma memória coletiva de que reconstrói toda experiência dos grupos ou das sociedades". (MELLO, 2009, p. 48). Ao fazer parte da memória vinculada à preservação e resgate cultural, revela-se como integrante dos patrimônios materiais e imateriais da sociedade.

Diante dessas acepções, Mello (2009) afirma sobre o desmembramento da cultura como e subjetiva:

> Diz-se subjetiva a quando nos referimos ao conjunto de valores, conhecimentos, crenças, aptidões, qualidades, numa palavra, de experiências presentes em cada indivíduo. Todavia a cultura objetiva, isto é, hábitos,

---

[112] Cultura sendo conjunto de padrões de comportamento, crenças, costumes, atividades, de um grupo social etc. Forma ou etapa evolutiva das tradições e dos valores de um lugar ou período específico; civilização. (FIORILLO, 2011, p. 73).

[113] Podemos, seguramente, dizer que todo símbolo é cultural. Isso porque supõe uma ordenação inteligente de todo o mundo visível (incluindo também o comportamento humano e animal) – é esta ordenação ou sistematização que permite a classificação das coisas, dos animais e dos homens. Por outro lado, para haver esta sistematização, mister se faz que seja dado significado ao conjunto que forma o mundo visível. (MELLO, 2019, p. 47, 48).

> aptidões, ideias, comportamentos, artefatos, objetos de arte, em suma, todo o conjunto da obra humana de todos os tempos e de toda a face da Terra. Como sabemos a cultura subjetiva é que fornece padrões individuais de comportamento. Isto, em princípio. Acontece que, na prática, o comportamento humano vai ser resultado da relação entre cultura subjetiva (aquela porção interiorizada pelos indivíduos) e a cultura objetiva que cria as situações particulares. (MELLO, 2009, p. 48).

Ao analisar as características denominadas subjetivas e objetivas, observa-se que as interligações delas estabelecem compreensão da diversidade cultural existente, pois instigam na formação dos comportamentos éticos[114]. Em relação às aptidões, conhecimentos e conjunto de valores humanitários, possivelmente podem criar hábitos para a própria autoafirmação da cidadania.

A sistemática interdisciplinar entre a diversidade cultural manifestada através das comunicações[115], interações sociais e digitais oferece aos indivíduos a capacidade de legitimar seus direitos. De igual modo, considera-se que as práticas culturais possibilitam ao ser humano reaprender, informar[116], criar e desenvolver vinculações a partir de interferências socioculturais.

Com as interações e manifestações culturais, Mello (2009) esclarece as características da cultura material:

> Eis outra distinção importante para o estudo e a compreensão da cultura. Dá-se o nome de cultura material à soma de artefatos (bens manufaturados e invenções de toda sorte) que resultam da utilização de uma tecnologia, isto é, habilidade de manipular e de construir. Iríamos mais longe, admitindo que a cultura material é também cultura, embora se apresente de forma diferente. O motivo que nos leva a essa opinião é o seguinte: de certa forma, toda cultura pode ser visto como um produto e um resultado; uma vez que os padrões culturais de hoje são o resultado de uma elaboração atual de uma tradição imemorável. E mais, achamos que a cultura, desde que é um fenômeno psicossocial, supõe exteriorização e manifestação. Ademais só podemos analisá-la através de sua expressão externa que possibilita uma

---

114 Nesse aspecto, a ética (bom/ruim) e a moral (certo /errado) são agregadas ao indivíduo com um processo de construção e da formação social. (GRACCO; NEPOMUCENO, 2013, p. 5).

115 Assim sendo, a comunicação é um processo cultural. Mais explicitamente, a linguagem humana é um produto da cultura, mas não existiria cultura se o homem não tivesse a possibilidade de desenvolver um sistema articulado de comunicação oral. (LARAIA, 2001, p.28).

116 O sentido aqui desenvolvido envolve a compreensão do direito da sociedade da informação como instrumento que vale da concepção multicultural como forma de transformação das consciências. (FIORILLO, 2013, p. 562).

> observação direta ou indireta. Aceitamos essa diferença como um recurso metodológico para distinção deste aspecto do outro aspecto mais científico da cultura, o não imaterial (ações, hábitos, aptidões, significados, crenças, conhecimentos etc.). (MELLO, 2009, p. 44-45).

Diante das proporções das ações, hábitos, aptidões da população, ocorre o desenvolvimento das relações socioculturais. Verifica-se que a pluralidade das manifestações comportamentais com as expressões e liberdades artísticas possivelmente são exteriorizadas de forma intrínseca na sociedade. Referente às necessidades humanas demonstradas onde o indivíduo se desenvolve e se relaciona, considera-se serem tais manifestações determinantes para moldar a sua formação cultural e moral, porque com os comportamentos desenvolvidos dentro do sistema democrático, ocorre instigação, influências para a população buscar ter mais acesso e frequentar com mais liberdade e assiduidade as instituições e espaços culturais. Certamente haverá melhor varolização, visibilidade e ocupação desses espaços, pois eles promovem formação e reafirmação da identidade cultural com aprendizados, conhecimentos, costumes, saberes etc.

Embora os processos de aprendizados sejam influenciados e adquiridos por conhecimentos da sociedade local[117] ou tradicional[118] com as inter-relações, são também construídos com as características de experiências históricas, sociais ou individuais, consideradas vivências da tríplice[119]dimensão temporal. Essas dimensões das relações com experiências influenciam a população para que ocorra a expansão cultural de forma circular, pois as dimensões estão ligadas a uma cultura.

---

[117] De maneira similar, o conhecimento local não se res-tringe aos aspectos estruturais da natureza ou que se referem a objetos ou componentes e sua classificação (etnotaxonomias), como também se refere a dimensões dinâmicas (de padrões e processos), relacionais (ligados às relações entre os elementos e os eventos naturais) e utilitárias dos objetos e recursos naturais. (TOLEDO; BARRERA-BASSOLS, 2009, p. 40).

[118] As sabedorias tradicionais baseiam-se nas experiências que se têm sobre o mundo, seus feitos e significados, e sua valorização de acordo com o contexto natural e cultural onde se desdobram. (TOLEDO; BARRERA-BASSOLS, 2009, p. 40).

[119] Dimensões: Experiência histórica "Acumulada e transmitida por meio de gerações por uma cultura rural determinada". Experiência social "Compartilhada pelos membros de uma mesma geração (ou um mesmo tempo geracional)". Experiência individual "Pessoal e particular do próprio produtor e sua família, adquirida pela repetição do ciclo produtivo (anual) paulatinamente enriquecido por variações, eventos imprevistos e surpresas diversas". (TOLEDO; BARRERA-BASSOLS, 2009, p. 36).

No âmbito das relações socioculturais, Córdula e Nascimento (2018) explicitam, na figura abaixo, o ciclo da estruturação da cultura na sociedade:

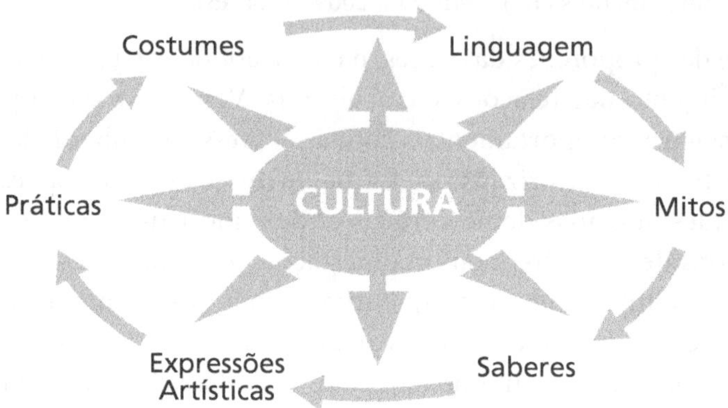

Figura 1 - Estruturação da cultura em uma sociedade

Fonte: CÓRDULA; NASCIMENTO, 2018. p. 12 (adaptado).

Na análise interpretativa desse círculo, com os aspectos socioculturais nos quais a sociedade está imersa, observa- se o resultado das relações com os costumes, linguagens, mitos, saberes, expressões artísticas e as práticas, pois são acúmulos de processos históricos derivados de conhecimentos dos antepassados que influenciam as relações até a contemporaneidade.

A respeito das ampliações e influências culturais, percebe ser fomentada de forma gradual em determinados eixos das relações sociais, econômicas, políticas etc. Essencialmente, a cultura se apresenta com seu caráter insubstituível e indispensável para o ciclo da formação da personalidade, identidade cultural[120] e dos direitos da personalidade. Com o desenvolvimento das relações, Llosa (2013) relata a valorização da cultura nas categorias sociais, ao dizer que:

[120] Daí considerar-se a identidade como uma substância, quintessência de valores e qualidades a priori, positivas, imunes a qualquer crivo. E o museu como seu santuário. A eleição da identidade cultural como um dos objetivos fundamentais que o museu deveria perseguir (reforçando identidades frágeis, consolidando as desestruturadas, recriando as desfeitas, protegendo as ameaçadas) levou a que a questão fosse sempre acriticamente considerada e, que trabalhar a (s) identidades (s) se transformasse numa palavra de ordem. (MENESES, 1993, p. 2).

> A cultura sempre estabeleceu categorias sociais entre as pessoas que a cultivavam, a enriqueciam com contribuições diversas e faziam-na progredir e pessoas que não queriam saber dela, que a desprezavam ou ignoravam, ou então eram dela excluídas por razões sociais e econômicas. (LLOSA, 2013, p. 59).

Diante dessa análise da comprovação e contribuição positiva culturalmente, nota-se que os atos cotidianos culturais são originários e dependentes da natureza humana. Ademais, a cultura se torna diversificada, dependendo de cada localidade, região ou territorialidade, e possivelmente se prolongando no tempo e espaço.

Entende-se que a população, com seus grupos sociais, está vinculada a diversas culturas, mas necessariamente não pode ser considerada como sendo acidental, vez que possivelmente denomina ser um elemento constitutivo das necessidades mantidas pelas comunicações, informações, compartilhamentos de saberes e interesses dos indivíduos.

Paralelamente com as implicações das comunicações, o conhecimento originado de costumes e expressões artísticas no decorrer da história fez fortalecer a reafirmação da memória cultural e expansão da cultura popular,[121] pois está sendo mais exposta através das tecnologias e informações no ciberespaço[122].

Pode-se dizer que o sistema de informações e interações com as novas tecnologias desenvolve ações de reafirmação da identidade cultural dos indivíduos. Nesse sentido, Coutinho (2012) demonstra que:

> A sociedade brasileira e sua consequente identidade cultural, uma vez inserida num contexto de globalização econômica, está submetida aos influxos impostos pela crescente necessidade de consumo. Num mundo caracterizado por um grande volume de informações, as populações

---

[121] A evolução e perspectivas da cultura popular no capitalismo englobam contexto da inovação sem perder a descaracterização, como também há uma distorção do enfoque tradicional ocorrendo esse fenômeno em várias manifestações populares, danças etc. Atribui-se esse fenômeno como uma tendência das culturas de massa. (PEREIRA; LÓSSIO, 2007, p.4).

[122] O prefixo "ciber", derivado de cibernética (que vem do grego kubepvntikóç e significa a habilidade de navegar ou governar), tem sido comumente empregado para descrever novas entidades ou eventos que ocorrem no ciberespaço, entendido como o ambiente que emerge da interação entre máquinas por meio da internet e do digital. Juntamente como o fenômeno do ciberespaço, entendendo que é preciso analisar novos mecanismos de poder emergenciais, isso porque o aumento das conexões, da infraestrutura e da vida on-line produzem transformações nas estratégias de vigilância e controle, dando origem a formas inéditas de dominação e também a novos conflitos e lutas de resistências. (ALVES, 2017. p. 174).

> são diuturnamente sugestionadas por essa rede comunicacional a se comportar de maneira conveniente com os mercados, isso implica valores e condutas em conformidade a um sistema de reprodução, sustentado pela TV, rádio, cinema, internet, computadores e celulares, ou seja, as mídias e seus produtos. (COUTINHO, 2012, p. 147).

A utilização das interconexões e aparelhos tecnológicos influencia o desenvolvimento, divulgação e expansão de culturas. Considera-se que as informações que circulam nas mídias que integram o ciberespaço[123] proporcionam produção e consumo individual ou coletivo de conhecimento cultural. "O ciberespaço oferece um poderoso suporte de inteligência coletiva, tanto em sua faceta cognitiva como em seu aspecto social". (LÉVY, 1999, p. 207).

Nas vinculações entre o ciberespaço[124] e as culturas, verifica-se que as tecnologias da informação potencializam e expõem diversas culturas. Esse contexto de interações criou mais acesso e visibilidade para compartilhamento de informações, linguagens, discurso, manifestações artísticas etc.

Por sua vez, a funcionalidade das tecnologias digitais e da internet instigam e influenciam na formação das relações e seus processos sociais, porque devido a essa utilização a população tem benefícios sociais e econômicos fomentados na cultural digital, denominada cibercultura. Diante dessas concepções e relações, o filósofo e sociólogo Lévy (1999) esclarece:

> A cibercultura é a expressão da aspiração de construção de um laço social, que não seria fundado nem sobre links territoriais, nem sobre relações institucionais, nem sobre relações de poder, mas sobre a reunião em torno de centros de interesses comuns, sobre jogo, sobre compartilhamento do saber, sobre aprendizagem cooperativa, sobre processos abertos de colaboração (LÉVY, 1999, p.130).

De forma semelhante ao desenvolvimento e potencialização da cibercultura entre os laços de interesses sociais, há a necessidade que mantém os indivíduos interconectados virtualmente, que buscam garantir o compartilhamento de costumes, saberes e práticas culturais, sem cerceamento dos seus direitos. Verifica-se que as interações e informações disponibilizadas

---

[123] Em grande escala, o devir do ciberespaço é uma disputa de projetos e interesses em luta. Para alguns, seus inventores e primeiros promotores, a rede é um espaço livre de comunicação interativa e comunitário, um instrumento mundial de inteligência coletiva. (LÉVY, 1999, p. 201).

[124] A emergência do ciberespaço é fruto de um verdadeiro movimento social, com seu grupo líder (a juventude metropolitana escolarizada), sua palavra de ordem (inter-concexão, criação de comunidades virtuais, inteligência coletiva) e suas aspirações coerentes. (LÉVY, 1999, p. 123).

criam aberturas ampliadas para processos de interesses e aprendizados cooperativos em instituições, proporcionando à sociedade entretenimentos, comércios e consumos de práticas culturais.

De fato, sobre as vinculações da cibercultura nas relações sociais e virtuais, Levy (1999) relata:

> A cibercultura encontra-se ligada ao virtual de duas formas: direta e indireta. Diretamente, a digitalização da informação pode ser aproximada pela virtualização. Os códigos de computador inscritos nos disquetes ou discos rígidos dos computadores – invisíveis, facilmente copiáveis ou transferíveis de um nó a outro da rede - são quase virtuais, visto que são quase independentes de coordenadas espaço-temporais determinadas. (LÉVY, 1999, p. 17, 48).

Nota-se que a cibercultura[125], por ser um conjunto de técnicas, aprendizados e interações das relações sociais do mundo físico e digital (virtual), potencializa a disseminação de informações socioculturais. Duas características se destacam nessas interações virtuais, sendo elas o fator tempo e a territorialidade, pois rompem com os limites da circulação de informações e conhecimentos.

Devido às dimensões interativas da cibercultura, promovendo ampliação das representações e práticas cotidianas, Alves (2017) afirma:

> Uma nova cultura parece emergir, chamada de cibercultura, entendida como uma formação histórica, um conjunto de práticas e representações que se baseiam, nas redes telemáticas e que se desenvolvem com a crescente mediação da vida cotidiana pelas tecnologias da informação. Para além do espaço virtual dos computadores e das redes globais, estamos diante de uma cultura marcada pela ubiquidade (ALVES, 2017. p. 170).

Nessa concepção, as tecnologias, junto ao fenômeno da ubiquidade da cibercultura e suas potencialidades, desenvolvem melhores estruturações, implementações e participação da população em vários setores como, por exemplo, o cultural e o econômico, dentre outros. Dessa forma, o exercício da participação social possivelmente ajudará na reafirmação das manifestações culturais e liberdades artísticas, em prol da formação individual ou coletiva.

---

[125] Nesta medida, a cibercultura continua dependente da consciência cidadã, pois participação implica formação, e formação implica aspectos que não são nem determinados e nem controlados pela rede, por serem anteriores e externos a ela. Assim, por vezes, saber discernir tem a ver com não deixar-se "arrastar" pelos impulsos de ocasião, e, por vezes, protagonizar processos de luta por transformação social. (BITTAR, 2015, p. 822, 823).

No mesmo viés, a população pode exercer a participação e a interação vinculada ao setor cultural no Brasil, já que existe *déficit* na atuação prática para a preservação, proteção e gestão eficiente das instituições culturais e seu setor. Nesses termos, Machado (2017) afirma que:

> A gestão da cultura brasileira precisa levar em conta a importância e o envolvimento das pessoas (formas de expressões, modo de criar, fazer e viver), das pessoas e entidades (criações científicas, artísticas e tecnológicas) e a existências e a manutenção de obras, objetos e edificações e conjuntos urbanos e sítios a serem valorizados, conforme os espaços geográficos que se inserem e sua repercussão concomitante para a União, para os Estados e para os municípios ou somente para um Estado ou um município. (MACHADO, 2017, p. 1137).

Nessa análise referente à gestão cultural das instituições, verifica-se ser necessário criar e desenvolver manutenção aliada à preservação constante, para garantir a reafirmação e expansão das manifestações e expressões artísticas. Indubitavelmente, a União, os Estados e municípios têm que se desenvolver valorizando e protegendo as culturas patrimoniais indiscriminadamente.

Desse modo, necessita ter gestão eficiente na prática, com preservação, fiscalização e conservação integrada das culturas e dos patrimônios. Compreende-se que a gestão realizada pela administração federal, estadual ou municipal precisa ser realizada de forma integrada e sistematizada, com diálogos interdisciplinares para que haja melhorias e bem-estar para a coletividade.

Acrescenta-se que as instituições e patrimônios enfrentam diversas dificuldades e desafios na atual conjuntura governamental no Brasil. E a maioria das dificuldades e desafios está associada ao contingenciamento ou falta de recursos financeiros para investimento, revitalização, manutenção e fiscalização, dentre outras diretrizes para melhorias do setor cultural. "Os investimentos em cultura vêm caindo devido à crise fiscal, rotatividade de quadros e descontinuidade de políticas no governo federal. O orçamento fica limitado às despesas de custeio", resume o pesquisador do IBGE, Leonardo Athias. (IBGE, 2018, p. 1).

Desde então, o setor e os direitos culturais vêm perdendo credibilidade e prestígio, sofrendo limitações em função de modelos de gestão dos patrimônios e políticas públicas ineficazes, porque decorrem da administração governamental, que não prioriza, na prática, melhorias para as instituições.

Nessa acepção, os governos federal, estadual e municipal precisam proporcionar mais acesso à diversidade cultural, com preservação e valorização dos patrimônios e do Sistema Nacional de Cultura, instigando a população a frequentar e proteger os bens e instituições, o que provavelmente resultará em progresso sociocultural. De fato, "existem lacunas que precisam ser corrigidas para que se aprimore o Sistema Nacional de Cultura e a Constituição Federal se aproxime de seu objetivo inicial, qual seja: a promoção de uma proteção mais efetiva dos bens culturais". (OLIVEIRA JUNIOR, CUNHA FILHO, 2014, p. 248).

Mediante essas contextualização, infere-se que o cidadão brasileiro necessita ser o protagonista e mantenedor da cultura. Essencialmente se integrando com mais ênfase, determinação para buscar valorização das diversas culturas que abarcam os patrimônios. A população precisa participar de forma ativa e coletiva contra o autoritarismo e cerceamento de direitos que o governo atual realiza. Denota-se que as instituições e o ambiente cultural fazem parte da representatividade e expressão da história nacional brasileira e merecem total proteção e preservação.

4.3 Meio ambiente cultural

Percebe-se que as relações sociais estão interligadas a culturas e ao ambiente cultural[126], bem como desenvolvem influências ao longo da história[127] diante das comunicações e direitos socioculturais[128]. Nessas interações, "o

---

[126] O homem é o resultado do meio cultural em que foi socializado. Ele é um herdeiro de um longo processo acumulativo, que reflete o conhecimento e a experiências adquiridas pelas numerosas gerações que o antecederam. A manipulação adequada e criativa desse patrimônio cultural permite as inovações e as invenções. Estas não são, pois, o produto da ação isolada de um gênio, mas o resultado do esforço de toda uma comunidade. (LARAIA, 2001, p. 24).

[127] No fundo, a história não é senão uma sucessão de atos de intencionalidade e de captação do real numa infinidade de processos que se desenvolvem uns independentes dos outros, muito embora possam correlacionar-se em razão de elementos comuns, o que constitui um dos problemas fundamentais da história, o da unidade ou pluralidade dos acontecimentos humanos considerados individuais e coletivamente. (REALE, 1999, p. 29, 30).

[128] A Organizações das Nações Unidas no ano de 1948, tornou positivados diversos direitos como declara: Artigo 27° 1. Toda a pessoa tem o direito de tomar parte livremente na vida cultural da comunidade, de fruir as artes e de participar no progresso científico e nos benefícios que deste resultam. 2. Todos têm direito à proteção dos interesses morais e materiais ligados a qualquer produção científica, literária ou artística da sua autoria. (ONU, 1948, p.5).

meio ambiente cultural é algo incorpóreo, abstrato, composto por bens culturais materiais e imateriais relevantes para o direito, uma vez que a norma constitucional prescreve a importância e necessidade de preservação do patrimônio cultural brasileiro". (FACHIN; FRACALOSSI, 2019, p. 6).

Concernente à vinculação entre o meio ambiente cultural e sua inserção na noção de meio ambiente[129], Miranda (2006) explicita:

> Dessa forma, afirma-se que o meio ambiente é a interação do conjunto de elementos naturais, artificiais e culturais que propiciem o desenvolvimento equilibrado da vida em todas as suas formas. Tal integração busca assumir uma concepção unitária do ambiente, compreensiva dos recursos naturais, culturais. Por isso, para fins protecionais, a noção de meio ambiente é muito ampla, abrangendo todos os bens naturais e culturais de valor juridicamente protegido, desde o solo, as águas, a flora, a fauna, as belezas naturais e artificiais, o ser humano, o patrimônio histórico, artístico, turístico, paisagístico, monumental, arqueológico, espeleológico, paleontológico além das disciplinas urbanísticas contemporâneas. (MIRANDA, 2006, p. 12, 13).

Observa-se que as interações envolvendo o próprio ambiente e o contexto cultural proporcionam desenvolvimento das relações socioculturais que instigam a população a buscar reconhecimento, preservação e proteção dos patrimônios e bens.

---

[129] Primeiramente, verificando a própria terminologia empregada, extraímos que o meio ambiente relaciona-se a tudo aquilo que nos circunda. Costuma-se criticar tal termo, porque pleonástico, redundante, em razão de ambiente já trazer em seu conteúdo a ideia de "âmbito que circunda", sendo desnecessária a complementação pela palavra meio. O legislador infraconstitucional tratou de definir o meio ambiente, conforme se verifica no art. 3º, I, da Lei nº. 6.938/81 (a Lei de Política Nacional do Meio Ambiente): Art 3º - Para os fins previstos nesta Lei, entende-se por: I - meio ambiente, o conjunto de condições, leis, influências e interações de ordem física, química e biológica, que permite, abriga e rege a vida em todas as suas formas. Em face da sistematização dada pela Constituição Federal de 1988, podemos tranquilamente afirmar que o conceito de meio ambiente dado pela Lei da Política Nacional de Meio Ambiente foi recepcionado. Isso porque a Carta Magna de 1988 buscou tutelar não só o meio ambiente natural, mas também o artificial, o cultural e o do trabalho. Com isso, conclui-se que a definição de meio ambiente é ampla, devendo-se observar que o legislador optou por trazer um conceito jurídico indeterminado, a fim de criar um espaço positivo de incidência da norma. (FIORILLO, 2019, p.68,69).

Respectivamente, a proteção jurídica do ambiente cultural[130] está positivada na Constituição Federal Brasileira de 1988, nos artigos 215, 216 e 216 A, cujos dispositivos tutelam os direitos e garantias ao acesso às fontes das diversidades culturais no Brasil. Nessa positivação de direitos, com valorização e difusão dos direitos culturais, destaca-se a Lei de Incentivo à Cultura nº 8.313/91 que instituiu o Programa Nacional de Apoio à Cultura (Pronac). As determinações dessa lei são essenciais em virtude de suas finalidades de captar e canalizar recursos no setor, contribuindo para que sejam desenvolvidas facilidades para a população ter acesso e obter aprendizados constantes das fontes de cultura e para que os direitos culturais sejam exercidos de forma livre.

Com as especificidades das fontes de cultura e garantia dos direito culturais, evidencia-se a Lei de Incentivo à Cultura, que se destaca por estimular e promover a produção das manifestações culturais regionais que são plurais no Brasil, posto que, havendo valorização e preservação da regionalização[131] cultural e artística brasileira, os respectivos criadores do regionalismo possivelmente terão progressos socioculturais.

Nesse mesmo viés de proteção e implementação, existem as Leis estaduais também, por exemplo, a Lei nº 22.944/2018 que institui o Sistema Estadual de Cultura (Siec), junto ao Sistema de Financiamento à Cultura e a Política Estadual no Estado de Minas Gerais. Mediante as diretrizes desta lei, constata-se a integração do Sistema Estadual de Cultura vinculado ao art. 2016-A da Constituição Federal Brasileira de 1988 e com o art. 207 da Constituição do Estado. Esses dispositivos jurídicos são essenciais e indispensáveis ao progresso das relações socioculturais no Estado, porque promovem e buscam garantir a proteção dos patrimônios, instituições e manifestações culturais. A

---

130 O meio ambiente cultural por via de consequência se revela no século XXI em nosso país exatamente em face de uma cultura que passa por diversos veículos reveladores de um novo processo civilizatória adaptado necessariamente à sociedade de informação, a saber, de uma nova forma de se viver relacionada a uma cultura de convergências em que as emissoras de rádio, televisão, o cinema, os videogames, a internet, as comunicações através de ligações de telefones fixos celulares, etc., moldaram uma " nova vida" reveladora de uma nova faceta do meio ambiente cultural, a saber: o meio ambiente digital. (FIORILLO, 2010, p.115, 116).

131 O regionalismo ocorre quando há um grupo particular de elementos linguísticos em uma localização geográfica delimitada. Geralmente, origina-se de fatores históricos da cultura regional, sendo o dialeto uma de suas principais formas de expressão. O Brasil, país com imensa extensão territorial, possui uma infinidade de regionalismos. Sua população foi formada pela mistura de diversas nacionalidades provindas da Europa e da África, que, por sua vez, misturaram-se com os nativos que habitavam a nação. Além disso, o povoamento do país ocorreu de forma desigual e em várias áreas diferentes e distantes entre si. (ARAÚJO, 2006, p.1).

Lei tem finalidade de criar articulação e gestão integrada de políticas públicas de cultura no Estado, instigando a participação da população neste setor, porque os direitos culturais e a promoção do desenvolvimento humano, social e econômico, necessitam ser garantidos para a sociedade, sem distinção.

Desde a promulgação dos direitos fundamentais culturais, no âmbito nacional, foram adquiridos mais reconhecimentos e garantias. Mesmo que de forma implícita, o ambiente cultural como de uso comum do povo implica no entender de que o Estado deve assegurar, sem restrição, a proteção dos patrimônios[132] e bens culturais com suas diversidades. "O bem cultural abrange sempre dois elementos: ao primeiro chamamos de "suporte", e ao segundo de "significado", sendo este a expressão particular de um ou mais valores". (REALE, 1999, p.15).

Nota-se que no âmbito nacional o direito brasileiro está vinculado à proteção do multiculturalismo, pois considera ter maior relevância com o reconhecimento e expansão dos direitos culturais. Verifica-se que "Os direitos culturais são direitos difusos, caracterizando-se pela imaterialidade e indeterminabilidade dos sujeitos". (FACHIN; FRACALOSSI. 2019, p. 4).

Desse modo, compreende-se o ambiente cultural sendo representado por sua pluralidade de características vinculadas às produções e manifestações artísticas, bem como se desenvolve interligado às seguintes formas: arquitetura, escultura, pintura, música, literatura, dança e o cinema. Essas áreas são consideradas as sete artes[133] e, de fato, são, já que promovem e reforçam a

[132] Dispõe a Constituição brasileira de 1988: Art. 23. É competência comum da União, dos Estados, do Distrito Federal e dos Municípios: [...] III – proteger os documentos, as obras e outros bens de valor histórico, artístico e cultural, os monumentos, as paisagens naturais notáveis e os sítios arqueológicos; [...] VI – proteger o meio ambiente e combater a poluição em todas as suas formas. Art. 216. [...] §1° O Poder Público, com a colaboração da comunidade, promoverá e protegerá o patrimônio cultural brasileiro, por meio de inventários, registros, vigilância, tombamento e desapropriação, e de outras formas de acautelamento e preservação. (BRASIL, 1988).

[133] Você já parou para se perguntar quais são as 7 artes? Afinal, usamos com frequência o termo sétima arte para nos referirmos ao cinema. Recentemente, durante a premiação do Oscar, você deve ter visto essa expressão o tempo todo. Mas se o cinema é a 7ª arte, quais são as outras 6? Por que elas têm esse nome? De onde surgiu? Este texto visa esclarecer tudo sobre as 7 artes, e dar dicas de como desenvolver o seu talento nelas. Conhecendo as 7 artes clássicas. Há um pouco de divergência sobre a lista e a ordem exata das 7 artes clássicas, mas a maior parte da literatura apresenta da seguinte forma: Arquitetura; Escultura; Pintura; Música; Literatura; Dança; Cinema. É difícil estabelecer um ponto de início para esta discussão, que foi travada durante décadas por diversos filósofos. Porém, é consenso no meio artístico que o ponto mais importante dessa denominação foi o "Manifesto das Sete Artes", de Ricciotto Canudo. O intelectual italiano escreveu, em 1923, este documento que estabelecia as 7 artes clássicas. (ABRA, 2020, p.1).

reafirmação da memória coletiva, de saberes, costumes e influenciam na formação da percepção de pertencimento de ser humano.

Devido às influências socioculturais promovendo afirmação histórica para o progresso do processo civilizatório, Fiorillo (2013) declara:

> O meio ambiente cultural por via de consequência manifesta-se no século XXI em nosso país exatamente em face de uma cultura que passa por diversos veículos reveladores de um novo processo civilizatório adaptado necessariamente à sociedade de informação, a saber, de uma nova forma de viver relacionada uma cultura de convergência em que as emissoras de rádio, televisão, o cinema, os videogames, a internet, as comunicações por meio de ligações de telefone fixos e celulares etc. moldam uma "nova vida" reveladora de uma nova faceta do meio ambiente cultural, a saber, o meio ambiente digital. (FIORILLO, 2013, p. 65).

Na sistemática das interações sociais com os meios de comunicações proporcionados pela internet, junto ao ambiente digital, constata-se vasta expansão da acessibilidade a novas perspectivas socioculturais para a população. "A Internet mesma se impõe como um bem cultural, pois se concretiza como formas de expressar, criar, fazer, consumir e viver, encerrando sua natureza material como parte integrante dos bens culturais no mundo contemporâneo". (COUTINHO, 2014, p.11).

Nesse enfoque para garantir manutenção, preservação das relações socioculturais com a reafirmação dos direitos culturais,[134] nota-se ser necessário implementar diretrizes de políticas públicas para melhor proteção do ambiente cultural e seus bens, como determina o órgão IPHAN[135].

---

[134] Dessa maneira, os direitos culturais despontam como fundamentais, a partir do momento em que não se pode mais conceber a sobrevivência da liberdade individual sem a proteção jurídica dos direitos sociais. A ideia é que o Estado deve voltar-se para as questões sociais e investir no bem-estar de todos. Não é suficiente assegurar direitos civis e polípticos. Por isso mesmo, outros direitos surgem como consequência do valor dominante e, nesse contexto, brotam a preservação do meio ambiente e a proteção à cultura. (FEITOSA, 2012, p. 37,38).

[135] A preservação e divulgação do patrimônio material e imaterial do país são da responsabilidade do Instituto do Patrimônio Histórico e Artístico Nacional - IPHAN. O Instituto considera que podem ser bens tombados de natureza material: Imóveis como as cidades históricas, sítios arqueológicos e paisagísticos e bens individuais; ou móveis, como coleções arqueológicas, acervos museológicos, documentais, bibliográficos, arquivos artísticos, vídeos, gráficos, fotográficos e cinematográficos. De igual modo, considera bens culturais de natureza imaterial: práticas e domínios da vida social que se manifestam em saberes, ofícios e modos de fazer; celebrações; formas de expressão cênicas, plásticas, musicais ou lúdicas; e nos lugares (como mercados, feiras e santuários que abrigam práticas culturais coletivas) (IPHAN, 2019, p.1).

De acordo com as características socioculturais, existem variados espaços culturais relevantes, por exemplo, os teatros, museus, cinemas, dentre outros, como ressalta Valente (2020):

> Espaços culturais são locais que pertencem ou são relativos à cultura, onde se vive cultura. Esses espaços podem ser os mais variados como teatros, cinemas, museus e galerias de arte, bibliotecas, e como a cultura está em todos os lugares onde está o ser humano, também as cidades, as ruas, os parques e os jardins são espaços culturais. (VALENTE, 2020, p.20).

Os espaços culturais são locais essenciais para o desenvolvimento de percepções, ações educativas, manifestações culturais e para provocar na população reações de expansão e preservação das culturas.

Respectivamente, os ambientes como os teatros, cinemas, museus, pinacotecas, galerias de arte, dentre outras instituições, corroboram indiscutivelmente para instigar e impulsionar a inclusão, reflexão, reavaliação da realidade cotidiana e estabelecer fortalecimento de direitos culturais.

Analisando-se as relevantes instituições e projetos que promovem conhecimentos e interações, no Brasil, destaca-se, nos últimos anos, o projeto "A voz da arte" na Pinacoteca[136] de São Paulo, no Museu do Amanhã, no Rio de Janeiro etc. E, por considerar a Pinacoteca de São Paulo um local de produção cultural, a seguir serão expostas fotos e reflexões construtivas referente a essa instituição:

Conforme dito lhures, na reflexão das funções e diretrizes realizadas na Pinacoteca da cidade de São Paulo, visualiza na foto a seguir, ressalta-se a criação do projeto inédito no Brasil, iniciado em abril de 2019, denominado "A voz da arte". Esse projeto demonstra o potencial inovador da exposição cultural, com interações das obras de artes plásticas e a inteligência artificial, possibilitando a participação de diversos públicos.

[136] A Pinacoteca de São Paulo é um museu de artes visuais com ênfase na produção brasileira do século XIX até a contemporaneidade e em diálogo com as culturas do mundo. Museu de arte mais antigo da cidade, fundado em 1905 pelo Governo do Estado de São Paulo, vem realizando mostras de sua renomada coleção de arte brasileira e exposições temporárias de artistas nacionais e internacionais. A Pinacoteca também elabora e apresenta projetos públicos multidisciplinares, além de abrigar um programa educativo abrangente e inclusivo. Seu acervo original foi formado com a transferência de 26 obras do Museu Paulista da Universidade de São Paulo e conta hoje com cerca de 11 mil peças. Entre elas, trabalhos de autoria de importantes artistas brasileiros como Anita Malfatti, Lygia Clark, Tarsila do Amaral, Almeida Júnior, Pedro Alexandrino, Candido Portinari, Oscar Pereira da Silva, entre outros. (PINACOTECA, 2020, p. 1).

Figura 2 - Pinacoteca de São Paulo.

Fonte: Pinacoteca. São Paulo/SP–30. Set. 2019.

De fato, as instituições como a pinacoteca de São Paulo exercem funções fundamentais para desenvolver e fortalecer os aspectos de pertencimento, porque proporcionam integração da população com diversas culturas. Considera-se também que essas interações fomentam o desenvolvimento cultural, econômico e sustentável, pois possivelmente podem influenciar outras instituições a se expandirem e terem progresso, tais como museus, teatros, galerias de arte, dentre outros.

Para além das interações disponibilizadas na pinacoteca de São Paulo, com seu potencial inclusivo executado na prática, existem outros programas educativos para crianças, como por exemplo, o programa "Meu museu", que promove inclusão sociocultural, com visitas educativas, com a disponibilização de dispositivos tecnológicos para os usuários exercerem autonomia nas visitas e realizarem diversas interações tecnológicas.

As interações digitais relacionadas com obras de arte e exposições culturais como na pinacoteca de São Paulo, proporcionam experiências para o conhecimento e afirmação da personalidade e identidade sociocultural de cada indivíduo, como por exemplo, em crianças. Nesse contexto de aprendizagem e conhecimento, a foto abaixo demonstra claramente as crianças interagindo[137] com as tecnologias no projeto a "Voz da arte," vislumbrando a obra de arte intitulada ("São Paulo"), da artista plástica Tarsila do Amaral[138].

Figura 3 - Projeto "A voz da arte".

Fonte: Autor: João Malossi. São Paulo/SP – 30. Set. 2019.

[137] E como acontece esta interação? Toda interação acontece por voz. O visitante pode perguntar uma questão sobre a obra de arte, o sistema identifica qual é a dúvida por trás daquela pergunta e fornece a resposta. Segundo o diagrama acima, a primeira etapa depois que alguém fala alguma pergunta é converter o áudio em texto. O texto resultante da conversão (etapa 2) é enviado para um componente que tem como responsabilidade interpretar aquilo que foi dito, ou seja, identificar a intenção por trás da pergunta. O identificador de intenções pode identificar uma intenção com uma alta confiança (etapa 3), ou seja, ele tem certeza que aquele texto significa algo que ele conhece. Ou ele pode retornar uma informação dizendo que não entendeu a pergunta ou que está em dúvida (etapa 3'). Se o identificador de intenções encontrou uma intenção com alta confiança então a próxima etapa é ver qual resposta está associada aquela intenção e enviar este conteúdo para o conversor de texto em áudio. No final deste processo o visitante do museu escuta um áudio com a resposta. (MALOSSI, 2017, p. 1).

[138] Nascida em São Paulo, Tarsila do Amaral (1886-1973), foi pintora e desenhista brasileira, trabalhou como tradutora e editora de revista, é uma das figuras centrais da pintura do país. Uma das precursoras do movimento modernista7 no Brasil, tendo ao lado artistas e amigos como Anita Malfatti, Menotti Del Picchia e os irmãos Oswald de Andrade e Mário de Andrade, formado o Grupo dos Cinco. Dentre suas mais reconhecidas e famosas obras estão A Negra (1923); Antropofagia (1929); Abapuru (1928) e Operários (1933). (SANTOS; LISBOA. 2018, p.15).

De fato, o projeto "A Voz da arte" indubitavelmente proporciona experiências educativas e culturais que possivelmente vão instigar a construir novas relações e comportamentos, interpretações e percepções do imaginário da criança ou mesmo da sua própria realidade cotidiana, onde se relacionam.

Nessas relações de agregação de experiências práticas socioculturais, o receptor interage e busca compreender a linguagem e o discurso transmitidos naquela obra de arte, exposição ou no ambiente cultural como um todo e isso possivelmente terá influências também na sua formação histórico-cultural.

As conexões socioculturais desenvolvidas e potencializadas com a utilização das tecnologias também são desenvolvidas na pesquisa iniciada no ano de 2017, na cidade de São Paulo, no Centro Regional de Estudos para a disseminação das informações (Cetic.br) e no Núcleo de Informação e Coordenação do Ponto BR (NIC.br). Respectivamente, essas instituições desenvolvem estudos sobre as influências nas relações entre o ambiente cultural e tecnologias no Brasil[139]. Compreende-se que essa pesquisa desenvolvida com as tecnologias de informação e comunicação (TIC), possui múltiplas funções: informar, relatar, investigar, fiscalizar e proporcionar melhorias no setor da cultura e educação.

No mesmo teor dessas interações, verifica-se que a pesquisa tecnológica de informação e comunicação (TIC) desenvolve objetivos, metas específicas para produzir indicadores científicos, com análises de informações que possibilitam melhor utilização dos dispositivos digitais. De igual modo, a pesquisa busca compreender como o acesso às tecnologias e o seu uso influenciam de forma progressista nas manifestações culturais brasileiras.

Similarmente, as tecnologias de informação estão sendo incorporadas e utilizadas nos equipamentos de comunicações das instituições culturais, seja dentro da rotina interna de funcionamento ou também na relação direta de interação, investigação com o público, como ocorre no Museu do Amanhã, no Rio de Janeiro, foto a seguir.

---

[139] A pesquisa TIC Cultura tem como objetivo investigar como o acesso e uso das TIC modificam as práticas culturais da população. Para isso, foi promovida pelo Cetic.br uma exploração qualitativa com grupos formados por brasileiros de diferentes idades e perfis socioeconômicos, residentes nas cinco regiões do país. Entre as questões que permeiam o estudo, estão os potenciais da disseminação e uso das TIC para ampliação do acesso a bens e serviços culturais e promoção da diversidade do que é produzido e difundido culturalmente no Brasil. Além disso, o estudo também buscou identificar se existem limitações para a promoção da diversidade cultural e para a ampliação do direito à cultura com o uso das tecnologias. (CETIC, 2017, p.1).

Figura 4 - Museu do Amanhã.

Fonte: https://museudoamanha.org.br – 11. Fev. 2022.

Nesse ambiente do museu do Amanhã[140] com suas funções e atribuições educativas e informativas, são proporcionadas interações socioculturais para os diversos públicos, desde a sua própria localização e arquitetura até as inovações tecnológicas visuais apresentadas nas exposições do museu. Considera-se que o Museu do Amanhã se destaca, porque atrai vários grupos sociais e facilita para que os diversos públicos possam ter maior acessibilidade às experiências audiovisuais oferecidas naquele local.

---

[140] O Museu do Amanhã é um museu de ciências aplicadas que explora as oportunidades e os desafios que a humanidade terá de enfrentar nas próximas décadas a partir das perspectivas da sustentabilidade e da convivência. Inaugurado em dezembro de 2015 pela Prefeitura do Rio, é um equipamento cultural da Secretaria Municipal de Cultura, que opera sob gestão do Instituto de Desenvolvimento e Gestão (IDG). Exemplo bem-sucedido de parceria entre o poder público e a iniciativa privada, o Museu conta com o Banco Santander como patrocinador máster, a Shell Brasil como mantenedora e uma ampla rede de patrocinadores que inclui IBM, Engie, Grupo Globo e Lojas Americanas, além do apoio da Renner. O Museu foi originalmente concebido pela Fundação Roberto Marinho que também é copatrocinadora. Desde a inauguração, vem recebendo uma média de um milhão de visitantes por ano. (MA, 2019, p. 1).

Constata-se que as interações das invocações tecnológicas e os temas ambientais apresentados nas exposições de audiovisuais no Museu do Amanhã despertam interpretações e análises da realidade cotidiana, seja em crianças, adolescentes e adultos, como se pode visualizar na fotografia abaixo. "Os museus apresentam diferentes culturas e recebem públicos variados para os quais desenvolvem ações educativas". (ELAZARI, 2009, p.338).

Figura 5 - Interação virtual.

Fonte:Próprio autor - Rio de Janeiro / RJ – 3. Jan. 2019.

Observa-se que o Museu do Amanhã, com suas exposições, instiga as pessoas a refletirem sobre diversos questionamentos, como por exemplo, sobre a convivência, sustentabilidade e conhecimento, bem como perguntando: De que maneira podemos tornar as cidades mais plurais? Quais as ações precisam ser adotadas para regenerar o nosso planeta? Como a expansão do conhecimento pode transformar o nosso futuro?

Diante dessas perguntas e questionamentos, os variados públicos vão analisar e vivenciar as experiências propostas nas exposições audiovisuais, com seus ensinamentos e interações e, possivelmente, vão desenvolver novas percepções e preocupações referentes aos temas abordados e informações disponibilizadas.

Nesse contexto, o Museu do Amanhã[141] gera renda financeira para o Estado, assim como influencia os comportamentos de cada indivíduo que frequenta aquele ambiente. Na mesma compreensão, as ações socioculturais e educativas realizadas instigam a população a se ressignificar e resgatar conhecimentos e histórias. No tocante a essas relações culturais, são interligadas aos conjuntos de bens e valores do patrimônio histórico, artístico, arqueológico, turístico, pois desenvolvem ações para a reafirmação e progresso dos direitos culturais.

Em outro viés de compreensão referente ao ambiente cultural e os patrimônios, nos últimos anos, no Brasil, percebe-se que os investimentos para este setor estão sendo minimizados, inviabilizando a manutenção, preservação e proteção das instituições culturais. "Infelizmente, a proteção ao meio ambiente cultural tem se mostrado insuficiente, tem gerado uma profunda degradação desse patrimônio, muitas vezes de forma irrecuperável, faltam políticas públicas, investimentos, consciência ambiental, valorização". (FACHIN; FRACALOSSI, 2019, p.10).

Referindo-se ao governo atual com as práticas de contingenciamento e poucos investimentos culturais, o Instituto Brasileiro de Geografia e Estatística (IBGE) destaca os cortes de gastos no setor:

> A participação da cultura nos gastos das três esferas de governo caiu entre 2011 e 2018. O total dos gastos públicos alocados no setor cultural passou de R$ 7,1 bilhões em 2011 para R$ 9,1 bilhões em 2018. A participação do gasto em cultura no total de gastos públicos consolidados das três esferas de governo caiu 0,07, passando de 0,28%, em 2011, para 0,21% em 2018. As três esferas apresentaram variações negativas da participação da cultura no total de seus gastos (de 0,08% em 2011 para 0,07% em 2018 no governo federal; de 0,42% em 2011 para 0,28% em 2018 nos governos estaduais; e de 1,12% em 2011 para 0,79% em 2018 nos municípios). A queda foi maior nos estados, impactando a distribuição entre as três esferas: o governo federal, que respondia por 19,2% do total destes gastos em 2011, aumentou a sua participação para 21,1% em 2018, enquanto os governos estaduais reduziram de 32,0% para 27,5%. Os governos municipais, que totalizavam 48,8% em 2011, continuaram a ser a esfera de governo que mais utilizou seu orçamento com o setor cultural, ampliando sua participação para 51,4% em 2018. (IBGE, 2019, p.2).

---

[141] No Rio, a gestão do Museu do Amanhã também é de uma organização social (OS) – o Instituto de Desenvolvimento de Gestão, que administra um orçamento de R$ 39 milhões. Desse total, R$ 12 milhões foram repassados pela prefeitura carioca e R$ 27 milhões vieram de receita de bilheteria, aluguel de espaços para eventos e doações de empresas. (PIERRO, 2018, p. 12).

Devido a essa redução de investimentos dos governos, seja federal, estadual ou municipal, verifica-se que os contingenciamentos dos recursos afetam e prejudicam a indústria cultural, com suas produções e a classe artística no Brasil. Nessa abordagem dos dados expostos, com a redução, ou sem verbas orçamentárias suficientes para impulsionar o progresso do setor, cria-se notável desrespeito, descaso e falta de proteção das instituições.

Constata-se que o setor cultural, juntamente com a classe dos artistas, vem sofrendo repressões de grupos sociais com comportamentos de intolerâncias, discursos de ódio e violências contra exposições e manifestações culturais artísticas em diversos Estados do Brasil. Por exemplo, a Exposição Queermuseu[142] que foi cancelada pelo Santander Cultura, em Porto Alegre, em 2017; também a exposição "Faça você mesmo sua capela sistina,[143]" de Pedro Moraleida, exposta no Palácio das Artes, em Belo Horizonte, no ano de 2017, dentre outras manifestações que foram canceladas.

---

[142] No dia 10 de setembro de 2017, um acontecimento extraordinário mudaria para sempre nossa percepção da censura e da deturpação da verdade para fins obscuros: o fechamento unilateral e autoritário da exposição Queermuseu - Cartografias da diferença na arte brasileira, pelo Banco Santander, o patrocinador, promotor e realizador do evento. Queermuseu é uma mostra que faz uma incursão artística em questões relacionadas à expressão e à identidade de gênero, à diferença, e à diversidade (incluindo diversidade da forma artística) na arte brasileira, por meio de um conjunto de obras que percorrem um arco histórico que vai de meados do século 20 até a contemporaneidade. Com trabalhos representativos da amplitude estética e geracional da produção das várias regiões do país, esta foi a primeira exposição com tal envergadura na América Latina e a quarta já realizada no mundo, reunindo 264 criações de 85 artistas brasileiros, com obras provenientes de coleções públicas e privadas. Uma obra de arte, independentemente do mérito artístico que lhe seja atribuído pela crítica ou pela historiografia, é considerada em essência "patrimônio da humanidade" e, portanto, deve ser preservada e protegida de danos físicos e morais. (FIDELIS, 2017, p. 14, 15).

[143] Em Belo Horizonte, protestos contra manifestações artísticas ocorreram pelo menos duas vezes neste mês. Um deputado estadual anunciou que pediria a suspensão da peça que já havia sido vetada em Jundiaí (SP), mas recuou posteriormente. O espetáculo O Evangelho segundo Jesus, rainha do céu foi encenado na Funarte sob protestos liderados por grupos religiosos contrários à ideologia de gênero. No Palácio das Artes, o alvo foi a exposição Faça Você Mesmo sua Capela Sistina, do artista Pedro Moraleida (1977-1999). Rodrigo Duarte, professor do Departamento de Filosofia da UFMG e integrante da comissão organizadora do Congresso, acredita que esses protestos são orquestrados por grupos políticos e religiosos conservadores e reacionários que até pouco tempo atrás levantavam a bandeira do combate à corrupção. "Isso tudo não pode ser distanciado do momento político que a gente está vivendo. Esse tipo de protesto é pura hipocrisia. Não há crime, nenhuma lei foi violada", afirmou em entrevista ao programa Conexões da Rádio UFMG Educativa desta quarta-feira, 18. "Chama a atenção o fato de que essas pessoas não são frequentadoras de museus e galerias. A cultura e a arte precisam ser respeitadas. Não existe uma má intenção por parte dos artistas. O que seria uma iniciativa elogiável como o Queermuseu, por exemplo, que coloca em pauta a questão dos LGBTs, algo generoso e importante de ser feito, de repente se reverteu em uma coisa odiosa, terrível e perversa", lamenta Duarte. (UFMG, 2017, p.1).

Em vez de dar azo às repressões contra as exposições e manifestações artísticas, o poder público e as políticas públicas culturais necessitam tutelar com mais eficiência o ambiente cultural, bem como promover o bem-estar sociocultural coletivo. "Estamos nos referindo a um contexto recente, no qual as políticas culturais estiveram associadas a processos de construção democrática, o que não tem correspondência no contexto atual, marcado pelo autoritarismo e o retrocesso no campo da cultura". (MOTTA, 2019. p.270).

Na atual conjuntura, verifica-se que o setor cultural tem importância indispensável na formação humanitária da população, pois promove também a expansão de direitos para a reafirmação da liberdade de expressão[144] artística.

Não obstante a esse desleixo governamental, no que tange à políticas de fomento à cultura, a sociedade se desenvolve na busca para garantir a expansão das manifestações culturais e alcançar a democratização das liberdades artísticas para os indivíduos exercerem seus direitos culturais de forma livre e sem censura. Constata-se que as ações culturais desenvolvidas proporcionam ensinamentos educativos e inclusivos, gerando produções discursivas a respeito de várias temáticas ambientais. Diante desse contexto para a valorização e proteção culturais, Fachin e Fracalossi afirmam (2019):

> Espera-se que o meio ambiente cultural seja cada vez mais valorizado e protegido, tanto pelo Poder Público quanto pela própria sociedade. Enquanto direito fundamental, precisa ser efetivado e implementado na seara de Políticas Públicas sólidas e eficazes. Se for construída uma consciência ambiental, a tutela dessa macromorada cultural será uma busca incessante e irrefragável da humanidade. (FACHIN; FRACALOSSI, 2019, p.20).

Cabe ressaltar que o ambiente cultural, uma vez valorizado e protegido por ações eficazes do Poder Público, favorece o desenvolvimento constante do exercício da cidadania,[145] enquanto direito fundamental. Mesmo o Poder Público percebendo a necessidade da manutenção, preservação e proteção do

---

[144] A liberdade de expressão consagra-se como um dos mais caros direitos fundamentais do indivíduo. É alicerce do palco democrático de um país, de modo que não se pode conceber um Estado Democrático de Direito sem o reconhecimento pleno da liberdade de expressão de seus cidadãos. Art. 5º inciso IV da Constituição Federal Brasileira de 1988. (ABRUSIO, 2015, p. 107).

[145] A noção de cidadania entrelaça-se com a participação do ser humano de forma efetiva na construção da sociedade em sua completude. O ser humano, ativista, sujeito de direitos e deveres é o cidadão que se pretende construir, e sentir-se pertencente. O patrimônio histórico tem relevante função neste aspecto porque é a externalização material do

setor cultural, o Instituto Brasileiro de Geografia e Estatística (IBGE) expõe, como se verifica no gráfico seguinte, os baixíssimos investimentos do governo federal com esse setor, entre os anos de 2011 e 2018:

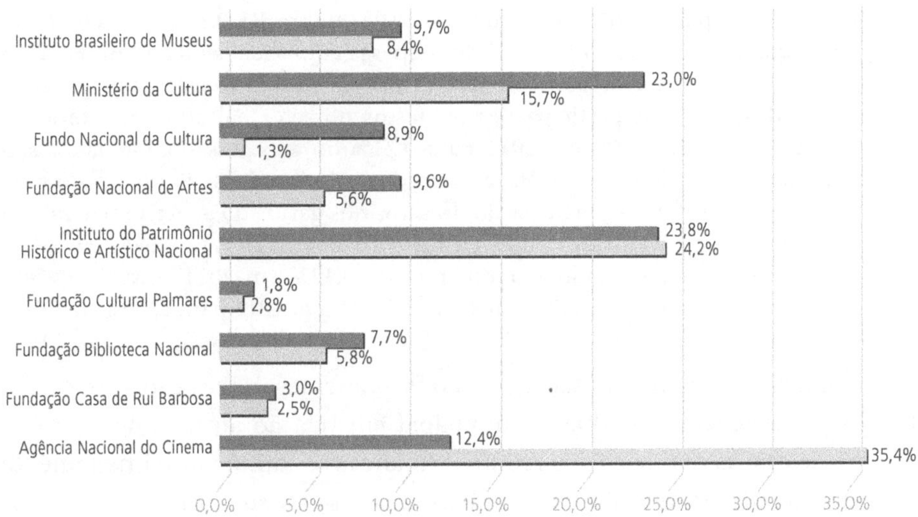

Figura 6 - Gráfico de Despesas do governo federal com cultura, segundo os órgãos – Brasil – 2011 a 2018.

Fonte: IBGE, 2019, p. 1 (adaptado).

Na análise do gráfico, evidenciam-se drásticas reduções de investimentos do governo federal, entre os anos de 2011 e 2018, principalmente no Instituto Brasileiro de Museus, do Ministério da Cultura (que foi extinto pelo governo atual), o Fundo Nacional de Cultura, a Fundação Nacional das Artes, a Fundação Cultural dos Palmares, a Fundação Biblioteca Nacional e a Fundação Casa de Rui Barbosa. Verificou-se que o Instituto do Patrimônio Histórico e Artístico Nacional se manteve quase inerte, sem investimentos durante o ano de 2011 até 2018. Vale ressaltar que apenas a Agência Nacional do Cinema obteve crescimento neste lapso temporal.

---

pensamento, vivência e sentimentos de uma época que se imortalizam e são revividos pelas gerações futuras quando em contato com os vestígios. (CUSTÓDIO, LIMA, 2015, p. 12).

Na sequência, com a interpretação sistemática dos dados disponibilizados pelo IBGE, não há dúvidas de que as instituições estão sendo menosprezadas no decorrer dos anos, estendendo-se esse descaso ao governo atual (2019 a 2022), como expõe o IBGE nos dados:

> O setor público destinou para a área de cultura R$ 9,1 bilhões em 2018, equivalente a 0,21% do total de despesas consolidadas da administração pública. Apesar do aumento dos dispêndios, todas as esferas de governo reduziram suas participações de gastos no setor cultural em sete anos, passando de 0,28% em 2011 para 0,21% no ano passado. Os dados são do Sistema de Informações e Indicadores Culturais 2019, divulgado hoje (5) pelo IBGE. A participação do setor nos gastos do governo federal em relação ao orçamento total caiu de 0,08% em 2011 para 0,07% em 2018. Já os governos estaduais reduziram de 0,42% em 2011 para 0,28% em 2018 e os municípios diminuíram de 1,12% em 2011 para 0,79% em 2018. (IBGE, 2018, p.1).

Conforme a compreensão dos dados referentes à redução dos gastos dos governos federal, estadual e municipal em relação ao orçamento total, observa-se que as reduções dos recursos financeiros foram aproximadamente mais da metade do que era instituído. Consta dos dados que os governos vêm contingenciando, reduzindo verbas orçamentárias[146] e fazendo poucos investimentos no setor cultural no Brasil. Isso provoca em toda a indústria da produção artística decadências socioculturais. O setor carece de uma gestão[147] eficiente e responsável e as verbas precisam ser distribuídas de forma ponderada e equilibrada, bem como em maior volume. Esse conjunto de ações gerará renda para o próprio governo e para todo o país.

---

[146] Os dados são do Sistema de Informações e Indicadores Culturais 2019, divulgado hoje (5) pelo IBGE. A participação do setor nos gastos do governo federal em relação ao orçamento total caiu de 0,08% em 2011 para 0,07% em 2018. Já os governos estaduais reduziram de 0,42% em 2011 para 0,28% em 2018 e os municípios diminuíram de 1,12% em 2011 para 0,79% em 2018. "Os investimentos em cultura vêm caindo devido à crise fiscal, rotatividade de quadros e descontinuidade de políticas no governo federal. O orçamento fica limitado às despesas de custeio", resume o pesquisador do IBGE, Leonardo Athias. (IBGE, 2019, p.1).

[147] A museóloga Maria Cristina Oliveira Bruno, pesquisadora do Museu de Arqueologia e Etnologia (MAE) da USP, pondera que o contrato de gestão deve compreender uma série de exigências feitas pelo governo à OS. "É o governo que estabelece as metas e os prazos a serem cumpridos pela OS, que também precisa adotar medidas de transparência e prestar contas", diz a pesquisadora. (PIERRO, 2018, p. 12).

A fim de se alcançar a disponibilização de investimentos culturais, torna-se necessário desenvolver minuciosa gestão, devidamente elaborada com planos e metas a serem cumpridas, além de objetivos explícitos, com constante respeito à transparência e com progresso de políticas públicas culturais[148] e patrimoniais. De fato, os investimentos sendo disponibilizados de forma correta e responsável, a médio e longo prazo será possível garantir proteção e preservação do setor.

Nesse viés de busca de proteção e desenvolvimento, Mamberti, (2003) declara:

> A sociedade tem como imperativo zelar pelo seu desenvolvimento cultural. O debate da questão tem por si só uma função transformadora. Não há progresso material, não existem conquistas efetivas e não há verdadeira liberdade sem evolução do espírito imanente ao conceito de cultura, compreendido como única forma, diante da crise social e política que enfrentamos hoje, de construir um novo projeto de país e de nação, que leve em conta o respeito à diversidade e à diferença, deslocando a cultura para o centro do conceito de desenvolvimento sustentável, humano e solidário. (MAMBERTI, 2003 p.16, 17).

Para assegurar progresso do setor cultural, a sociedade possui grande responsabilidade, devendo instigar os governos federal, estadual e municipal, lutando para garantir principalmente a liberdade de expressão das manifestações artísticas.

Na defesa da preservação e proteção das liberdades artísticas[149], os atores, músicos, pintores, escritores, produtores, dentre outros profissionais da área cultural, precisam se unir à sociedade, acessando os meios digitais e promovendo ações efetivas que gerem resultados positivos no setor.

---

[148] Desta feita, as políticas culturais e patrimoniais, bem como os espaços institucionais de participação e controle social das políticas públicas, vêm sendo vistas como ferramentas privilegiadas para o agenciamento de direitos. Não se deve esquecer que as políticas culturais dependem de arranjos e alianças conjunturais, nem sempre favoráveis, como vem se refletindo recentemente. (MOTTA, 2019, p. 276, 277).

[149] Assim é fundamental resistir, sempre de forma pacífica e por meio do Direito a qualquer tipo de norma ou ordem que limite o direito fundamental à livre expressão artística, por ser essencial à comunidade a plena fruição dos Direitos culturais e ser uma garantia constitucional que estimula a diversidade estética, a pluralidade de manifestações e principalmente o dever do Estado em apoio e incentivar a cultura nacional. (BUCHINIANI, 2016, p. 161).

Com efeito, a participação efetiva da população frequentando museus[150], teatros, galerias de arte, pinacotecas, cinematecas e outras instituições, criam ações educativas com conscientização ambiental, fomentando a inclusão para a cidadania participativa, pois promove resgate e valorização da identidade[151] e memória cultural para a geração presente e as vindouras.

Considera-se que o meio ambiente cultural, sem degradação e preservado ecologicamente, proporciona agregação nas relações da população para aprender e praticar a educação patrimonial e ambiental. Certamente precisam ser garantidas as proteções dos direitos culturais de cada geração, bem como devem ocorrer melhorias, com sustentabilidade, no desenvolvimento humano, ambiental e econômico do país.

Desse modo, é necessário fomentar e construir diretrizes reestruturadas, com atuação governamental comprometida e incisiva para a expansão do ambiente cultural. Em todo esse processo, é indispensável que seja exercido o respeito, visando à inclusão e tolerância para preservar a diversidade cultural e seus patrimônios.

---

150 A valorização destes espaços livres, a céu aberto, a possibilidade de imersão na história e seu entendimento como verdadeiros museus, demandam de uma educação patrimonial eficiente, que capacite a população na compreensão dos novos rumos do saber e das novas formas de aprendizado, mais dinâmicas, mais vividas, trilhando caminhos para o pertencimento, fundamental à plena cidadania. (CUSTÓDIO, LIMA, 2015, p.11).

151 A identidade se constrói com qualidade cultural, promovendo um verdadeiro encontro das diferenças. Muitos entendem de forma simplista que a identidade é apenas o reforço das chamadas manifestações populares de arte em oposição ao erudito. Este referencial é pobre para tratar da complexidade do processo de identidade. É mais importante reforçar manifestações culturais inovadoras, criativas e instigantes do que apenas limitar-se ao popular. (FARIA,2003, p. 37).

5

PRINCÍPIOS DO DIREITO CULTURAL

A fundamentação para a compreensão dos princípios[152] culturais como diretrizes indispensáveis para a proteção dos patrimônios e bens culturais brasileiros está presente na Constituição Federal brasileira de 1988. De fato, observa-se que ela contém premissas básicas para a estruturação do ordenamento jurídico, bem como regramentos que devem ser seguidos pelos órgãos vinculados à administração pública e à população. Os princípios são importantes porque objetivam incentivar o combate à ilegalidades e degradações que atingem os bens culturais. Sob essa perspectiva, os princípios culturais orientam as diretrizes que devem ser seguidas para a preservação do meio ambiente cultural e digital, pois são resultados do aperfeiçoamento de conhecimento e experiências socioculturais.

Nesse contexto, para garantir a preservação dos patrimônios culturais materiais e imateriais, alguns princípios serão examinados a seguir, como:

---

[152] Os princípios (do latim principium, que quer dizer origem) são indispensáveis para a compreensão de qualquer dos ramos do Direito de forma ampla e global, de vez que eles constituem mandamentos nucleares que compõem a base do ordenamento jurídico, dando-lhe sentido lógico, harmônico e coerente. Trata-se de cânones interpretativos que assumem função fundamentadora, interpretativa, supletiva, diretiva e limitativa e ao contrário das regras que vigem os princípios valem. O conhecimento dos princípios do Direito é condição sine qua non para sua correta aplicação, mormente quando as normas de um determinado sistema encontram-se dispersas em diplomas de várias épocas, como é o caso do sistema de proteção ao patrimônio cultural brasileiro. (MIRANDA, 2006, p. 21).

> O princípio da proteção do patrimônio cultural; (b) da função sociocultural da propriedade; (c) fruição coletiva dos direitos culturais; (d) da prevenção de danos; (e) da responsabilização; (f) princípio da vinculação dos bens culturais; (g) princípio do equilíbrio; (h) da solidariedade intergeracional; (i) cooperação internacional; (j) o princípio da participação popular; (k) educação patrimonial; entre outros. (MIRANDA, 2006, p. 21).

Esses princípios foram selecionados, por serem indispensáveis para uma solução mais coerente, justa e adequada no que tange à tutela do meio ambiente cultural. Diante dessa constatação da relevância dos princípios culturais no Brasil, que promovem e unificam as relações socioculturais, Miranda (2012) destaca a importância dos artigos 216, § 1º, e 23, incisos III e IV da Constituição Federal Brasileira de 1988, que explicitam o princípio da proteção do patrimônio cultural:

> A proteção do patrimônio cultural é uma obrigação imposta ao Poder Público, com a colaboração da comunidade, por força do que dispõe a Constituição Federal em seus artigos, 216, § 1º, e 23, III e IV. Dessa forma, a ação protetiva em prol do patrimônio cultural não se trata de mera opção ou de faculdade discricionária do Poder Público, mas sim de imposição cogente, que obriga juridicamente todos os entes federativos. Ressalte-se que a atuação do Poder Público nessa área deve se dar tanto no âmbito administrativo, quanto no âmbito legislativo e até no judiciário, de vez que cabe ao Estado a adoção e execução das políticas públicas e programas de ação necessários à proteção dos patrimônios culturais. (MIRANDA, 2012, p. 24).

Decerto, o princípio da proteção do patrimônio cultural no Brasil impõe certas obrigações ao Poder Público, como o dever de estabelecer diálogos com a comunidade para uma melhor implementação da gestão e proteção do meio ambiente cultural. Sob este viés, as relações pacíficas dos entes administrativos (União, Estados, Distrito Federal e Municípios) junto com a comunidade, possivelmente desenvolverão melhorias nas ações de fiscalização e regulação de ações preservacionistas. A partir dessas concepções, a criação, o desenvolvimento e a aplicação de políticas públicas[153] culturais, precisam abarcar o interesse da coletividade, para estabelecer melhorias na efetivação das proteções dos patrimônios.

---

[153] As políticas de cultura devem, urgentemente, estimular o debate, as experiências e as vivências sobre valores e paradigmas, os comportamentos e sociabilidades urbanas, enfim, caminhos da construção do desenvolvimento humano e de uma cultura que tenha no seu horizonte o direito à vida em todas as suas manifestações. (FARIA, 2003, p. 35).

Deve-se frisar que a atuação do Poder Público na promoção do progresso da proteção dos patrimônios culturais deve ser desenvolvida a partir de ações práticas adequadas e específicas, acolhendo as necessidades e participação[154] das comunidades locais. Nesse aspecto das relações, Miranda (2012) afirma a importância dos direitos e obrigações que a comunidade deve ter com os patrimônios:

> Também a comunidade, que detêm direitos sobre o patrimônio cultural brasileiro, passa a ter obrigações em relação a ele, que estão ligados a sua proteção, sendo tipificadas como crimes agressões cometidas contra aquele bem jurídico. Tanto para o Poder Público quanto para os particulares o patrimônio cultural brasileiro, enquanto direito difuso, é sempre indisponível e deve ser preservado em atenção inclusive às gerações futuras. Assim, as gerações atuais não podem dispor de tal patrimônio, devendo obrigatoriamente protege-lo e preserva-lo. (MIRANDA, 2012, p. 25).

Conforme os direitos, obrigações de proteção e preservação que a comunidade precisa exercer com os patrimônios, verifica-se que a população não pode dispor dos patrimônios, visto que eles são considerados bens comuns pertencentes às gerações presentes e futuras. Os patrimônios[155]influenciam e fazem parte da representação sociocultural coletiva da comunidade. Isto posto, observa-se que as novas tecnologias e o ciberespaço proporcionam maior conhecimento, acesso e visibilidade ao patrimônio cultural a diversos indivíduos.

Certamente, a representação e o simbolismo que apresentam os monumentos, centros históricos e patrimônios culturais, favorecem na afirmação e fortalecimento de direitos culturais nas diversas regiões brasileiras. "Dessa forma, qualquer município é obrigado a proteger e respeitar os bens culturais integrantes do patrimônio nacional ou estadual existentes no seu

---

[154] A participação da comunidade nos atos de proteção do patrimônio cultural pode ocorrer por duas formas: a primeira, pela participação da comunidade organizada nos conselhos de cultura e nos organismos que decidem os objetos material ou imaterial a serem preservados; a segunda é traduzida pela utilização de mecanismos legais, tais como a ação popular para coibir os atos políticos que ponham em riscos os valores de importância cultural definido pela coletividade. (RODRIGUES, 2002, p.1).

[155] O patrimônio é fundamentado no processo de identificação coletiva onde a fusão simbólica entre passado e presente se dá a partir de elementos sociais, culturais, ideológicos e psicológicos do grupo nos quais são significativos para a formação de sua identidade. Esta utilização do patrimônio como fomentador da identidade social é um dos principais aspectos de legitimação de sua preservação. (LEÃO, 2009, p. 10).

território". (MIRANDA, 2012, p. 24). Assim, o Poder Público[156] tem obrigação de proteger e respeitar os patrimônios culturais sem apresentar uma postura omissiva no que concerne as suas funções, pois precisa ter desempenho eficaz com suas diretrizes legais de proteção dos bens. Sob esse aspecto, existe a obrigação, regulação e fiscalização, entre outras funções dos Estados e municípios para tutelar os patrimônios, como Miranda (2006) explica no Princípio da função sociocultural da propriedade:

> A nossa Constituição Federal estabelece no art. 5º XXII, que a propriedade atenderá a sua função social. É a carta Magna que estatui como princípio norteador da ordem econômica (que tem por fim assegurar a todos a existência digna conforme os ditames da justiça social) a função social da propriedade (art.170, III). Como a Carta Magna impôs tanto ao Poder Público quanto à comunidade o dever de preservar o patrimônio cultural (art.216, § 1º), evidente que os proprietários de bens culturais não podem exercer o seu direito de propriedade de maneira ilimitada, de forma a causar danos a eles, uma vez que estão sujeitos a um regime jurídico próprio, sendo considerados bens de interesse público. (MIRANDA, 2006, p. 27).

De acordo com o princípio da função social da propriedade, relacionado com o patrimônio cultural, é possível abstrair que o poder público tem direitos[157] a cumprir para tutelar os bens. Particularmente alguns bens culturais tombados localizados em propriedade privada devem ser conservados pelos seus proprietários com ajuda de auxílio financeiro do poder público. Nesse aspecto, o acesso aos bens precisa ser exercido por toda a coletividade, pois as tecnologias e o ambiente digital facilitam para a população ter melhor interação com os patrimônios. Diante das interações das relações socioculturais, torna-se essencial estabelecer garantias específicas para manter e atender as necessidades de proteção local de cada região.

---

[156] Assim, ao estabelecer como o dever do Poder Público, com a colaboração da comunidade, preservar o patrimônio cultural, a Constituição Federal ratifica a natureza jurídica de bem difuso, porquanto este é de uso comum de todos. Um uso preenchido pelos elementos de fruição (uso e gozo do bem objeto do direito) sem comprometimento de sua integridade, para que outros titulares, incluídos os de gerações vindouras, possam também exercer com plenitude o mesmo direito. (FIORILLO, 2019, p. 580).

[157] Hodiernamente considera como direito fundamental, a propriedade não é, contudo, direito que se possa erigir à suprema condição de ilimitado e inatingível. O direito de propriedade, segundo o regime constitucional vigente, deve atender à sua função social, havendo consenso doutrinário quanto ao fato de que a propriedade não pode ser usada em detrimento da sociedade. (MIRANDA, 2006, p. 26).

Para garantir a proteção e evitar a degradação[158]do patrimônio cultural, os proprietários precisam acolher o interesse público, de modo que favoreçam a coletividade e o bem comum, conforme destaca Miranda (2006):

> Assim, os proprietários de bens culturais devem exercer o direito sobre eles não unicamente em seu próprio e exclusivo interesse, mas em benefício da coletividade, observando-se todo o regramento constitucional e legal sobre a proteção do patrimônio cultural, sendo precisamente o cumprimento da função do patrimônio cultural, sendo precisamente o cumprimento da função social que legitima o exercício do direito de propriedade pelo titular. Para alcance da função social, ambiental e cultural da propriedade, pode-se valer o poder público de instrumentos inclusive que imponham ao proprietário comportamentos positivos (e não meramente de abstenção), para que sua propriedade concretamente se adeque à preservação do meio ambiente cultural. (MIRANDA, 2006, p. 27, 28).

Ainda em relação ao desenvolvimento da função social dos patrimônios, o Poder Público, com seus instrumentos legislativos, regulamenta e determina as obrigações do proprietário, tais como restaurar e realizar a manutenção do bem com o objetivo de evitar a ruína, degradações futuras.

Neste viés de proteção e garantias proporcionadas através da função social, é necessário incluir o contexto ambiental e cultural da propriedade, melhores proteções para ocorrer desenvolvimento sociocultural. Conforme essas considerações constatam-se que o princípio da função social se vincula com o da fruição coletiva dos direitos culturais e acesso às fontes da cultura nacional, bem como é exposto:

> Este princípio decorre diretamente do art. 215, caput, da Constituição Federal, que dispõe: o Estado garantirá a todos o pleno exercício dos direitos culturais e acesso às fontes da cultura nacional, e apoiará e incentivará a

[158] A destruição, deterioração, inutilização de prédios e documentos históricos, a descaracterização e o abandono de edificações tombadas, a demolição às pressas e às ocultas de bens inventariados ou em processo de tombamento, a pichação de sítios arqueológicos rupestres, a extração e o comércio clandestinos de fósseis e bens de valor arqueológico, a subtração e o comércio descontrolado de imagens sacras coloniais, a explosão de grutas que guardam vestígios arqueológicos e paleontológicos para exploração de recursos minerais, a pichação de monumentos urbanos, as construções em frontal desrespeito às normas de ordenamento urbano, a poluição visual em cidades históricas e turísticas, o descaso com bibliotecas, museus, teatros, cinemas e demais espaços destinados às manifestações culturais, todas estas condutas são exemplos da enorme e variada gama de ações lesivas ao patrimônio cultural material brasileiro e que devem ser objeto de especial atenção dos operadores do direito, a quem toca lançar mão dos meios preventivos e reparadores existentes no ordenamento jurídico vigente. (MIRANDA, 2006, p. 271.).

> valorização e a difusão das manifestações culturais. Como os bens culturais são à toda evidência fontes de cultura, o acesso ao conhecimento sobre eles deve ser assegurado à coletividade, não podendo-se-lhes dispensar o mesmo tratamento dado aos bens não culturais. (MIRANDA, 2006, p. 30).

Com as concepções das características das relações do princípio da fruição coletiva com os bens culturais de propriedade[159] pública ou privada, nota ser essencial que os entes públicos promovam ações voltadas ao desenvolvimento e expansão da tutela cultural. Tal fato ocorre, visto que as interações socioculturais estabelecidas com as tecnologias viabilizam a ampliação da tutela do meio ambiente cultural, pois influencia a população de forma coletiva a reconhecer e desenvolver conhecimentos para a reafirmação de direitos culturais. As ações do Estado para garantir o exercício dos direitos culturais como a fruição coletiva e o acesso em relação aos patrimônios, o Estado e as autoridades estatais devem estabelecer condições práticas para que a população conheça, visite e adquira informações que os estimule a preservar os bens culturais. Diante dessa visão, os dispositivos tecnológicos e a internet podem corroborar para a criação de ações voltadas a tutela do meio ambiente cultural. Porque se existir fomento e utilização dos meios tecnológicos nestas relações, o Estado desenvolverá melhor a fruição coletiva dos bens, possivelmente resultará na prevenção eficiente de danos. No decorrer dessa análise, percebe-se a vinculação do Princípio da prevenção de danos sendo imprescindível neste contexto cultural:

> A prevenção de danos ao patrimônio cultural é uma das mais importantes imposições no que tange à matéria sob análise, sendo de se lembrar que nosso legislador constituinte estatuiu que meras ameaças (e não necessariamente danos) ao patrimônio cultural devem ser punidas na forma da lei (art. 216, § 4º). Ou seja, em termos de patrimônio cultural nosso ordenamento está orientado para uma posição de caráter fundamentalmente preventiva, voltada para o momento anterior à consumação do dano – o do mero risco. (MIRANDA, 2006, p. 33).

Cabe destacar que ações de prevenção contra os danos ao meio ambiente cultural são instrumentos essenciais, no entanto faz-se necessário o desenvolvimento de diretrizes mais eficazes, céleres na prática a médio e longo

---

[159] Mas fato é que seja a propriedade pública ou particular, os bens culturais ficam submetidos a um especial regime jurídico, se integrando uma nova categoria de bens que a doutrina vem chamando de bens de interesse público. O gozo público ou a fruição coletiva dos bens culturais materiais concretiza-se basicamente no direito de visita e no direito de informação, que devem ser assegurados à comunidade. (MIRANDA, 2006, p. 31).

prazo para combater degradações que eventualmente aconteçam. De acordo com o ordenamento jurídico, é essencial a promoção de ações preventivas, bem como o emprego de dispositivos tecnológicos como drones, chips, câmeras com leitura facial, rastreadores entre outros, beneficiam de forma eficiente para ter monitoramento, regulamentação atualizada e fiscalização rotineira voltada para evitar o dano antes que ele aconteça, na busca de impedir riscos.

Por conseguinte, promover o incentivo a medidas que evitem a deterioração dos patrimônios e do meio ambiente perpassam pela avaliação e identificar prioridades, como destaca as características da prevenção:

> Com efeito, o princípio da prevenção é basilar em Direito Ambiental e diz respeito à prioridade que deve ser dada às medidas que evitem o nascimento de atentados ao meio ambiente, de modo a reduzir ou eliminar as causas de ações suscetíveis de alterar a sua qualidade. Enfim, diante da pouca valia de mera reparação, sempre incerta e, quando possível, na maioria das vezes excessivamente onerosa, a prevenção de danos ao patrimônio cultural é a melhor, quando não a única solução ante a dificuldade de retornar aos status quo ante bens dotados de especial valor, representando sua degradação ou desaparecimento imensurável um empobrecimento imensurável do patrimônio de toda a humanidade. Por isso, a proteção do meio ambiente cultural, deve ser eficaz e temporalmente adequada, o que é possível inclusive mediante a utilização dos instrumentos processuais acautelatórios previstos na legislação específica (ação civil pública, ação popular, etc). (MIRANDA, 2006, p. 33).

Na perspectiva da prevenção e da proteção do ambiente cultural, deve ser desenvolvidas as ações com seriedade e suas execuções devem ser eficazes. Não obstante, antes do emprego dos instrumentos processuais acautelatórios faz-se necessário uma análise minuciosa dessas medidas para que seja selecionado o método mais benéfico para sanar ou amenizar o conflito sociocultural.

Ao abordar aspectos de tutela para promover ações preventivas em relação aos patrimônios, destaca-se o Princípio da responsabilização com medidas jurídicas no âmbito administrativo, cível[160] e criminal:

---

[160] No que tange ao âmbito civil, a responsabilidade do violador das normas de proteção ao meio ambiente cultural é objetiva, ou seja, independe da existência de culpa (art. 14, § 1º da Lei 6.938/81). Ademais, a reparação do prejuízo causado deve ser sempre integral, proporcionando a recomposição do patrimônio cultural, na medida do possível, no estado em que se encontrava antes da ocorrência do dano (máxima coincidência possível com a com a situação original) não sendo lícito se falar em indenizações tarifadas no caso de impossibilidade de reposição ao status quo. (MIRANDA, 2006, p. 35).

> Além das medidas de prevenção, quem nem sempre consegue obstar a ocorrência de danos ao patrimônio cultural, necessária se faz a responsabilização dos causadores de prejuízos ao referido bem jurídico nos âmbitos administrativos, cível e criminal. O princípio da responsabilização decorre do que dispõe a Constituição Federal em seu artigo 225, § 3º, verbis: As condutas e atividades consideradas lesivas ao meio ambiente sujeitarão os infratores, pessoas físicas ou jurídicas, a sanções penais e administrativas, independentemente da obrigação de reparar os danos causados. A ampla responsabilidade pelos danos causados ao patrimônio cultural está relacionado com a autonomia e independência entre os três sistemas existentes: civil, administrativo e criminal, de forma que um mesmo ato de ofensa a tal bem jurídico pode e deve acarretar responsabilização, de forma simultânea e cumulativa, nas três esferas, nos exatos termos do que determina a nossa Constituição Federal. (MIRANDA, 2006, p. 35).

De acordo com as determinações normativas positivadas para combater condutas lesivas e degradantes realizadas por pessoas físicas ou jurídicas contra o patrimônio e o ambiente cultural, as sanções necessitam ser mais eficazes para coibir ações dos possíveis infratores. Os danos que podem ser causados aos patrimônios, possivelmente decorrem por falta de ações de imperícia, imprudência e negligência do Estado ou órgãos de fiscalização, que poderiam evitar ações degradantes com aplicação das tecnologias nas suas rotinas.

Na sequência desta concepção para acorrer melhores responsabilizações e evitar delapidações dos patrimônios, as tecnologias e o ambiente digital influenciam para divulgar, promover e implementar ações preservacionistas com gestão[161] patrimonial cultural compartilhada com desenvolvimento de política pública de preservação.

Desse modo, com os aspectos de preservação e comprometimento governamental para melhor responsabilização e proteção, destaca-se o princípio da vinculação dos bens culturais, pois este instrumento impõe determinação para que a União, Estados e municípios coíbam a degradação e evasão dos patrimônios. Nesse sentido, são expostas as características deste princípio:

---

[161] A gestão patrimonial nas instituições públicas vem alcançando nas últimas décadas avanço significativo com a melhoria de procedimentos operacionais das atividades patrimoniais. Investimentos em tecnologias da informação e comunicação facilitaram as tarefas e a integração dos setores envolvidos no processo de controle. (MONTEIRO; FERNANDES, 2019, p.1).

> Este princípio tem assento constitucional e decorre do disposto no art. 23, IV, da Carta Magna que dispõe ser competência comum da União, do Distrito Federal, dos Estados e dos Municípios impedir a evasão de obras de arte e de outros bens de valor histórico, artístico ou cultural. Ou seja, quis o legislador constituinte que o Poder Público adotasse as medidas cabíveis para assegurar a manutenção de tais em suas origens, tendo em vista o seu elevado significado para a memória e identidade de nosso povo. Como decorrência deste princípio, os bens culturais brasileiro devem ser mantidos no país, ressalvada a saída temporária para o exterior com o objetivo de intercambio científico ou cultural. Nesse sentido, o Decreto-Lei 25/37(art.14), as Leis 3.924/61(art.20), 4845/65(art.1° a 5°) e 5.471/68 (art. 1° a 3°), vedam a saída definitiva do país de bens tombados; de objetos; de obras de arte e ofícios produzidos no Brasil até o fim do Período Monárquico e de livros antigos e acervos documentais. (MIRANDA, 2006, p. 41).

Diante dos apontamentos das competências do Poder Público para proteger os patrimônios culturais, em especial, os bens materiais tombados, nota-se que as medidas precisam ser exercidas de forma célere para impedir a delapidação e comercio[162] clandestino. Logo, verifica-se que a manutenção, a fiscalização e o monitoramento desses bens requerem uma ação conjunta e coordenada dos entes políticos.

Para ser desenvolvidas melhorias com tutela da vinculação dos bens junto à preservação da memória[163] e identidade[164], a população passou a utilizar as tecnologias para exercer funções conjuntas com o Poder Público e promover interações no ambiente digital com fiscalizações preservacionistas para gerar

---

[162] Infelizmente o comércio clandestino de bens culturais brasileiros com o exterior tem sido um dos maiores responsáveis pela pilhagem de nossas imagens sacras, móveis coloniais, esculturas, obras de arte, materiais retirados de prédios coloniais, peças de valor arqueológico e paleontológico consequentemente perda de informações científicas e referências culturais de imensurável importância. (MIRANDA, 2006, p. 41).

[163] Da memória, podemos dizer que são lembranças, reminiscências, vestígios. Aquilo que serve de lembrança. A memória permite a construção da identidade individual e coletiva. Estabelece a relação entre o passado e o presente e permite vislumbrar o futuro. Por ser um elemento vivo, a memória está sujeita a modificações e alterações. Filosoficamente, memória significa a capacidade de reter um dado da experiência ou conhecimento adquirido e de trazê-lo à mente, sendo necessária para a constituição das experiências e do conhecimento científico. Toda produção do conhecimento se dá a partir de memórias de um passado que é consolidado no presente. (LEMOS JÚNIOR, 2012, p.53).

[164] Da identidade, podemos dizer que é tudo aquilo que diferencia e identifica o homem: um grupo social, político, étnico, religioso etc. Trata-se das ações do homem para viver em sociedade ao longo da história e do dia-a-dia. Os marcos do passado constituem parte da memória social e da identidade cultural das comunidades. (LEMOS JÚNIOR, 2012, p.54).

equilíbrio entre as relações socioculturais. Realizada esta análise, evidencia-se que o princípio do equilíbrio visa a conservação dos bens, como destaca as suas finalidades:

> Por força deste princípio, deve-se buscar a criação dos meios adequados para assegurar a integração das políticas de crescimento econômico e social de conservação do patrimônio cultural, tendo como finalidade o desenvolvimento integrado, harmônico e sustentável. Não há dúvidas que o desenvolvimento econômico é um valor preciso da sociedade, mas ele deve coexistir com a preservação do meio ambiente cultural, de forma que aquele não implique em anulação deste último. Ou seja, há necessidade de se encontrar um ponto de equilíbrio de forma que o desenvolvimento atenda às necessidades do presente sem comprometer os direitos das gerações vindouras. (MIRANDA, 2006, p. 37).

Para ter equilíbrio adequado a ser desenvolvido na integração das políticas de crescimento econômico e social para conservação dos patrimônios, verifica-se dificuldades administrativas governamentais na elaboração, implementação de diretrizes, projetos para possibilitar a efetivação de ações preservacionistas harmônicas.

Na busca do equilíbrio, do crescimento socioeconômico entre as relações e os patrimônios, observa ser preciso viabilizar ações práticas para que seja desenvolvido crescimento econômico com ponderação sem causar degradações aos bens e promover a preservação. Nestas relações socioculturais, a preservação[165] patrimonial promove respeito, inclusão e influencia para a reafirmação de direitos, porque necessita ser garantido equilíbrio e proteção dos patrimônios para estimular a solidariedade entre a população.

Para promover a garantia do equilíbrio, da preservação e da proteção dos bens, o princípio da solidariedade intergeracional se destaca como umas das principais atribuições do Poder Público e da coletividade:

> A nossa Constituição Federal dispõe que o dever do poder público e da coletividade a proteção do meio ambiente para as presentes e futuras gerações. Sendo certo que os bens que integram o patrimônio cultural

[165] Outro aspecto a considerar é que a preservação do patrimônio cultural passa necessariamente pelo reconhecimento do patrimônio como referencial para a identidade do grupo e do indivíduo em um determinado tempo e espaço e considerando ainda que as diversas áreas do conhecimento não funcionam como compartimentos estanques, mas são parte de uma grande diversidade, resultado de uma teia de relações, em que cultura, ciência e tecnologia em cada momento histórico, são construídas e reconstruídas pela ação do homem, produtor de cultura e conhecimento. (IPAC, 2021, p.1).

> estão incluídos entre os bens ambientais, em seu sentido amplo, impõe-se a defesa dos mesmos com vistas às gerações vindouras, já que são de fundamental importância para sadia qualidade de vida e para a dignidade da pessoa humana. Com efeito, o direito difuso ao patrimônio cultural possui dimensão temporal que o torna ainda mais "anônimo", no que se refere à sua titularidade, pois o mesmo transcende o tempo presente, sendo de fundamental importância para aqueles que ainda não nasceram. Assim, podemos afirmar que as gerações atuais têm a responsabilidade de cuidar para que as necessidades e os interesses das gerações futuras no que tange ao acesso e a fruição dos bens culturais, de forma sadia e adequada, sejam plenamente salvaguardados. (MIRANDA, 2006, p. 45,46).

A solidariedade intergeracional se define como fundamental instrumento para instigar e garantir a preservação dos bens para as presentes e futuras, ou seja, aqueles indivíduos que ainda não nasceram. O princípio declara diretrizes para a geração presente assumir e cumprir com suas responsabilidades para proteger os patrimônios, pois envolvem interesses e garantias socioculturais para o bem-estar coletivo. Estas diretrizes da solidariedade intergeracional podem ser divulgadas no ambiente digital para maior conhecimento e compreensão da população, pois possivelmente as tecnologias facilitarão para unir grupos em favor da preservação cultural.

A solidariedade intergeracional deve ser exercida de forma constante por meio de ações preservacionistas dos entes federados em conjunto com a sociedade. Tal atitude facilita o acesso e fruição do patrimônio cultural. Certamente, neste aspecto, as tecnologias proporcionam benefícios para as relações socioculturais se mantenham valorizadas e reconhecidas na atualidade e no futuro.

Paralelo às características da solidariedade como a aceitação, o reconhecimento, a inclusão e a participação da sociedade mesmo que de forma digital, estão vinculadas ao princípio da cooperação internacional. Mediante as relações que precisam ser pacíficas com cooperação entre países para a proteção dos bens culturais, constata-se:

> A cooperação deve ser entendida como uma política solidária dos diversos países, inclusive em razão da necessidade intergeracional de proteção dos bens ambientais de valor cultural. A Constituição Federal em seu art.4º, IX, estabelece como princípio nas suas relações internacionais cooperação entre os povos para o progresso da humanidade. No que tange ao meio ambiente cultural é incontroverso que a resolução de inúmeras situações de violações aos bens que integram deve passar pelo suporte de organizações internacionais especializadas, mormente porque a proteção

> desse patrimônio em escala nacional é frequentemente incompleta, devido à magnitude dos meios que necessita e à insuficiência de recursos econômicos, científicos e técnicos do país em cujo território se encontra o bem a ser protegido. (MIRANDA, 2006, p. 47).

De fato, a cooperação internacional com ações exercidas de forma solidária entre a comunidade internacional facilita o estabelecimento do progresso na proteção do ambiente cultural e seus patrimônios. Realmente, as relações para a proteção dos bens no âmbito internacional e nacional, precisam estar integradas para atender as necessidades de cada país, pois devido à complexidade do conflito sociocultural faz se necessário a colaboração das organizações internacionais especializas para minimizar e combater os roubos e as degradações aos bens. Dessa forma, como suporte internacional para ter cooperação e garantia da tutela dos bens, destaca-se a Conferência Geral da Unesco:

> A Conferência Geral da Unesco, após a sua 17ª sessão, ocorrida no ano de 1972, em Paris, adotou a Convenção sobre a salvaguarda do patrimônio mundial, cultural e natural, tendo como objetivos " tomar parte na proteção cultural e natural de valor universal excepcional, mediante a prestação de uma assistência coletiva que, sem substituir a ação do Estado interessado, a complete eficazmente". No Brasil, o comércio ilícito de bens culturais como o exterior, por exemplo, tem sido um dos maiores responsáveis pela pilhagem de nossos sítios arqueológicos e fossilíferos e pela perda de informações científicas. (MIRANDA, 2006, p. 47).

Convém ressaltar que a cooperação internacional está diretamente relacionada com a assistência coletiva que se estabelece entre países, pois com as relações interconectadas com a utilização das tecnologias e o ambiente digital fortaleceu a cooperação e comunicação entre os países. Porém, considera-se preciso reforçar e reconhecer a proteção cultural como um valor universal essencial para a preservação da história de cada país. Neste teor, que envolve o comércio ilícito de bens materiais culturais furtados e exportados para outros países, nota-se que para a resolução desse conflito considera ser tarefa difícil de solucionar, devido às precariedades nas ações de fiscalização e monitoramento dos bens. Porque poderia ter implementação e cooperação com ajuda de tecnologias para amenizar e buscar prevenção para combater os conflitos. "O combate aos atentados contra riquezas arqueológicas, históricas e artísticas exige cooperação internacional, quer na prevenção das infrações, quer para assegurar a restituição dos bens subtraídos". (CHRISTOFOLETTI, 2021, p.1).

Acrescenta-se que para existir a cooperação com melhorias eficientes entre países para evitar danos, roubos aos bens, necessita o estabelecimento e a reformulação de regras jurídicas que sejam mais incisivas e coercitivas para inibir os infratores. Certamente, preciso fomentar e divulgar projetos nacionais e internacionais por meio das tecnologias com fácil acesso no ambiente digital, por exemplo, Diálogos[166] sobre tráfico ilícito de bens culturais, que se torna um instrumento importante para os países e a população aprender e compartilhar experiências bem-sucedidas para ajudar a combater aos tráficos[167]. Nesta análise, para ter melhorias na efetivação da cooperação internacional e impulsionar práticas preservacionistas, a participação popular precisa ser exercida para integração e expansão das relações pacíficas.

No decorrer dessas relações, para garantir práticas que sejam eficientes e que se amenize as degradações aos patrimônios, o princípio da participação popular se destaca com suas diretrizes indispensáveis:

> O princípio da participação popular na proteção do patrimônio cultural se expressa a ideia de que para a resolução dos problemas atinentes a tal área deve ser dada especial ênfase à cooperação entre o Estado e a sociedade, por meio da participação dos diferentes grupos sociais na formulação e na execução de políticas de preservação dos bens culturais. Este princípio tem por fundamentos constitucionais o art. 1º da Carta vigente, que, conjugados, prescrevem à coletividade o direito/dever de defender e preservar o meio ambiente cultural para as presentes e futuras gerações. Os novos tempos mostram efetivamente que o Estado, por si só, na maioria das vezes não tem condições de atuar de maneira pronta e eficaz para a satisfação de todos os anseios públicos. (MIRANDA, 2006, p. 39).

[166] O lançamento do projeto internacional "Diálogos sobre tráfico ilícito de bens culturais: interoperabilidade de sistemas" – realizado no âmbito do programa Diálogos Setoriais Brasil-União Europeia. A primeira atividade do projeto contará com a participação de especialistas europeus que abordarão experiências de desenvolvimento e interoperabilidade de sistemas de informações culturais como instrumento de prevenção e combate ao tráfico de bens culturais. A atividade é aberta ao público e contará com tradução simultânea. Intercâmbio de experiências. A ideia é inaugurar um intercâmbio de experiências bem-sucedidas na área da tecnologia da informação voltadas à prevenção e o combate ao tráfico ilícito de bens culturais, que possam contribuir no desenvolvimento de uma plataforma interoperável entre os vários bancos de dados sobre bens culturais desaparecidos no Brasil. (IBRAM, 2018, p. 1).

[167] No entanto, o tráfico ilícito de bens culturais não parou. Pelo contrário. Os traficantes desses bens aproveitaram-se da segurança reduzida em sítios arqueológicos e museus para empreender furtos e escavações ilegais, com impunidade. Os números comprovam: o fascínio por mosaicos, urnas funerárias, esculturas, estatuetas ou manuscritos antigos nunca foi tão grande. A pressão dessa demanda ajudou a alimentar o mercado ilegal de obras de arte e antiguidades, que agora opera principalmente online – por meio de plataformas que, muitas vezes, dão pouca atenção à proveniência original dos objetos. (UNESCO, 2020, p.1).

Neste ciclo, a promoção e a preservação dos bens dependem da participação conjunta da sociedade e do Estado, pois deve ser baseada na garantia de interesses que beneficie a coletividade e não somente os anseios de grupos. Neste ponto, constata-se que a utilização dos dispositivos tecnológicos ficou mais fácil ter comprometimento e engajamento popular, pois se torna elemento necessário para ajudar a combater roubos e reduzir os tráficos de bens culturais como acontecem no Brasil[168].

No mais, na execução de políticas públicas culturais para a proteção dos bens, necessita ter apoio da população, pois sem esta ajuda o Estado enfrenta maior dificuldade para efetivação de ações preservacionistas. Verifica-se que a participação cria representatividade e gera comunicação que se expande com discursos no ambiente digital, pois se apresenta como uma iniciativa que aproxima a comunidade para requerer direitos culturais e exercer a democracia. Dessa maneira, estimular a sociedade a buscar melhorias nas suas relações socioculturais, considera ser essencial como afirma Miranda (2006):

> Daí a nova tendência constitucional de incentivar a participação da sociedade na definição e execução de medidas que visem à melhoria da condição de vida da própria população. São várias possibilidades do cidadão (de forma isolada ou por meio de associações), contribuir para a preservação de nosso patrimônio cultural, destacando-se as seguintes: Participação popular no processo legislativo, desde a fase de discussões até a aprovação final do projeto (audiências públicas); iniciativa popular de lei (CF/88-art. 61, § 2º); referendo e plebiscito; direito a informações públicas (CF/88-art.5º,XXXIII); direito de petição (CF/88-art.5º XXXIV); ação popular (CF/88, art. LXXIII); ação civil pública (Lei 7.347/85, art. 5º); atuação direta do Terceiro Setor; instituição de reserva particulares do patrimônio natural para o desenvolvimento de atividade de cunho científico, cultural, recreativo e de lazer; participação nos Conselhos de liberativos de patrimônio cultural e demais órgãos colegiados dotados de poder normativo. (MIRANDA, 2006, p. 39, 40).

De fato, a participação sendo incentivada e exercida com a utilização dos instrumentos legislativos adequados e de fácil acesso para a proteção dos

---

[168] O Brasil tem insistido em permanecer como ponta de lança de uma rota internacional de tráfico de bens culturais e obras de arte, espaço esse que tem mobilizado importantes estudos sobre sua atuação. A compreensão dessa ideia ajuda a perceber como o tráfico ilícito de bens culturais e obras de arte se constitui hoje na terceira modalidade de tráfico mais rentável em volume financeiro no mundo, movimentando mais de 6 bilhões de dólares na última década, de acordo com o FBI, a Interpol e a Unesco. Nesse sentido, a política de repatriação dos bens traficados se coloca como um desafio aos Estados contemporâneos, fator pelo qual se torna relevante o estudo dessa temática. (CHRISTOFOLETTI, 2021, p. 1).

patrimônios, possibilita para a população o reconhecimento e reafirmação de seus direitos. Porque os instrumentos legislativos aliados com as informações disponibilizadas por tecnologias e o ambiente digital, favorecem para ampliação de conhecimentos e cria influência para a comunidade ser protagonista para ajudar a tutelar os bens.

Destaca-se que a participação sendo ato democrático possibilita a melhor construção e efetivação de gestão das políticas públicas[169] culturais que sejam de boa qualidade, pois os diálogos, intervenções pacíficas provocadas com ajuda das tecnologias, facilitam a promover decisões mais justas e leais para o interesse da coletividade. Neste contexto, de relações expostas no ambiente cultural e digital, a cidadania precisa ser exercida como ato de reivindicação, pois os dispositivos tecnológicos ampliaram as ações de reivindicar e participar, bem como pode ser considerado fundamental para garantir direitos que sustenta a educação patrimonial[170] .

Além disso, para o desenvolvimento das relações socioculturais, o Estado e a sociedade precisam cumprir suas obrigações na busca de estabelecer interesses que sejam compatíveis com os ideais da coletividade. De fato, o Estado precisa fomentar mais a elaboração e a divulgação de programas de educação patrimonial, por exemplo, Casas do Patrimônio[171], pois este projeto

[169] Desse modo, por expressas disposições normativas, confirma-se que as políticas públicas de cultura formam importante instrumental da concretização dos direitos culturais, mas possuem algo de importância intrínseca e autônoma: portam, em potência, o lastro de atualização legítima das formas pelas quais a cidadania sintoniza-se com as novas realidades e os novos tempos. (CUNHA FILHO, 2017, p. 192).

[170] A Educação Patrimonial constitui-se de todos os processos educativos formais e não formais que têm como foco o patrimônio cultural, apropriado socialmente como recurso para a compreensão sócio-histórica das referências culturais em todas as suas manifestações, a fim de colaborar para seu reconhecimento, sua valorização e preservação. Considera-se, ainda, que os processos educativos devem primar pela construção coletiva e democrática do conhecimento, por meio da participação efetiva das comunidades detentoras e produtoras das referências culturais, onde convivem diversas noções de patrimônio cultural. (IPHAN, 2014, p.1).

[171] O Projeto Casas do Patrimônio é a principal iniciativa nesse sentido. As principais diretrizes que devem nortear as ações de Educação Patrimonial decorrem de um longo processo de debates institucionais, aprofundamentos teóricos e avaliações das práticas educativas voltadas à preservação do patrimônio cultural. Ao mesmo tempo, são amparadas em uma série de premissas conceituais: as comunidades devem ser participantes efetivas das ações educativas; os bens culturais estão inseridos nos espaços de vida das pessoas; a Educação Patrimonial é um processo de mediação; o patrimônio cultural é um campo de conflito; os territórios são espaços educativos; as ações educativas devem levar em conta a intersetorialidade das políticas públicas; e é necessária uma abordagem transversal e dialógica da educação patrimonial. (IPHAN, 2014, p. 1).

realiza debates e utiliza as tecnologias e ambiente digital para proporcionar visibilidade e acesso da população para a proteção dos bens. Realmente a coletividade[172] precisa saber reconhecer e participar para promover o princípio da educação patrimonial, porque garante preservação mais eficaz, como destaca na compreensão de suas características:

> A educação patrimonial consiste em processo de trabalho educacional centrado no patrimônio cultural como fonte de reconhecimento. O termo é uma tradução da expressão inglesa heritage education, que surgiu no contexto de programas educativos realizados principalmente por museus e foi posteriormente incorporada por diversas instituições educacionais e culturais. A educação patrimonial deve envolver a comunidade na gestão do patrimônio, pelo qual ela também é responsável, levando-a a apropriar-se e a usufruir os bens e valores que o constituem. (MIRANDA, 2006, p. 43).

Diante desse reconhecimento e da necessidade de implantação, expansão da educação patrimonial com programas educativos de fácil acesso nas instituições culturais e no ambiente digital, precisam ser mais divulgadas, por exemplo, o programa Semente Digital[173] na cidade de São Luiz do Maranhão,

---

[172] É de fundamental importância cada indivíduo ter a consciência coletiva de que cada um tem que fazer a sua parte, levando proposições para as sessões do Conselho Municipal de Cultura por intermédio dos representantes dos seus grupos sociais. A partir daí, nascem às políticas públicas, nasce a inclusão com a participação de cada um fazendo a sua parte dentro do coletivo. (CUNHA FILHO, 2020, p. 1).

[173] O projeto Semente Digital tem como objetivo conscientizar, principalmente as novas gerações, para a importância de preservar o patrimônio histórico e material de São Luís. A dinâmica escolhida para alcançar este efeito é a utilização de diferentes tecnologias de imagens e produção de conteúdo audiovisual. A partir da proposta de educação patrimonial com tecnologia, o Semente Digital proporciona experiências lúdicas e de entretenimento através das suas mostras interativas. "Este é um projeto pensado para os jovens para desenvolver a ideia da preservação do patrimônio histórico de São Luís para que ele perceba de forma diferente como que a gente pode preservar a maior riqueza que a cidade tem", explica Márcio Carneiro, coordenador do Labcom. Através de experimentos interativos utilizando soluções como Photosynth e o Kinect, desenvolvidas pela Microsoft, o projeto consegue atingir seu público alvo com diferentes ferramentas e de um jeito mais efetivo, transformando a visão costumeira que as pessoas tem de uma paisagem inserida no seu dia a dia, com a qual muitos deixaram de se importar, pondo em risco uma das maiores riquezas de cidade. Outro recurso utilizado no projeto é a Realidade Aumentada. Esta tecnologia possibilita, a partir da interação com elementos virtuais, uma imersão nas histórias dos casarões e personalidades que fazem parte da cultura local. https://www.fapema.br/projetos-de-educacao-patrimonial-com-o-uso-de-tecnologia-possibilita-novas-descobertas-a-estudantes-durante-snct/(SANTOS, 2014, p. 1).

pois programas como este fortalecem para ampliação de conhecimentos, aprendizados básicos e promove a valorização dos patrimônios, da identidade, consciência cultural e da cidadania. Nota-se que as práticas educacionais planejadas com as tecnologias consideram ser instrumento de alfabetização cultural, bem como estimulam o exercício da liberdade e autônima das expressões e manifestações culturais. Estas práticas impulsionam para a compreensão da realidade e cria a educação que transforma. "A educação se faz necessária enquanto instrumento de alfabetização cultural, que capacita o indivíduo à leitura e compreensão da sociedade e cultura que está inserido". (CASTRO, 2017, p.2).

Constata-se que a educação patrimonial como instrumento transformador da realidade sociocultural, deve estar vinculada de forma objetiva e esclarecedora para acolher as necessidades da comunidade local, com o intuito de promover a cidadania[174] dos indivíduos que integram a sociedade. Porque fornecem elementos que possibilitam o desenvolvimento da conscientização, da percepção, do saber conhecer para valorizar os patrimônios e espaços culturais, como afirma Castro (2017):

> Neste sentido, a Educação Patrimonial significa valorizar os aspectos que a sociedade e o local de vida da comunidade. As peculiaridades que compõem a história, o passado, são a "marca registrada" da identidade. A Educação Patrimonial procura descobrir os valores, costumes, hábitos, aspectos da vida, lendas, cultura material e particularidades do ambiente, afim de revitalizá-los para que toda a comunidade tenha acesso a essas informações. O conhecimento e a apropriação pelas comunidades são fatores indispensáveis ao processo de preservação do Patrimônio Cultural. Este processo de valorização e de troca possibilita a geração e produção de novos conhecimentos, num processo contínuo de enriquecimento individual, coletivo e institucional. (CASTRO, 217, p. 30).

Nesta demonstração da educação patrimonial como processo que valoriza os aspectos culturais da sociedade, percebe-se que a coletividade precisa estar empenhada para acolher e compreender os benefícios que vão

---

[174] A Educação Patrimonial é uma ferramenta importante na construção da cidadania, por ser uma prática pedagógica onde o educando desempenha papel ativo no processo de construção do conhecimento, aprendizagem. Tal educação deve estar comprometida com a transformação social e para tanto precisa criar cidadãos de fato, capazes de ler, interpretar, questionar e intervir no seu meio sociocultural e político, para além do seu patrimônio cultural. (CASTRO, 2017, p. 2).

favorecer o seu bem-estar. Evidência que para desenvolver os objetivos[175] educacionais, a contribuição dos Estados deve ser constante e comprometida para a transformação social.

Desta maneira, este processo educacional pode ser implementado com as tecnologias expandindo se o acesso facilitado ao meio ambiente digital, para tanto, isso precisa ser realizado de forma permanente a médio e longo prazo para que a população reconheça e valorize suas culturas, visto que a educação ambiental e patrimonial estimula a população a ter conscientização e adotar atitudes de preservação dos patrimônios de ordem natural, material e intelectual.

Mediante esta análise das relações socioculturais com as tecnologias interligadas ao ambiente digital e os princípios do direito cultural, verifica-se que são dispositivos essenciais para a comunidade aprender a valorizar a sua história, a sua identidade e exercer cidadania. Neste aspecto, salienta-se que os princípios não se limitam somente aos expostos nesta pesquisa, pois poderão ser requeridos e utilizados outros do ordenamento jurídico brasileiro, porque vai depender da necessidade e adequação no caso concreto para solucionar o conflito e buscar a melhor proteção dos patrimônios.

---

[175] Os objetivos da Educação Patrimonial. Tornar acessível, aos indivíduos e aos diferentes grupos sociais, os instrumentos e a leitura crítica dos bens culturais em suas múltiplas manifestações, sentidos e significados; propiciar o fortalecimento da identidade cultural individual e coletiva, reforçando o sentimento de auto-estima, considerando a cultura brasileira como múltipla e plural; estimular a apropriação e o uso, pela comunidade, do Patrimônio Cultural que ela detém e pelo geral é também responsável; estimular o diálogo entre a sociedade e os órgãos responsáveis pela identificação, proteção e promoção do Patrimônio Cultural, propiciando a troca de conhecimentos acumulados sobre estes bens; experimentar e desenvolver metodologias de Educação Patrimonial, que permitam um processo contínuo de conhecimento e compreensão e avaliação dessas ações e, promover a produção de novos conhecimentos sobre a dinâmica cultural e seus resultados, incorporando-os às ações de identificação, proteção e valorização do Patrimônio Cultural no nível das comunidades locais e das instituições envolvidas. (CASTRO, 2017, p.4, 5).

6

PRINCÍPIOS DO DIREITO AMBIENTAL BRASILEIRO

São pressupostos fundamentais para a estruturação do Direito Ambiental[176] brasileiro os seus princípios, os quais são compostos por elementos interdisciplinares interconectados com outras áreas jurídicas. Tais princípios[177] são relevantes, porque dotados de significados que orientam o sistema jurisdicional. Além disso, eles podem ser empregados para amenizar ou solucionar conflitos e, também, podem direcionar a hermenêutica do arcabouço legislativo nacional ou estrangeiro.

---

[176] O direito ambiental, ciência dotada de autonomia científica, apesar de apresentar caráter interdisciplinar, obedece a princípios específicos, pois, de uma forma, dificilmente se obedeceria a proteção eficaz pretendida sobre meio ambiente. Nesse sentido, seus princípios caracterizadores têm como escopo fundamental orientar o desenvolvimento e aplicação de políticas públicas que servem como instrumento fundamental de proteção ao meio ambiente e, consequentemente, à vida humana. (SILVA, 2015, p.57).

[177] Os princípios são normas imediatamente finalísticas, primariamente prospectivas e com pretensão de complementariedade e de parcialidade, para cuja aplicação demanda uma avaliação da correlação entre o estado de coisa a ser promovido e os efeitos decorrentes da conduta havida como necessária à sua promoção. Os princípios são normas cuja qualidade frontal é, justamente, a determinação da realização de um fim juridicamente relevante, ao passo que característica diante das regras é a previsão do comportamento. (ÁVILA, 2009, p. 184).

Os princípios são diretrizes capazes de orientar a interpretação e aplicação das leis ao caso concreto. Eles podem derivar de valores construídos a partir do conhecimento popular. Salienta-se que não há uma hierarquia no momento de aplicação desses preceitos, sendo necessário analisar a situação fática para a aplicação do princípio adequado a resolver a demanda. Vale ressaltar que os princípios são considerados essenciais para se evitar ou combater negligência, imprudência, imperícia legislativa ou normativa em geral.

O Direito Ambiental é, pois, composto por uma série de princípios derivados das gerações anteriores de direitos e outros, que foram sendo criados devido às necessidades, pois foram desenvolvidos por meio de declarações, conferências em nível internacional e nacional, ao longo das últimas décadas, devido aos conflitos ambientais.

A Declaração da Conferência das Nações Unidas sobre o Meio Ambiente Humano, realizada em Estocolmo, na data de 16 de junho de 1972[178], promulgou 26 princípios, com o "objetivo de estabelecer parcerias globais com cooperação entre países, Estados e setores essenciais da sociedade, para ter melhorias das relações da população com o meio ambiente". (SEIFFERT, 214, p.12).

A Conferência das Nações Unidas sobre Meio Ambiente e Desenvolvimento (CNUMAD[179]), realizada entre os dias 3 a 21 de junho de 1992, no Rio de Janeiro, resultou na aprovação de 27 princípios. Essa Conferência Rio92 (ECO

[178] Ocorreu a Conferência das Nações Unidas sobre o Meio Ambiente Humano em Estocolmo, Suécia, liderada por Maurice Strong (1972). Essa conferência contou com representante de 113 países, 250 organizações não governamentais e vários organismos da ONU. Os países desenvolvidos, nessa conferência, defendiam um programa internacional voltado para a conservação dos recursos naturais e genéticos do planeta, pregando que medidas preventivas teriam que ser implementadas imediatamente, o que evitaria um grande desastre no futuro. (SEIFFERT, 214, p.12).

[179] Agenda 21 Global. A Organização das Nações Unidas - ONU realizou, no Rio de Janeiro, em 1992, a Conferência das Nações Unidas sobre o Meio Ambiente e o Desenvolvimento (CNUMAD). A CNUMAD é mais conhecida como Rio 92, referência à cidade que a abrigou, e também como "Cúpula da Terra" por ter mediado acordos entre os Chefes de Estado presentes. 179 países participantes da Rio 92 acordaram e assinaram a Agenda 21 Global, um programa de ação baseado num documento de 40 capítulos, que constitui a mais abrangente tentativa já realizada de promover, em escala planetária, um novo padrão de desenvolvimento, denominado "desenvolvimento sustentável". O termo "Agenda 21" foi usado no sentido de intenções, desejo de mudança para esse novo modelo de desenvolvimento para o século XXI. A Agenda 21 pode ser definida como um instrumento de planejamento para a construção de sociedades sustentáveis, em diferentes bases geográficas, que concilia métodos de proteção ambiental, justiça social e eficiência econômica. (MMA, 2020. p. 1).

92) foi importante, pois as comunidades internacional e nacional assumiram compromissos relevantes para promover e conciliar o desenvolvimento econômico junto à proteção ambiental.

No decorrer dos anos, aconteceram outras conferências que contribuíram e influenciaram gradualmente na constitucionalização jurídica do meio ambiente, por proporcionarem maior conhecimento dos princípios. Os direitos positivados na Constituição Federal Brasileira de 1988, elencados no artigo 225 e seguintes, impulsionaram a aplicação dos princípios ambientais como instrumentos de "hierarquia superior para a proteção e efetividade[180] intergeracional a favor da proteção dos patrimônios culturais" e temáticas ambientais. (MIRANDA, 2006, p.22).

No arcabouço jurídico nacional referente ao Direito Ambiental e suas ramificações, encontram-se os seguintes princípios que podem ser utilizados para a preservação e proteção do meio ambiente cultural e digital:

> (a) O desenvolvimento sustentável; (b) sustentabilidade (c) prevenção; (d) precaução; (e) poluidor-pagador; (f) participação popular; (g) informação; (h) vedação do retrocesso ecológico; (i) ambiente ecologicamente equilibrado como direito fundamental da pessoa humana; (j) cooperação entre os povos; (k) educação ambiental; (l) função socioambiental da propriedade; entre outros. (MACHADO, 2016, p.54).

Sob essa perspectiva, observa-se que os princípios ambientais auxiliam na preservação do meio ambiente cultural e patrimônios (materiais ou imateriais), e também contribuem para a proteção, divulgação e fortalecimento de conhecimentos, manifestações culturais expostas ao ambiente digital e potencializadas com a comunicação via internet. Por essa razão, foram selecionados, nos próximos tópicos, os principais aspectos que cercam alguns princípios que integram a doutrina do Direito Ambiental, por exemplo, análise do princípio do desenvolvimento sustentável, prevenção, precaução, informação e educação ambiental. Tais princípios foram escolhidos porque, de forma indireta ou direta, estão vinculados à proteção dos patrimônios culturais e preservação das relações socioculturais no ambiente digital. Com a compreensão e aplicação desses instrumentos jurídicos elencados, ficará

---

[180] Dessa forma, que se alcance a plena efetividade da proteção ao patrimônio cultural é de vital importância que além da ciência das leis e dos demais diplomas aplicáveis, sejam do senso comum os princípios fundamentais que orientam a preservação dos bens culturais, até mesmo porque na interpretação do Direito o princípio é sempre uma norma de hierarquia superior, que deve prevalecer sobre as demais. (MIRANDA, 2006, p.22).

claro como eles são importantes para a população exercer sua cidadania e aprender a valorizar a identidade e memória da história cultural. Verifica-se que influenciam nas decisões e comportamentos para a sociedade valorizar as relações socioculturais e saber utilizar de forma responsável as tecnologias e o ambiente digital na proteção do ambiente cultural e seus patrimônios.

6.1 Princípio do desenvolvimento sustentável

As caraterísticas do Princípio do Desenvolvimento Sustentável estão envolvidas como as ações da sociedade que podem proporcionar o desenvolvimento de forma sustentável[181], equilibrada e ponderada nas relações com o ambiente cultural e digital. As diretrizes desse princípio estão baseadas em ações regionais que buscam estabelecer um benefício comum para a população e o conceito do princípio do Desenvolvimento Sustentável[182] está em construção quotidianamente, devido à fluidez das relações socioeconômicas[183].

Algumas Conferências ocorreram, no decorrer do tempo, nas quais se discutia o Direito Sustentável. Dentre elas se destaca a Conferência de Estocolmo, em 1972, que determinou diretrizes essenciais no âmbito internacional. O termo Desenvolvimento Sustentável, por sua vez, foi cunhado no relatório da Conferência de Brundtland (1987) como destaca Seiffert (2014):

---

181 Sustentabilidade é muito mais do que atributo de um tipo de desenvolvimento. É um projeto de sociedade alicerçado na consciência crítica do que existe um propósito estratégico como processo de construção do futuro. Vem daí a natureza revolucionária da sustentabilidade. Revolução que é considerada na acepção de divisor de águas que opera transformações profundas numa ordem em crise e assume uma fundadora e instauradora de uma nova ordem. (NALINE, 2011, p.125).

182 O conceito de desenvolvimento sustentável foi cunhado inicialmente pelo relatório da Brundtland Comission, em 1987, intitulado “Nosso futuro comum”. Este relatório foi produto da Comissão Mundial sobre o Meio Ambiente e Desenvolvimento, que abordou o desenvolvimento sustentável como aquele que utiliza os recursos naturais em sem comprometer a capacidade das gerações futuras de atenderem às necessidades. Fica claro que o conceito dá margem a interpretação que de modo geral baseiam-se num desequilíbrio entre os três eixos fundamentais do conceito de sustentabilidade, que são: o crescimento econômico, a preservação ambiental e a equidade social. (SEIFFERT, 2014, p.26).

183 A ideia de desenvolvimento socioeconômico em harmonia com a preservação ambiental emergiu da Conferência de Estocolmo, em 1972, marco histórico na discursão dos problemas ambientais. Designado à época como “abordagem do ecodesenvolvimento” e posteriormente renomeado “desenvolvimento sustentável”, o conceito vem sendo continuamente apropriado. (SILVA, 2015, p. 58).

> O conceito de desenvolvimento sustentável foi cunhado inicialmente pelo relatório da Brundtland Comission, em 1987, intitulado "Nosso futuro comum". Este relatório foi produto da Comissão Mundial sobre o Meio Ambiente e Desenvolvimento, que abordou o desenvolvimento sustentável como aquele que utiliza os recursos naturais em sem comprometer a capacidade das gerações futuras de atenderem às necessidades. Fica claro que o conceito dá margem a interpretação que de modo geral baseiam-se num desequilíbrio entre os três eixos fundamentais do conceito de sustentabilidade, que são: o crescimento econômico, a preservação ambiental e a equidade social. (SEIFFERT, 2014, p.26).

De certo modo, os diálogos produzidos na Conferência de Brundtland, obtiveram entendimento entre os países desenvolvidos e em desenvolvimento, por observarem que o princípio do desenvolvimento sustentável estabelecia diretrizes benéficas e propostas conciliadoras para a população e o meio ambiente, na busca de promover relações de crescimento econômico e proteção ambiental.

No mesmo viés, traçaram-se propostas entre países que buscam benefícios e ao mesmo tempo visam potencializar o progresso no setor econômico. Tudo isso se tornou necessário para que fosse possível o desenvolvimento sustentável, sem degradação do ambiente. E, nessa perspectiva das características do desenvolvimento sustentável, Silva (2015) destaca três vertentes principais, quais sejam:

> Considerando o "prima principium" do Direito Ambiental, o desenvolvimento sustentável tem como pilar a harmonização das seguintes vertentes: O crescimento econômico; preservação ambiental e equidade social. Importante frisar que o desenvolvimento somente pode ser considerado sustentável quando as três vertentes acima relacionadas sejam efetivamente respeitadas de forma simultânea. Ausente qualquer um desses elementos, não tratar-se-á de desenvolvimento sustentável. (SILVA, 2015, p. 58).

Cabe salientar as vertentes do princípio não podem se confrontar entre si ou desenvolver ações que coloquem a outra vertente de forma inferiorizada. É necessário que haja harmonização entre o crescimento econômico, a preservação ambiental e equidade social. A população, por sua vez, precisa compreender o ciclo de cada vertente, para buscar promover o desenvolvimento sustentável de forma local,[184] principalmente envolvendo os patrimônios e o ambiente cultural interligado ao digital.

---

[184] As esferas do desenvolvimento local englobam: região, cultura, política, economia, saúde, atitudes, lazer, educação, entre outros. A cultura por sua vez redimensiona o desenvolvimento envolvendo projetos de políticas culturais, lazer, economia e consequentemente todas as outras dimensões. (PEREIRA; LÓSSIO, 2007, p.10).

Decerto, o Desenvolvimento Sustentável apresenta um conteúdo complexo. Sob esse aspecto, Fiorillo (2011) menciona que:

> O princípio do desenvolvimento sustentável tem por conteúdo a manutenção das bases vitais da produção e reprodução do homem e de suas atividades, garantindo igualmente uma relação satisfatória entre os homens e destes com o seu ambiente, para que as futuras gerações também tenham oportunidade de desfrutar os mesmos recursos que temos hoje à nossa disposição (FIORILLO, 2011, p. 55).

A garantia da manutenção das bases de produção executadas pelas ações humanas é permeada pelo desenvolvimento sustentável e se tornou um desafio a ser superado entre os Estados. No Brasil, o princípio do desenvolvimento sustentável está relacionado com o artigo 170 da Constituição Federal Brasileira de 1988, pois esse dispositivo destaca os pilares para o crescimento econômico, preservação ambiental e equidade social. Nesse aspecto, existe complexidade e transição do desenvolvimento comum para o desenvolvimento sustentável, devendo este último ter implementação com novas diretrizes para a manutenção de processos preservacionistas, por exemplo, nas instituições e patrimônios culturais. Constata-se que as tecnologias e o ambiente digital influenciam uma melhor reestruturação de estratégias benéficas e eficientes para a proteção dos bens, pois possibilitam a divulgação e implementação de ações sustentáveis e preservacionistas, que sejam mais adequadas às necessidades das relações socioculturais locais.

Verifica-se ser necessária a elaboração de planejamentos adequados e eficazes para o desenvolvimento sustentável nas instituições e patrimônios culturais, os quais certamente perpassarão por conflitos socioculturais e econômicos interligados às estruturas da sociedade e dos governos.

No que tange a esses pressupostos do desenvolvimento sustentável, Seiffert (2014) esclarece:

> O pressuposto social, econômico e ecológico, cultural, geográfico e tecnológico. O pressuposto social significa criação de um processo de desenvolvimento sustentado por uma civilização com maior equidade na distribuição de renda, de modo a reduzir a distância entre o padrão de vida dos abastados e dos não abastados. O pressuposto econômico somente será alcançado por uma alocação e gestão mais eficiente de recursos e por um fluxo regular do investimento público e privado. Por sua vez, o pressuposto ecológico aborda a necessidade do uso dos recursos para propósito válidos, como: limitação do consumo de combustíveis fósseis e outros recursos facilmente esgotáveis; redução do volume de resíduos e de poluição, por

> meio da conservação e reciclagem de energia e recursos; autolimitação do consumo de material pelos países ricos em todo o mundo; aumento da pesquisa de tecnologia limpas que utilizem de modo mais eficiente os recursos naturais; definição de regras para uma adequada proteção ambiental. (SEIFFERT, 2014, p.28, 30).

Diante dessa perspectiva, existem alguns pressupostos indispensáveis para a concretização do Desenvolvimento Sustentável, dentre os quais se destacam três: fator social,[185] econômico[186] e ecológico. Cada um deles possui suas finalidades e características específicas, pois e podem ser implementados com as funções das tecnologias para gerar melhor proteção dos patrimônios e relações socioculturais no ambiente digital.

No que tange ao pressuposto social, uma de suas características é garantir melhorias para o bem-estar da população de forma coletiva. Possui, também, a finalidade de minimizar as disparidades sociais provocadas pelas desigualdades da população de pouca renda.

Em relação ao pressuposto econômico,[187] nota-se que para a realização sistematizada por meio da administração e gestão dessa área, as ações práticas precisam ser eficientes no âmbito local, e seguidas de implementação de medidas eficazes do setor público ou privado, as quais ocorram a médio e longo prazo.

Na conjuntura social e econômica para o desenvolvimento sustentável, o pressuposto ecológico é base que interliga aos outros pressupostos, pois aborda fatores de preservação de patrimônios e bens culturais. Assim, o fator ecológico necessita realmente estar interligado com o meio ambiente digital, a fim de que as novas tecnologias possam proporcionar fiscalização e monitoramentos, bem como auxiliem nas pesquisas benéficas, na busca de alternativas sustentáveis, eficientes e adequadas para o bem-estar sociocultural e ambiental.

---

[185] Em relação ao pressuposto social, é essencial salientar a importância da equidade intrageracional e intergeracional. A equidade intrageracional refere-se à paridade na forma de distribuição de renda e ao usufruto dos recursos naturais em geração especifica. Por sua vez, a equidade intergeracional está associada à paridade na forma de distribuição de renda e ao usufruto dos recursos naturais entre gerações. (SEIFFERT, 2014, p.28).

[186] Isso implica em uma efetiva incorporação do valor do bem ambiental no processo produtivo, sendo, portanto, necessária uma adequada forma de valorização dos recursos naturais. (SEIFFERT, 2014, p. 30).

[187] A economia pode ser de certa maneira redimensionar a cultura, a tendência é que a cultura torne-se um atrativo para novos empreendimentos, e que com isso, novas oportunidades e profissão apareçam. A questão está na concessão entre os poderes, público e privado e nas formas de conscientização da comunidade local, guiada pela comunidade para que a economia seja propulsora dos bens imateriais. (PEREIRA; LÓSSIO, 2007, p.9).

A partir do momento em que se solidificar, na prática, a interligação dos aspectos social, econômico e ecológico, de forma sustentável, haverá, também, viabilização na resolução de conflitos que envolvem as relações socioculturais no ambiente cultural e digital.

Interessante ressaltar, nesse aspecto de que o desenvolvimento sustentável proporciona a valorização do pressuposto cultural, o pensamento de Seiffert, (2014):

> O pressuposto cultural valoriza a busca das raízes dos modelos de modernização e dos sistemas rurais integrados de produção, que facilitem a geração de soluções específicas para cada ecossistema e cultura local, envolve um relacionamento muito grande com a tecnologia, uma vez se atribui aqui importância muito grande ao respeito à cultura local. (SEIFFERT, 2014, p.31, 32,36).

Considera-se que as características do pressuposto cultural têm relevância para desenvolver modelos benéficos de proteção e preservação da produção cultural local. Essas práticas podem ser ampliadas com as potencialidades das tecnologias e do ambiente digital. Em assim sendo, o desenvolvimento sustentável, relacionado ao ambiente cultural, influencia com iniciativas relevantes o progresso da proteção dos patrimônios, por exemplo, na efetivação do Programa ICMS Patrimônio Cultural,[188] que celebrou 25 anos de existência no ano de 2020. Esse programa se tornou importante para a população, porque desenvolveu ações socioculturais com sustentabilidade[189] no Estado de Minas Gerais e municípios, beneficiando a preservação dos bens e patrimônios.

---

[188] Cerca de R$ 450 milhões foram repassados entre 2015 e 2019 pelo Governo de Minas Gerais aos municípios participantes. Em 2020, o Programa ICMS Patrimônio Cultural completa 25 anos de existência e alcança uma marca importante para Minas Gerais, estado pioneiro nessa política. Dos 853 municípios mineiros, cerca de 700 já possuem legislação própria de proteção ao patrimônio cultural. Como consequência, o estado já soma quase cinco mil bens culturais - materiais e imateriais - reconhecidos, presentes em todas as regiões. Por meio de documentação enviada pelos agentes públicos municipais, o Instituto Estadual do Patrimônio Histórico e Artístico de Minas Gerais (Iepha-MG), gestor do programa, analisa e pontua cada município pelas ações promovidas em defesa do patrimônio cultural. (IEPHA, 2020, p. 1)

[189] A sustentabilidade cultural refere-se, nesse entendimento, ao respeito que deve ser dado às diferentes culturas e às suas contribuições para a construção de modelos de desenvolvimento apropriados às especificidades de cada ecossistema, cada cultura, cada local. A questão da sustentabilidade cultural pode ser abordada, também, na perspectiva das relações entre cultura e desenvolvimento. Nesse entendimento, sustentabilidade designa o ato ou efeito de dar apoio, conservar, manter algo. (SILVA, 2014, p.4).

Nesse aspecto, o Estado precisa promover relações socioculturais pacíficas, inclusivas, com valorização dos conhecimentos locais, para que as instituições culturais e comunidades possam se desenvolver de maneira sustentável. "O conhecimento da cultura local reforça a valorização bem como o incentivo ao desenvolvimento da região". (PEREIRA; LÓSSIO, 2017, p. 1). Percebe-se que as interações de conhecimentos socioculturais pautadas no desenvolvimento sustentável podem ser divulgados e ampliadas com a utilização das tecnologias e o ambiente digital, pois os dispositivos facilitam o acesso a diversos conteúdos e experiências.

Importa ratificar a compreensão do pressuposto cultural, que evita alteração ou desestruturação de padrões culturais já moldados e consolidados historicamente, por comunidades antepassadas. Afinal, preservar e conciliar culturas históricas dentro da estruturação do desenvolvimento sustentável é essencial para a formação de cada indivíduo, bem como para evitar a perda dos seus costumes, saberes e tradições. "Sem dúvida alguma, o pressuposto cultural se constitui no ponto de alavancagem de maior impacto entre os demais pressupostos do desenvolvimento sustentável". (SEIFFERT, 2014, p.273).

Válido ressaltar o fato de que outros pressupostos se interligam, tais como o geográfico e o tecnológico (internet). O geográfico estabelece e cria estruturas para que haja reconhecimento de relações socioculturais e que sejam mais integradas e igualitárias para o bem-estar coletivo, o que possivelmente proporcionará a reafirmação de direitos culturais.

Com efeito, o pressuposto tecnológico interligado ao ambiente digital e impulsionado pela internet se influencia de forma benéfica as interações e comunicações socioculturais, facilitando-as. Nesse contexto social, percebe-se que o aparato tecnológico permite o desenvolvimento de ações e alternativas com resultados mais eficientes, em virtude da aplicação do desenvolvimento sustentável para o crescimento econômico e o bem-estar. "Alcançar o desenvolvimento sustentável é obter o crescimento econômico contínuo através de um manejo mais racional dos recursos naturais e da utilização de tecnologias mais eficientes e menos poluentes". (SEIFERT, 2014, p. 24). Esse princípio pode ser considerado como um projeto social e político, a ser realizado a médio e longo prazo, pois pode ser implementado com políticas públicas[190] e diretrizes dos dispositivos tecnológicos e do ambiente digital.

[190] O que falta é uma política pública de comunicação entre mídias, produtores, brincantes, prefeitura e governos para que de certa forma, ocorra o desenvolvimento. Na verdade, é preciso que existam projetos de políticas culturais que enalteçam os brincantes, os verdadeiros fazedores de cultura, seus familiares e principalmente que estimulem a participação das crianças. (PEREIRA, LÓSSIO, 2007, p.8).

Conforme amplamente demonstrado, o desenvolvimento sustentável deve ter como base a sustentabilidade,[191]pois as relações precisam ser pacíficas, estabelecendo-se diálogos com a população, o governo e o setor privado, sem beneficiar grupos específicos. Ademais, precisa ser estruturado em estudos científicos aliados à ação prática, devendo ser implantado com estratégias e gestão específica para combater danos atuais ou futuros contra o ambiente cultural e as relações no ambiente digital.

Certamente definir um conceito de desenvolvimento sustentável vai depender de vários fatores locais, regionais, culturais, entre outros. "Embora seja um conceito amplamente utilizado, não existe uma única visão do que seja o desenvolvimento sustentável". (SEIFERT, 2014, p. 24).

Dessa forma, compreende-se que para haver efetivação do desenvolvimento sustentável relacionado ao ambiente digital, cultural e os patrimônios, as vertentes do crescimento econômico, da preservação ambiental e equidade social não podem ser dissociadas. Essas características precisam estar presentes nas relações entre Estados, empresas e a população, a fim de que se constate evolução no que tange à proteção e prevenção de degradações dos patrimônios e bens culturais. Além disso, essas ações devem promover o bem-estar sociocultural coletivo.

[191] O discurso da sustentabilidade leva, portanto, a lutar por um crescimento sustentado, sem uma justificação rigorosa da capacidade do sistema econômico de internalizar as condições ecológicas e sociais (de sustentabilidade, equidade, justiça e democracia) deste processo. A ambivalência do discurso da sustentabilidade surge da polissemia do termo sustainability, que integra dois significados: um, que se traduz em castelhano como sustentable, que implica a internalização das condições ecológicas de suporte do processo econômico; outro, que aduz a durabilidade do próprio processo econômico. (LEFF, 2009, p. 19, 20).

6.2 Princípio da prevenção

O princípio da prevenção veio à tona na Conferência de Estocolmo, em 1972 e, anos depois, ganhou força, na Declaração do Rio de Janeiro[192] sobre Meio Ambiente e Desenvolvimento Rio 92 (ECO 92[193]), como o princípio de nº 15. "Vale observar que desde a Conferência de Estocolmo, em 1972, o princípio da prevenção tem sido objeto de profundo apreço, içado à categoria de megaprincío do direito ambiental". (FIORILLO, 2019, p.100).

A Constituição Federal Brasileira de 1988 consolidou o princípio da prevenção junto aos preceitos do caput do art. 225, cujo dispositivo jurídico declara que o Poder Público tem dever de proteger, valorizar e preservar o meio ambiente cultural com seus patrimônios, bens e instituições culturais para as gerações presentes e vindouras usufruírem.

Tal princípio, portanto, tem o intuito de prevenir e antecipar a ação preservacionista, antes que algum dano conhecido aconteça, pois viabiliza a implementação de instrumentos administrativos relevantes para a tutela das relações no ambiente digital, cultural e natural, como por exemplo, na contribuição de melhorias preventivas em estudos de impacto ambiental (EIA/RIMA[194]), de tombamento de bens, de licenças ambientais, de liminares, de sanções administrativas e medidas acautelatórias, entre outras atribuições. "O princípio da prevenção tem como objetivo impedir a ocorrência de danos ao meio ambiente, por meio da imposição de medidas acautelatórias, antes da implantação de empreendimentos e atividade considerada potencialmente poluidora". (PADILHA, 2010, p. 253).

---

[192] Segundo o Princípio 8 da Declaração de Princípio da Rio/92, "Os Estados devem reduzir e eliminar padrões insustentáveis de produção". Portanto, a aplicação do princípio da prevenção não significa a paralisação da atividade, mas o implemento dos cuidados e cautelas necessárias, pois é preciso minimizar o quanto possível o potencial de riscos. (PADILHA, 2010, p. 254).

[193] Na ECO-92, encontramo-lo presente: Princípio 15 da Declaração do Rio de Janeiro sobre Meio Ambiente e Desenvolvimento (1992): Para proteger o meio ambiente medidas de precação devem ser largamente aplicadas pelos Estados segundo suas capacidades. Em caso de risco de danos graves ou irreversíveis, a ausência de certeza científica absoluta não deve servir de pretexto para procrastinar a adoção de medidas efetivas visando a prevenir a degradação do meio ambiente. (FIORILLO, 2019, p. 100).

[194] EIA/RIMA. O Estudo de Impacto Ambiental (EIA) é um dos principais instrumentos utilizados para o planejamento ambiental, avaliação de impactos, delimitação de área de influência. Ele define também os mecanismos de compensação e mitigação dos danos previstos em decorrência da implantação de atividades/empreendimentos de grande potencial poluidor e degradação do meio ambiente, conforme preconiza a legislação vigente. Trata-se da exigência dos órgãos competentes em atendimento as normas estabelecidas, conforme o Art. 2º, da Resolução Conama nº 01/ 86. (INEA, 2020, p. 1).

Desse modo, a prevenção,[195] no contexto ambiental cultural digital é abrangente, visto que busca estabelecer diretrizes para a prevenção de situações de perigo de dano e degradação, como afirma Silva (2015):

> O princípio da prevenção é orientador no Direito Ambiental, enfatizando a prioridade de que deve ser dada às medidas que previnam (e não simplesmente reparem) a degradação ambiental. A finalidade ou objetivo final do princípio da prevenção é evitar que o dano possa chegar a produzir-se. Para tanto, necessário se faz adotar medidas preventivas. Todavia, tal princípio não é aplicado em qualquer situação de perigo de dano. Princípio da prevenção se apoia na certeza científica do impacto ambiental de determinada atividade. Ao se conhecer os impactos sobre o meio ambiente, impõe-se a adoção de todas as medidas preventivas hábeis a minimizar ou eliminar os efeitos negativos de uma atividade sobre o ecossistema. (SILVA, 2015, p. 67, 68).

As medidas preventivas devem buscar ações para promover benefícios além de reparar as degradações ambientais e patrimoniais. Para a execução das ações preservacionistas estatais, com intuito de tutelar o ambiente cultural e relações no meio digital e o bem afetado, o Estado necessita estar amparado por normas vigentes no ordenamento jurídico, pois os órgãos e profissionais especializados precisam executar monitoramentos, fiscalizações e investigações práticas, com ação de prevenção.

O Estado e o Poder Público, como entes mantenedores da ordem social e jurídica, precisam buscam desenvolver suas funções de forma integrada, para administrar e promover melhorias com ações preventivas. Constata-se que para a aplicação da prevenção, o Estado e o Poder Público precisam implementar e utilizar instrumentos do ambiente digital e tecnológico que exerçam as funções de controlar, regular e inibir deterioração de bens e patrimônios culturais.

Nesse mesmo viés, o Poder Público, junto ao Legislativo,[196] pode utilizar a prevenção e os meios tecnológicos como mecanismos de planos de gestão e vistorias em instituições e patrimônios culturais. Sob essa perspectiva, devem-se se promover ações protetivas que evitem o fechamento de instituições como museus, teatros, cinematecas, entre outros bens culturais.

---

[195] Seguindo o sentido exato das palavras, prevenção é antecipar-se, chegar antes, é antecipação do tempo com intuito conhecido. (PADILHA, 2010, p. 252).

[196] A intenção do Legislador Constituinte de conferir maior proteção ao patrimônio cultural com a utilização da expressão poder público para indicar a figura estatal responsável por tal múnus está sendo desvirtuada especialmente pelo Poder Legislativo que se vale da sua função de editar leis gerais e abstratas para declarar manifestações culturais como patrimônio cultural. (MAGALHÃES, 2020, p. 1).

Fato relevante no que concerne à falta de prevenção contra danos é o que vem acontecendo em instituições culturais na cidade de Belo Horizonte, nos últimos anos. Por exemplo, o fechamento do Teatro Oi Futuro (antigo Klaus Viana), Teatro Icbeu, Teatro da Biblioteca, Teatro Casa Nova, Teatro da Praça, Teatro Clara Nunes e Teatro Kleber Junqueira. O Poder Público poderia e deveria ter desenvolvido, de forma preventiva, um plano de ação que evitasse o fechamento de todos esses locais pertencentes ao patrimônio cultural dos mineiros. "Dessa forma, a ação protetiva em prol do patrimônio cultural não é mera opção ou faculdade discricionária do Poder Público, mas sim de imposição cogente, que obriga juridicamente todos os entes federativos". (MIRANDA, 2006, p. 24).

Verifica-se que o Poder Público tem a obrigação de desenvolver atos de prevenção dos patrimônios, utilizando, para tanto, instrumentos jurídicos, tais como a instauração de inquéritos civis públicos, termo de compromisso de ajustamento de conduta, ação civil, ação penal pública para garantir a tutela dos bens, dentre outros. "A atuação do Poder Público nessa área deve se dar no âmbito administrativo, quanto no âmbito legislativo e até no judiciário, cabe ao Estado a adoção e execução das políticas e programas de ação necessárias para a proteção do patrimônio cultural". (MIRANDA, 2006, p. 24).

Através desses instrumentos, o Poder Público, visando à proteção dos patrimônios, deveria instigar os órgãos e agentes de fiscalização das instituições culturais a exercer suas funções com o uso de dispositivos tecnológicos como câmeras, sensores, alarmes, entre outros aparelhos, alcançando maior rigor e constante fiscalização da manutenção das instituições culturais. Isso evitaria a banalização[197]e danos[198] irreparáveis contra os bens, como ocorreu no incêndio

[197] Este fenômeno de banalização da proteção do patrimônio cultural se repete quase sem exceções em todos os Estados da federação e também nos municípios. A lista de bens declarados por lei como patrimônio cultural cresce a cada ano. E o que se observa é a banalização do patrimônio cultural e dos seus instrumentos de proteção. Não é suficiente declarar por lei o valor cultural de um bem. A proteção e promoção precisam ser construídas pelo agir conjunto do poder público e da comunidade, pelo entrelaçamento dos conhecimentos científico e popular num movimento que privilegie o protagonismo da comunidade e promova a democracia participativa. (MAGALHÃES, 2020, p. 1).

[198] O dano surge como resultado de determinada ação ilícita ou lícita sobre um bem jurídico, um ato que de qualquer forma venha a provocar uma lesão, ou mesmo, no caso dos danos ambientais, a expor o bem tutelado a alguma ameaça ou perigo. O dano ambiental está presente na contemporaneidade, a ponto de ser uma das características indesejadas da sociedade de risco, na qual o consumismo desenfreado aparenta ser uma justificativa imoral para as lesões impostas ao meio ambiente, em quaisquer de suas formas (natural, criado ou cultural). (DUARTE; MORAIS; RODRIEGUES, 2020, p. 680).

do dia 15 de junho de 2020, no Museu de História Natural[199] da Universidade Federal de Minas Gerais, na cidade de Belo Horizonte. Esse incêndio provocou perdas de documentos e objetos históricos, que faziam parte do acervo daquela instituição, causando prejuízos imensuráveis ao aspecto cultural.

O exemplo supramencionado demonstra como o Poder Público, os agentes e órgãos de administração e gestão dos patrimônios precisam intensificar ações com implementação digital e execução da prevenção pautada nas funções que as tecnologias digitais modernas proporcionam, tudo em prol de se alcançar maior segurança na preservação das instituições culturais. Ressalte-se que os agentes públicos possuem o dever específico de prestar serviços, sem causar danos pela omissão de obrigações. "Os danos causados pela omissão de agente públicos podem mesmo se estender ao patrimônio cultural e histórico da coletividade". (DUARTE; MORAIS ; RODRIGUES, 2020, p. 682).

Objetivando a implementação eficaz de ações preventivas contra danos causados aos patrimônios e o ambiente cultural, foi publicada pelo IPHAN a portaria n° 366/2018[200] que unifica diretrizes para promover ações de combate

---

199 O Instituto Brasileiro de Museus (Ibram) lamenta profundamente o incêndio ocorrido no início da manhã desta segunda-feira (15 jun. 2020), que atingiu um dos prédios do Museu de História Natural, da Universidade Federal de Minas Gerais (UFMG). Ao saber do ocorrido, o Ibram entrou em contato, prontamente, com a Coordenadora da Rede de Museus e Espaços de Ciências e Cultura da UFMG, Letícia Julião, e enviou o protocolo de mitigação de danos, desenvolvido à época do incêndio do Museu Nacional (UFRJ) para as providências imediatas, assim como disponibilizou material humano por meio de nosso corpo técnico. O Ibram disponibilizou, ainda, os dados disponíveis no banco de dados do cadastro de voluntários para o emprego em uma força-tarefa para a atuação no salvamento dos bens atingidos pelo sinistro. Embora o Museu de História Natural da Universidade Federal de Minas Gerais não seja administrado pelo Ibram, estamos solidários e auxiliando a Universidade e o Sistema de Museus de Minas Gerais nesse processo. Há que ter transparência na rápida identificação das causas para que os problemas possam ser enfrentados de forma eficiente e exemplar, dando eficácia à proteção do patrimônio cultural. (IBRAM, 2020, p. 1).

200 Instituto do Patrimônio Histórico e Artístico Nacional (Iphan) editou portaria que traz as diretrizes para a elaboração e análise de Projetos de Prevenção e Combate a Incêndios e Pânico (PPCIP) em edificações tombadas e naquelas inscritas na Lista do Patrimônio Cultural Ferroviário. O ato está publicado no Diário Oficial da União (DOU) desta quinta-feira, 6, e ocorre dias depois que o Museu Nacional, no Rio de Janeiro, foi consumido em chamas no último domingo (2). De acordo a portaria, caberá ao Iphan a análise quanto à preservação da integridade das bem e eventuais recomendações de alternativas às propostas específicas de prevenção e combate ao incêndio e pânico para reanálise do Corpo de Bombeiros. "O PPCIP deverá observar o mínimo de impacto no bem", cita o texto. A norma orienta a adoção de "medidas complementares mitigadoras", caso não seja possível aplicar soluções que garantam a preservação do bem. Dentre essas medidas, estão:

a incêndio em bens tombados. Esse instrumento jurídico de extrema importância teve maior divulgação e acesso devido às comunicações tecnológicas e relações no ambiente digital. A Portaria busca identificar possíveis danos e apontar nexo de causalidade futuro que possa acontecer através de impactos ambientais, como por exemplo em casos de degradações, desabamentos e incêndios.

Saliente-se que o princípio da prevenção enfrenta barreiras para se consolidar e se desenvolver com eficiência, na sua aplicação. Isso porque, conforme alhures demonstrado, são necessárias diretrizes de avaliação e gestão de riscos, com conhecimento técnico, que possam ser expandidas no ambiente digital.

Nessa abordagem de prevenção, foi estabelecido, pela diretoria do Museu da Inconfidência, em Ouro Preto, na região Central de Minas Gerais, o Plano de Prevenção[201] e Combate a Incêndio e Pânico, o qual se tornou importante, em virtude da criação, adequação e reestruturação de ações preservacionistas, com diretrizes institucionais. Além disso, esse Plano promove a prevenção local dos patrimônios, em caso de danos futuros. Assim, tornou-se essencial no que concerne à garantia e proteção mais eficazes dos bens culturais.

---

controle de população de acordo com unidades de passagem disponíveis; aplicação de material retardante de chamas; controle de fumaça; sistemas de gases inertes ou chuveiros automáticos; brigada de incêndio; consideração de portas secundárias; sistema de alarme, detecção e combate a incêndio; instalação de hidrantes públicos próximo à edificação. (IPHAN, 2020, p. 1).

[201] Passado um mês do incêndio no Museu Nacional, no Rio de Janeiro, Ministério Público Federal recomenda a implementação de Plano de Prevenção e Combate a Incêndio e Pânico. Tanto ele quanto o plano de gerenciamento de risco deverão ser submetidos antes de implantados ao Corpo de Bombeiros e ao Instituto do Patrimônio Histórico e Artístico Nacional (Iphan), conforme orientação dos procuradores da República Gustavo Oliveira e Zani Cajueiro, de Viçosa, na Zona da Mata. A recomendação destaca que a Constituição Federal de 1988, que ontem comemorou 30 anos de promulgação, prevê, em seu artigo 216, que "constituem patrimônio cultural brasileiro os bens de natureza material e imaterial, tomados individualmente ou em conjunto, portadores de referência à identidade, à ação, à memória dos diferentes grupos formadores da sociedade brasileira (...)", sendo certo que tais bens, não raro, são acautelados em instituições museológicas, arquivos e bibliotecas. Em nota, o MPF destaca que "os acervos de tais instituições são bens de matriz finita, ou seja, insubstituíveis, verdadeiros elementos que compõem a memória de nossa nação, sendo certo que há que se utilizar da melhor tecnologia para prevenir danos, como corolário dos princípios da prevenção e da precaução". (PI, 2020, p. 1).

Ainda em relação à prevenção, no âmbito cultural, destaca-se a Lei de Incentivo à Cultura nº 8.313/91[202] que, em seu art. 3º, inciso III, dispõe sobre a necessidade de se garantir a prevenção, preservação e difusão dos patrimônios culturais, artísticos e históricos. Mesmo com todos os dispositivos jurídicos relacionados a esse assunto, existem dificuldades para efetivação e implementação de ações efetivas pelo Estado e o Poder Público. "A problemática da efetiva implementação da proteção ao patrimônio cultural é um dos assuntos da mais alta relevância na atualidade, sendo um desafio do Estado a concreta defesa e preservação para as presentes e futuras gerações". (DUARTE; MORAIS; RODRIGUES, 2020, p. 675).

Constata-se, pois, que os faltam investimentos e implementações para desenvolver a prevenção contra riscos e danos que acontecem com os patrimônios públicos. O Estado, com sua administração pública deficitária, enfrenta conflitos internos para elaborar e gerir planos de ações. "Deixa-se de prevenir por comodismo, por ignorância, por hábito da imprevisão, por pressa e pela vontade de lucrar indevidamente". (MACHADO, 2016, p.119).

Diante dessa análise, constata-se que a estruturação e reformulação de políticas públicas culturais de prevenção precisam ser expandidas e disponibilizadas, possibilitando fácil acesso e compreensão, no ambiente digital, pois as funções dos dispositivos tecnológicos ajudam agregar e disseminar conhecimentos, bem como promovem desenvolvimento mais eficiente de ações preservacionistas dos patrimônios e bens culturais. Simultaneamente, as atividades da Administração Pública, do Poder Legislativo[203]e Executivo[204] necessitam atuar promovendo e fomentando, a médio e longo prazo, ações de prevenção e precaução em favor da tutela dos patrimônios.

---

[202] Lei nº 8.313 de dezembro de 1991. Lei de Incentivo à Cultura. Art. 3º Para cumprimento das finalidades expressas no art. 1º desta lei, os projetos culturais em cujo favor serão captados e canalizados os recursos do Pronac atenderão, pelo menos, um dos seguintes objetivos: II - fomento à produção cultural e artística, mediante: III - preservação e difusão do patrimônio artístico, cultural e histórico, mediante: a) construção, formação, organização, manutenção, ampliação e equipamento de museus, bibliotecas, arquivos e outras organizações culturais, bem como de suas coleções e acervos; b) conservação e restauração de prédios, monumentos, logradouros, sítios e demais espaços, inclusive naturais, tombados pelos Poderes Públicos; c) restauração de obras de artes e bens móveis e imóveis de reconhecido valor cultural; d) proteção do folclore, do artesanato e das tradições populares nacionais. (BRASIL, 1991).

[203] Assim, é necessário que o Legislativo observe os limites constitucionais das suas atribuições e das funções para as quais está vocacionado, evitando a banalização da proteção do patrimônio cultural e a sua ausência de efetividade. (MAGALHÃES, 2020, p. 2).

[204] Já o Executivo precisa sair da apatia e da morbidez para fazer valer sua competência constitucional, concretizando as leis gerais e abstratas elaboradas pelo Legislador para a proteção do patrimônio cultural. (MAGALHÃES, 2020, p. 2).

6.3 Princípio da precaução

Na análise do princípio da precaução, em conformidade com as relações socioculturais, busca-se criar ações antecipatórias para que haja equilíbrio e tutela entre ações humanas e o ambiente cultural digital, o que o torna relevante, pela lógica de integração de diretrizes de proteção e preservação.

O princípio da precaução, sendo orientador das atividades humanas e culturais, se desenvolve-se na busca pelos cuidados antecipados, para se evitarem acontecimentos e efeitos danosos que sejam desconhecidos, indesejáveis. Tais características demonstram que o ser humano precisa utilizar a precaução nas relações no ambiente cultural e digital, mesmo quando as informações científicas disponibilizadas sejam insuficientes ou incertas.

Importante reconhecer nessa ótica precaucional que o Princípio 15[205] da Declaração do Rio (Eco 92) define as características da precaução. Esse instrumento da Declaração se tornou muito importante para manter equilíbrio e ponderação entre as relações socioambientais, culturais e digitais, sendo decisiva no reconhecimento e aplicação desse princípio. Observa-se que a precaução[206] se fundamenta inicialmente em promover o respeito e guiar as ações do ser humano, como o Ministério do Meio Ambiente explicita:

> Precaução relaciona-se com a associação respeitosa e funcional do homem com a natureza. Trata das ações antecipatórias para proteger a saúde das pessoas e dos ecossistemas. Precaução é um dos princípios que guia as atividades humanas e incorpora parte de outros conceitos como justiça, eqüidade, respeito, senso comum e prevenção. Na era moderna, o Princípio da Precaução foi primeiramente desenvolvido e consolidado na Alemanha, nos anos 70, conhecido como Vorsorge Prinzip. Pouco mais de 20 anos depois, o Princípio da Precaução estava estabelecido em todos os países europeus. (MMA, 2019, p.1).

---

205 Princípio 15: Com a finalidade de proteger o meio ambiente, os Estados deverão aplicar amplamente o critério de precaução conforme suas capacidades. Quando houver perigo de dano grave ou irreversível, a falta de certeza científica absoluta não deverá ser utilizada como razão para que seja adiada a adoção de medidas eficazes em função dos custos para impedir a degradação ambiental. (DRMAD,1992, p.3).

206 O princípio da precaução funciona como uma espécie de princípio " in dubio pro ambiente": na dúvida sobre a perigosidade de uma certa atividade para o ambiente, decide-se a favor do ambiente e contra o potencial poluidor, isto é, o ônus da prova da inocuidade de uma ação em relação ao poluidor. Ou seja, por força do princípio da precaução, é o potencial poluidor que tem o ônus da prova de que um acidente ecológico não vai ocorrer e de que adotou medidas de precaução específicas. (ARAGÃO, 2011, p. 62).

Paralelamente à consolidação e utilização desse princípio, em diversos países, percebe-se que as ações antecipatórias para proteger as relações e o ambiente cultural e digital são essenciais e fundamentadas com base na justiça, equidade e no respeito. Também no Brasil, esse princípio direciona as ações humanas para promover a preservação de bens culturais[207].

Silva (2015) expõe sobre os danos causados de forma grave e irreversível, quando não há aplicação adequada do princípio da precaução:

> A aplicação do princípio da precaução deve ainda limitar-se aos casos de riscos graves e irreversíveis, e não a riscos de qualquer natureza (o que inviabiliza o próprio desenvolvimento científico e econômico). Em suma, o princípio da precaução traz na sua essência uma verdadeira "ética do cuidado", que não se satisfaz apenas com ausência de certeza dos malefícios, mas privilegia a conduta humana que menos agrida. (SILVA, 2015, p. 70).

Conforme as possibilidades de aplicação desse princípio, mesmo com a limitação dos casos de riscos[208] graves e irreversíveis, as ações devem ser desenvolvidas com ética e cuidado pois necessita e precisam ser fomentadas pelo Poder Público. "O princípio da precaução é o fundamento de todas as medidas acautelatórias, pois importa prevenir a agressão ao meio ambiente, antes que ela se materialize". (PADILHA, 2010, p. 249). Deve-se reconhecer

---

[207] No Brasil possui 20 (vinte) bens inscritos atualmente na lista. São eles: Cidade Histórica de Ouro Preto /MG (1980); Centro Histórico de Olinda/PE (1982); Missões Jesuíticas Guarani, Ruínas de São Miguel das Missões/RS (1983); Centro Histórico de Salvador/BA (1985); Santuário do Senhor Bom Jesus de Matosinhos, em Congonhas do Campo/MG (1985); Parque Nacional de Iguaçu, em Foz do Iguaçu/PR (1986); Plano Piloto de Brasília/DF (1987); Parque Nacional Serra da Capivara, em São Raimundo Nonato/PI (1991); Centro Histórico de São Luiz do Maranhão/MA (1997); Centro Histórico da Cidade de Diamantina/MG (1999); Mata Atlântica – Reservas do Sudeste SP/PR (1999); Costa do Descobrimento – Reservas da Mata Atlântica BA/ES(1999); Complexo de Áreas Protegidas da Amazônia Central (2000); Complexo de Áreas Protegidas do Pantanal-MS/MT(2000); Centro Histórico da Cidade de Goiás-GO(2001); Áreas protegidas do Cerrado: Chapada dos Veadeiros e Parque Nacional das Emas/GO(2001); Ilhas Atlânticas Brasileiras: Reserva de Fernando de Noronha e Atol das Rocas/RN(2001); Praça de São Francisco, na cidade de São Cristóvão/SE(2010); Rio de Janeiro, paisagens cariocas entre a montanha e o mar(2012); Conjunto Moderno da Pampulha (2016). (UNESCO, 2020, p. 1).

[208] É claro que o risco pode estar presente em qualquer atividade. E, na atual sociedade globalizada, quer por si só se caracteriza como uma sociedade de riscos, estes não podem ser proibidos, mas apenas minimizados. Todavia a probabilidade do dano é variável, de acordo com a situação. E a garantia de uma margem de segurança depende da análise dos riscos e dos impactos, que se deve fazer por estudos técnicos, portanto, por meio de avaliação pericial. (PADILHA, 2010, p. 249).

que as medidas acautelatórias precisam ser aplicadas pelo Poder Público e sua administração na busca em atuar de maneira restritiva, para minimizar ou proibir ações que visam delapidar os patrimônios culturais tombados[209] e relações socioculturais no ambiente digital.

Verifica-se que a administração pública deve estabelecer diretrizes eficazes para fiscalizar e instruir a população no ambiente cultural e digital, com o intuito de se evitar a degradação de patrimônios e violações de direitos. A atuação governamental deve ter uma gestão integrada através de diálogos com as esferas Federal, Estadual e Municipal, com objetivo de promover a efetividade do princípio da precaução. Esse princípio visa evitar os conflitos e danos aos direitos e relações socioculturais que acontecem no ambiente digital, pois privilegia condutas que sejam exercidas com menor potencial gerador de riscos e degradação.

De fato, o Estado deve atuar como regulador e executar ações preventivas no ambiente cultural e digital e suas decisões devem ser realizadas para beneficiar a população de maneira geral. A precaução minimiza riscos e danos aos patrimônios e às relações socioculturais, no ambiente digital. "O princípio da precaução é considerado uma garantia contra riscos potenciais que, de acordo com o estado atual do conhecimento, não podem ser ainda identificados". (SILVA, 2015, p. 68). Certamente a avaliação dos riscos pode ser instrumentalizada, rastreada com agilidade e eficiência por dispositivos tecnológicos, com ação minuciosa, capaz de evitar danos futuros. Com as tecnologias e funções das plataformas do ambiente digital, torrna-se mais fácil promover a transparência de informações e buscar melhores soluções adequadas para a efetivação da precaução no âmbito local.

Dessa forma, mesmo com as relações socioculturais e digitais estando interligadas, pode haver danos ou degradações repentinas. Nesse sentido, Silva (2015) expõe medidas necessárias para que sejam evitados tais danos, quais sejam:

---

209 A finalidade do tombamento é a conservação da integridade dos bens acerca dos quais haja um interesse público pela proteção em razão de suas características especiais. No que tange ao objeto, o tombamento pode ser aplicado aos bens móveis e imóveis, públicos ou privados, de interesse cultural ou ambiental, quais sejam fotografias, livros, mobiliários, utensílios, obras de arte, edifícios, ruas, praças, cidades, regiões, florestas, cascatas etc. (MIRANDA, 2006, p. 111).

> De acordo com o princípio da precaução, é preciso tomar as medidas necessárias para se evitar o dano ambiental por não se conhecer as consequências ou reflexos que determinado ato, ou empreendimento, ou aplicação científica causarão ao meio ambiente no espaço e/ou no tempo. Há incerteza científica não dirimida quanto ao impacto ambiental de determinada atividade. (SILVA, 2015, p. 73).

Deve-se ressaltar que para se estabelecerem medidas prioritárias e evitar o dano ambiental nas relações socioculturais ou digitais, mesmo que seja desconhecido inicialmente, o poder estatal não pode ser omisso. Mesmo diante da incerteza científica, o princípio se desenvolve para criar obrigatoriedade estatal, pois o Estado deve ter iniciativa eficiente de controle e proteção dos patrimônios junto às relações socioculturais, em prol do bem-estar coletivo.

Na abordagem dessas concepções, observa-se que a atuação do Estado precisa estabelecer diretrizes que induzam comportamentos cautelosos e responsáveis no ambiente cultural e digital, como demonstra Padilha (2010):

> Sugere cuidado e precaução frente ao desconhecido, pois impõem um comportamento de cautela, que não se compra com a simples reparação do dano, mas exige comportamentos responsáveis, sem impedir ou estagnar o desenvolvimento científico e tecnológico. A precaução exige um comportamento prudente e análise de riscos por meio de avaliação de possíveis impactos ambientais. (PADILHA, 2010, p.248, 249).

Do mesmo modo, tal princípio exige comportamentos prudentes e compatíveis com a proteção local, regional do ambiente. Com análise de riscos por meio da avaliação e influências das tecnologias para detectar possíveis degradações ambientais, são necessárias medidas preservacionistas adequadas à realidade, que amenizem ou solucionem conflitos socioculturais e digitais.

O Estado e o Poder Público, portanto, precisam exercer suas funções de precaução, de forma eficiente, pois a dinamicidade e a circulação de informações no ambiente digital possibilitam progressos para a preservação dos patrimônios e relações socioculturais.

6.4 O princípio da informação

Para a compreensão do princípio da informação, vinculado ao contexto do direito do ambiente cultural, digital, percebe-se que as informações, com sua dinamicidade, instigam e fomentam os aspectos socioculturais das relações, pois a população precisa ter seu direito à informação tutelado. Realmente, a coletividade necessita se manter atualizada, informada diante de temas e concepções que envolvem o ambiente cultural, digital.

Sobre a concepção da abrangência do direito à informação, é importante ressaltar que a Constituição Federal brasileira de 1988 dispõe, no art. 5°, inciso XXXIII, que "todos têm direito a receber dos órgãos públicos informações de seu interesse particular ou de interesse coletivo". (BRASIL, 1988). Tal dispositivo determina obrigações para os Estados, no sentido de disponibilizarem as informações de forma verídica, transparente e atual, nos meios de comunicação e no ambiente virtual, com fácil acesso à população.

Diante desse preceito constitucional, existe, no ordenamento jurídico brasileiro, a Lei nº 6.938/81,[210] que estabelece e promove as diretrizes para a proteção do direito à informação dentro da Política Nacional do Meio Ambiente. As determinações dessa lei se apresentam e buscam promover o fácil acesso e divulgação de informações com as tecnologias. Similarmente determina a classificação, restrição de prazos e sigilos das informações, porque considera ser necessário garantir segurança e o total controle da proteção dos conhecimentos que envolvem essas relações.

O direito à informação, vinculado ao ambiente cultural e seus patrimônios, destaca-se na Lei n° 12.343/2010, no seu art. 1°, inciso V. Essa lei busca possibilitar e garantir a proteção ao direito à informação, com expansão na comunicação cultural, diante das novas tecnologias. Isso porque as relações socioculturais protegidas com os dispositivos tecnológicos e com informações verídicas ajudam a oferecer melhor preservação da identidade, memória

---

[210] Regula o acesso a informações previsto no inciso XXXIII do art. 5º, no inciso II do § 3º do art. 37 e no § 2º do art. 216 da Constituição Federal; altera a Lei nº 8.112, de 11 de dezembro de 1990; revoga a Lei nº 11.111, de 5 de maio de 2005, e dispositivos da Lei nº 8.159, de 8 de janeiro de 1991; e dá outras providências. Do acesso a informação e da divulgação, do procedimento de acesso à informação. Dos Recursos. Das restrições de acesso à informação. Da classificação da informação quanto ao grau e prazos de sigilo. Da proteção e do controle de informações sigilosas. Dos procedimentos de classificação, Reclassificação e desclassificação. Das Informações Pessoais. Das responsabilidades. Disposições finais e transitórias. (BRASIL, 2011).

das tradições, de conhecimentos e de comunidades. Com as garantias e proteções das informações que envolvem os órgãos públicos e instituições culturais, a Lei nº 12.527/2011, sendo mais atual, regulamenta procedimentos para disponibilização de informações com mais dinamicidade e acesso, mas que sejam reguladas e observadas pela União, Estados, Distrito Federal e Municípios.

Referente a análise da positivação legislativa no direito brasileiro, percebe-se que o ordenamento jurídico primordialmente precisa garantir o fácil acesso da população, com segurança, na disponibilização das informações. Devido à dinamicidade das tecnologias da informação,[211] os Estados e órgãos públicos não podem negligenciar ou omitir informações, pois precisam garantir a proteção dos patrimônios e relações socioculturais no ambiente digital, com seus direitos.

Com relação às questões de proteção ambiental, a Declaração Rio 92 declara, no princípio nº 10, o direito à informação, expondo direitos e deveres para a população participar e se manter informada para ajudar a proteger o meio ambiente cultural digital. Nesse sentido, a Declaração esclarece:

> Princípio 10. A melhor maneira de tratar questões ambientais e assegurar a participação, no nível apropriado, de todos os cidadãos interessados. No nível nacional, cada indivíduo deve ter acesso adequado a informações relativas ao meio ambiente de que disponham as autoridades públicas, inclusive informações sobre materiais e atividades perigosas em suas comunidades, bem como a oportunidade de participar de processos de tomada de decisões. Os Estados devem facilitar e estimular a conscientização e a participação pública, colocando a informação à disposição de todos. Deve ser propiciado acesso efetivo a procedimentos judiciais e administrativos, inclusive no que diz respeito à compensação e reparação de danos. (USP, 1992, p.1).

Mediante a compreensão principiológica, além da necessidade de se disponibilizar e se garantir informação de fácil acesso, com conteúdo verídico e atual é necessário que seja resguardado esse direito fundamental à informação, com o objetivo de se manter o ambiente cultural ecologicamente protegido, preservando-se as relações socioculturais, no ambiente digital,

---

[211] Com o avanço da tecnologia da informação o tradicional ganha um novo contexto, a reconversão como também a refuncionalização redimensionam as manifestações populares no que se refere à construção da identidade brasileira. (PEREIRA; LÓSSIO, 2007, p. 7).

inibindo a violação de direitos. Nota-se que os Estados e autoridades públicas brasileiras enfrentam dificuldades para disponibilizar informações, de forma transparente, mesmo com as facilidades das comunicações tecnológicas e serviços de informação ao cidadão (SIC[212]) .

Verifica-se que melhorias nas comunicações e informações entre o Estado e a população possibilitam a organização de procedimentos eficazes na proteção do meio ambiente cultural e relações nos meios digitais, como declara Machado (2016):

> A informação organizada e a pesquisa, trazidas na fase de previsão, irão possibilitar a aplicação da prevenção através de diversos procedimentos:1) ordenamento territorial ambiental para a valorização das áreas de acordo com a sua aptidão; 2) prestação de informação contínuas e completas; 3) emprego de novas tecnologias; 4) autorização ou licenciamento ambiental; 5) monitoramento; 6) inspeção e auditorias ambientais; 7) sanções administrativas ou judicias. (MACHADO, 2016, p. 119).

Realmente, o fato da informação ser organizada e disponibilizada rapidamente possibilita a prevenção de possíveis conflitos degradantes e prejudiciais ao ambiente. Mas é bom ressaltar que as informações precisam ser compostas por veracidade, tempestividade, amplitude e livre acessibilidade, possibilitando maior eficiência das ações dos órgãos públicos para exercer melhor proteção ambiental.

Devido aos procedimentos de monitoração e fiscalização dos órgãos públicos, com utilização das informações disponibilizadas por dispositivos tecnológicos, promove-se uma melhor preservação dos patrimônios e bens[213]

---

[212] Nesta seção, são divulgadas as informações sobre o Serviço de Informações ao Cidadão (SIC), pertinentes ao seu funcionamento, localização e dados de contato no âmbito da Funai. O Serviço de Informações da Funai (SIC/FUNAI) foi criado pela portaria nº 2, de 25 de abril de 2012, atualizada pela Portaria 1.602/Pres publicada em 02 de janeiro de 2019, como um dos pilares para a efetiva aplicação da Lei nº 12.527/11, Lei de Acesso à Informação, na Fundação Nacional do Índio. Esse serviço, cuja instituição em todos os órgãos públicos foi estabelecida pela Lei nº 12.527/11, serve de interface entre o cidadão e o órgão com vistas a propiciar a acessibilidade do cidadão às informações ostensivas da Funai. (FUNAI, 2020, p. 1).

[213] Todo bem referente à nossa cultura, identidade, memória etc., uma vez reconhecido com patrimônio cultural, integra a categoria de bem ambiental e, em decorrência disso, difuso. (FIORILLO, 2010, p.114).

culturais, com as relações socioculturais no ambiente digital. Nesse contexto, o órgão Iepha/MG[214]- Instituto Estadual do Patrimônio Histórico e Artístico de Minas Gerais - realiza a digitalização de informações, pois o que facilita a proteção e divulgação de ações culturais preservacionistas entre as relações socioculturais. "A informação seria um canal capaz de proporcionar a disseminação dessa cultura na sociedade". (SOUSA; OLIVEIRA, et al 2015, p. 13).

A digitalização de documentos históricos e informações divulgadas com fácil acesso pela internet e demais tecnologias influencia o fortalecimento dos conhecimentos tradicionais e saberes de comunidades, como ressalta Fiorillo, (2013):

> Desse modo, a internet mostra-se uma ferramenta adequada para fazer valer o princípio da informação. O uso da internet para divulgação de conhecimento tradicionais também ressalta a importância da cultura para redefinição de outra racionalidade produtiva, mediante a aproximação de saberes não científicos que podem trazer exemplos mais eficientes do uso racional dos recursos naturais. (FIORILLO, 2013, p. 569).

Evidencia-se que as relações proporcionadas com o uso da internet e interações dinâmicas com as informações são consideradas indissociáveis. A vasta interconexão de saberes, costumes e conhecimentos tradicionais que são compartilhados no ambiente digital têm importância indispensável para o desenvolvimento da população e suas culturas. De fato, as facilidades das interações e trocas de comunicações digitais proporcionam a possibilidade de reunião, acesso, divulgação e desenvolvimento de conteúdos culturais, por exemplo, nos centros de memórias on-line[215]. Essa plataforma digital agrega

---

[214] O Iepha-MG disponibiliza digitalmente as informações espaciais dos bens culturais protegidos no estado de Minas Gerais. Esses dados gráficos representam a localização ou a área de abrangência dos atos administrativos e estão organizados em arquivos de formato shp e kml que podem ser acessados em sistemas de informações geográficas ou plataformas de mapas. Os dados aqui divulgados são fruto de um esforço do IEPHA-MG para organizar e distribuir as informações sobre o patrimônio cultural no estado de Minas Gerais. No que diz respeito à proteção municipal, o IEPHA-MG comunica que as informações e a gestão dos bens culturais são de responsabilidade das prefeituras. Portanto, dúvidas em relação ao processo administrativo, declaração de tombamento, estado de conservação, proposta de intervenção ou qualquer outro assunto correlato devem ser encaminhadas à respectiva prefeitura municipal. (IEPHA, 2020, p. 1).

[215] A ideia de criar o Centro de Memória surgiu durante a Troca de Saberes de 2019, e tomou corpo nas discussões online. A ideia do grupo é tornar o espaço dinâmico. "Porque somos um povo vivo. E a memória não é estática", diz Thalita Angelici Puri. Graduada em museologia, ela é uma das pessoas que encabeça a iniciativa. "As instituições da memória oficial dizem que a gente não existe. Queremos criar uma memória contra-hegemônica, e

informação e influencia na preservação de patrimônios e culturas (indígenas Puri[216]) e seus modos de vida tradicionais. "O homem é animal cultural, e a cultura é quem delimita a forma de informação, sendo esta, compreendida como elemento social, que existe dentro da sociedade e está subordinado dentro da cultura que a produz". (SOUSA; OLIVEIRA, et al 2015, p.13).

As interações e circulações de conhecimentos disponibilizados no ambiente digital para a preservação dos bens[217] culturais e do ambiente, de forma geral, fez com que o acesso à informação se tornasse um instrumento essencial para a formação e reafirmação da cidadania. Devido à difusão de interesses coletivos, referente ao meio ambiente, Silva (2015) acrescenta:

> Não restam dúvidas sobre o interesse coletivo ou geral de que são dotadas as informações sobre o meio ambiente, motivo pelo qual tais dados hão de ser efetivamente difundidos e publicados pelo Poder Público, com periodicidade e em meios hábeis a atingir a coletividade interessada. Ao garantir publicidade às informações ambientais, o objetivo da norma constitucional é oferecer aos interessados tempo suficiente para adoção de efetivas providências administrativas e/ ou judiciais cabíveis nos casos de eventuais irregularidades constatadas no licenciamento de atividades com potencial degradador. (SILVA, 2015, p.83, 84).

---

mostrar que estamos aqui". Além de registros históricos, o site reúne também manifestações contemporâneas, como obras de artesãos puris, e registros de cantos e festejos. Já Carmelita, ou Namá, ainda pretende escrever suas memórias redescobertas. A intenção é preservar sua história e de sua família, que ela quer transmitir às filhas. "Quando comecei esse retorno, me disseram que eu tinha chegado tarde, porque todos já haviam morrido", conta. "Não cheguei tarde. Foi só agora que eu acordei". (CISCATI. 2020, p. 1).

216 O povo da etnia Puri é originário da região sudeste do Brasil, espalhado em áreas de seus grandes estados: Minas Gerais, Rio de Janeiro, Espírito Santo e São Paulo. Somos pertencentes ao tronco linguístico Macro-Jê que é composto por doze famílias linguísticas; a Puri é composta por três línguas: Puri, Coroado e Koropó. Segundo o último censo do IBGE (Instituto Brasileiro de Geografia e Estatística), realizado em 2010, foram registrados 675 autodeclarados Puri, com a maior parte pertencente ao Estado de Minas Gerais.Nosso povo foi extremamente perseguido e desterritorizado do século XVII ao século XIX. Sofremos violentas políticas de aldeamento, catequização, fomos escravizados e dados por extintos, políticas etnocidas nas quais colaboraram para que perdêssemos boa parte de nossa história. (UFOP, 2020, p. 1).

217 Como os bens culturais são, a toda evidência, "fontes de cultura", o acesso a eles deve, como regra, ser assegurado à coletividade em geral (ou seja: a todos, na exata dicção constitucional), seja por meio do direito de visita ou do direito à informação. (MIRANDA; NOVAIS, 2013, p. 48).

A disponibilidade das informações reunidas pelo Poder Público é relevante para o interesse da coletividade e deve se vincular às áreas do ambiente cultural, para que sejam disseminadas nos dispositivos de comunicação tecnológicos e na internet[218].

A publicidade de informações que envolvem o ambiental cultural sendo verídicas e disseminadas em tempo hábil, nos dispositivos tecnológicos, para que a população tenha conhecimento, é fundamental para evitar danos que podem acontecer contra comunidades, instituições e patrimônios. "Desta forma a Ciência da Informação fornece subsídios para que se torne possível a construção de um conceito de informação patrimonial, com base em aspectos culturais reconhecidos pela própria legislação". (SOUSA; OLIVEIRA, et al 2015, p.7). A ciência da informação, juntamente com os Estados, precisam promover a circulação de informações para evitar o potencial degradador dos bens culturais, como explicita Mamberti (2003):

> Por outro lado, é dever do Estado, garantido na Constituição, dispor de recursos financeiros para o fomento e a implantação de políticas públicas capazes de incrementar o acesso à criação e à fruição dos bens culturais e o direito à informação, convertendo a cultura no veículo mais eficaz de inclusão social. É fundamental transformá-la em direito à cidadania cultural. (MAMBERTI, 2003. p. 17).

Nessa concepção do dever do Estado, notam-se as precariedades dos recursos financeiros para fomentar e implementar políticas públicas culturais e uso de tecnologias, apesar do Estado exercer a função de promover o fácil acesso e fruição dos bens culturais, em conjunto com a garantia do direito à informação.

As relações socioculturais estabelecidas entre o direito à informação e bens culturais dependem de ações eficazes do Estado, para se estabelecer inclusão social, sem distinção. Com a difusão de informações e acessos ao ambiente digital, a população adquire e amplia seus conhecimentos e participa com mais frequência de processos decisórios socioculturais na busca de melhorarias para o bem-estar coletivo.

---

[218] A internet tem o efeito de permitir que nos conectemos seletivamente com diferentes formas de expressão cultural e diferentes sistemas eletrônicos de comunicação e reunir – de acordo com o que cada um de nós deseja, pensa ou sente – diferentes elementos desse sistema de comunicações, de tal forma que o hipertexto vive em cada um de nós. (CASTELLS, 2011, p.10, 11).

De acordo com a disseminação de informações que circulam nos meios digitais, observa-se que se criam diálogos e interconexões essenciais para a melhoria das relações. Nesse viés, Jacobi (2003) declara:

> Exatamente diante referido contexto, percebe-se a supremacia da informação, em que assume um papel cada vez mais relevante, ciberespaço, multimídia, internet, a educação para a cidadania representa a possibilidade de motivar e sensibilizar as pessoas para transformar as diversas formas de participação na defesa da qualidade de vida. (JACOBI, 2003, p. 192-193).

Verifica-se que o ciberespaço, a internet[219] e dispositivos tecnológicos potencializam e promovem experiências inovadoras para afirmação e agregação, com possibilidades de reafirmação de direitos culturais e da cidadania. Paralelamente com a supremacia da informação, a população busca estar informada para garantir melhorias na sua qualidade sociocultural, econômica etc.

Com a facilidade de acesso e participação sociocultural no ambiente digital, a população passou a interagir mais em projetos e ações promovidas pelas instituições culturais de forma on-line, por exemplo, no Festival de Arte e Disrupção[220] on-line promovido pelo Artluvexperience. Esse evento promove exposições virtuais, debates, interações, negócios e compartilhamentos de informações sobre arte e cultura, e o fácil acesso e a divulgação nas plataformas digitais atraem públicos diversos que se unem e fortalecem suas culturas.

---

[219] O potencial da internet para ampliar as práticas culturais no Brasil pode ser percebido, principalmente, pela maior disponibilidade de bens culturais propiciadas pelas tecnologias da informação e comunicações (TICs) e pela flexibilidade nas formas de acesso aos conteúdos online, que independem de horários definidos ou do acesso a determinados locais, funcionando também como alternativa à baixa oferta cultural em determinadas localidades. (COMPUTERWORD, 2017, p. 1).

[220] Festival de Arte e Disrupção. Tour 360º uma completa imersão 3D em 360º para você descobrir obras extraordinárias de alguns dos principais artistas brasileiros da atualidade. Artistas renomados, de todas as vertentes, apresentando Artistas Promissores que irão alcançar o topo em breve. Low-Touch uma forma inovadora para manter o mercado de arte brasileiro fervilhando de ideias e negócios, garantindo total segurança para artistas e visitantes. Networking, conversa com outros visitantes, Artistas ou Palestrantes, via chat ou até mesmo conferência de vídeo. Negócios, exponha, venda ou compre Arte, em uma experiência de alto impacto e inovadora. Humanizado, um festival online, mas completamente humanizada para você se sentir ainda mais próximo do seu artista predileto. (ARTLUVEXPERIENCE, 2020.p.1).

Convém ressaltar que as informações geradas e disponibilizadas por instituições culturais e seus projetos são essenciais para a valorização e preservação das relações socioculturais, como se destaca no projeto Arte em diálogo,[221] promovido pelo Museu Nacional de Belas Artes. Tal projeto é de grande importância, porque proporciona a disseminação de informações verídicas e interações socioculturais reflexivas, com conhecimentos educacionais, para a valorização da arte e suas manifestações artísticas. Nesse sentido, destaca-se também a plataforma da biblioteca digital mundial,[222] cuja instituição reúne e compartilha dados e informações documentais que beneficiam a coletividade na ampliação de seus conhecimentos, bem como possibilita melhor preservação dos patrimônios e culturas.

Para que haja melhorias na proteção das informações e bancos de dados, percebe-se que a segurança digital se tornou indispensável para evitar riscos de danos nas relações que envolvem as preservações das instituições, patrimônios e bens culturais. De fato, o Estado e o Poder Público precisam garantir a sustentabilidade dos sistemas e plataformas digitais, com suas informações essenciais. Assim, as leis e políticas públicas de segurança no ambiente digital necessitam se atualizar e se adequar para solucionar com eficiência e eficácia os conflitos e necessidades da população.

---

[221] O Museu Nacional de Belas Artes/IBRAM, desenvolveu o projeto Arte em Diálogo - Na Quarentena, para proporcionar aos artistas contemporâneos e à sociedade uma interação afetiva e reflexiva, neste difícil momento de isolamento social. O projeto é apresentado nas redes sociais do MNBA - Facebook: MNBARio e Instagram: @mnbario - a partir de um vídeo, feito em celular ou com câmera, produzido pelo próprio artista. O clima é de uma conversa informal, a respeito do seu processo de criação e o seu laboratório de trabalho. A ideia é que o artista possa fazer comentários sobre algumas das obras que produziu. (MNBA, 2020, p.1).

[222] A biblioteca digital projetada pela biblioteca do Congresso dos Estados Unidos da América e pela UNESCO em parceria com mais de 31 outras instituições de vários países. Com o Intuito de tornar mais acessíveis coleções que falem e promovam a cultura, destacando as conquistas de todo o mundo. A biblioteca disponibiliza tesouros culturais de todo o mundo em um único lugar, em diversas formas. Dentre elas manuscritos, filmes gravuras, fotografias, livros raros, desenhos arquitetônicos, etc. Podem ser facilmente pesquisados por lugar, período, tema, tipo de item e instituição contribuinte, ou podem ser localizados por uma pesquisa aberta, em vários idiomas. (RANGEL, 2020, p.1).

6.5 princípio da educação ambiental

Com a abordagem inicial da temática educação, observa-se ser imprescindível seu percurso histórico, com as influências e acontecimentos no decorrer do século XX, pois se desenvolveu para buscar melhorar a compreensão das relações entre o ser humano e a natureza. Percebe-se que a educação[223]se vinculou com o tema ambiental como instrumento de percepções diversificadas referentes ao binômio sociedade-natureza.

Nessa perspectiva, em nível internacional, com a consolidação e expansão da educação ambiental, aconteceram conferências, congressos e debates que ocorreram com abordagem do tema, de forma geral, por exemplo, no evento sobre educação na Universidade de Keele, no Reino Unido[224]. A educação ambiental foi sendo desenvolvida internacionalmente e depois utilizada como instrumento intercalado para mediar, minimizar e pacificar conflitos e crises ambientais que degradavam o meio ambiente.

Nesse contexto, destaca-se a Conferência de Estocolmo de 1972, que proporcionou projeção mundial da educação ambiental, fundamentado no princípio 19, abaixo transcrito:

> É indispensável um esforço para a educação em questões ambientais, dirigida tanto às gerações jovens como aos adultos e que preste a devida atenção ao setor da população menos privilegiado, para fundamentar as bases de uma opinião pública bem informada, e de uma conduta dos indivíduos, das empresas e das coletividades inspirada no sentido de sua responsabilidade sobre a proteção e melhoramento do meio ambiente em toda sua dimensão humana. É igualmente essencial que os meios de comunicação de massas evitem contribuir para a deterioração do meio ambiente humano e, ao contrário, difundam informação de caráter educativo sobre a necessidade de protege-lo e melhorá-lo, a fim de que o homem possa desenvolver-se em todos os aspectos. (USP, 1992, p.3).

---

[223] Neste ínterim, inserida no próprio direito à educação, como princípio fundamental da condição humana, nasce a educação ambiental, que visa a formar o sujeito ecológico o qual deve, paralelamente ao desenvolvimento econômico e social, respeitar e preservar os recursos naturais. (DILL, 2008, p.77).

[224] Em termos cronológicos e mundiais, a primeira vez que se adotou o nome Educação Ambiental foi em evento de educação Ambiental foi no evento de educação promovido pela Universidade de Keele, no Reino Unido, no ano de 1965. Na Conferência de Estocolmo, 1972, no princípio 19, foi ressaltada a importância de se trabalhar a vinculação entre ambiente e educação, iniciando uma discursão específica de caráter mundial que colocou no status de assunto oficial para a ONU e em projeto mundial. (LOUREIRO, 2012, p. 77).

Diante dos apontamentos da Conferência de Estocolmo e sua especificação, verifica-se que o princípio da educação ambiental alcançou relevância primordial para unir e desenvolver com mais afinco a educação nas questões ambientais, pois ampliou uma discussão específica de caráter mundial, que colocou o tema em debate oficial na ONU, gerando vasta repercussão.

Outro fator que contribuiu para que a educação ambiental fosse difundida foram os meios de comunicação de massa, pois foi destacado no princípio nº 19 da Conferência de Estocolmo de 1972 a influência desses dispositivos de comunicação. Os meios de comunicações e as tecnologias estabeleceram contribuições necessárias para as interações das relações socioeducativas junto ao ambiente cultural, entre outros. Percebe-se que a difusão de informações disseminadas nos meios de comunicações estabeleceu caráter educativo e promoveu expansão, para que a sociedade tivesse conhecimento das diretrizes da educação ambiental, impulsionada também pela Unesco e desenvolvida em eventos como na cidade de Belgrado[225](Sérvia), Chosica (Peru), Costa Rica, Moscou, Tbilisi (Geórgia) etc. Esta Conferência de Tbilisi[226] foi considerada

---

[225] Como resultado direto desse processo desencadeado por Unesco/Pnuma/Piea, A educação Ambiental tornou-se um campo específico internacionalmente no ano de 1975, como a realização do I Seminário Internacional de Educação Ambiental, em Belgrado. Diversos eventos ocorreram desde então. Dentre muitos que foram significativos, podemos mencionar os que seguem. Taller Subregional de Educación Ambiental para Educacion Secundaria, realizado em Chosica (Peru), em 1976, que possui uma das maiores completas e complexas abordagens em Educação Ambiental, evidenciando a necessidade de transformação das sociedades tal como estão estruturadas e a associação entre o social e o natural stricto sensu. A Conferência Intergovernamental realizada em Tbilisi de 14 a 26 de outubro de 1977, identificada como encontro de referência, até os dias atuais, em função do momento histórico em que aconteceu e pela participação em escala mundial de representação de Estado. O seminário Educação Ambiental para América latina, realizado na Costa Rica, em 1979, e o seminário Latino-Americano de Educação Ambiental ocorrido na Argentina, em 1988, que reforçaram a necessidade de preservação do patrimônio histórico-cultural e a função estratégica da mulher na promoção do desenvolvimento local e das culturas ecológicas. (LOUREIRO, 2012, p. 78, 79, 81).

[226] A Conferência de Tbilisi foi crucial para o desenvolvimento da primeira fase do Programa Internacional de Educação Ambiental (PIEA), que foi inicialmente sugerido na Conferência de Estocolmo e realmente iniciado somente na Conferência de Belgrado. Na Conferência de Tbilisi foram organizadas quarenta e uma recomendações sobre educação ambiental a nível mundial, considerados um grande marco na educação ambiental. Sugerem as recomendações organizadas na Conferência de Tbilisi que a educação ambiental deve ser trabalhada com enfoque global e com base interdisciplinar. E que o processo educativo deve ser renovado e reformulado, nas bases da educação ambiental no ensino formal e informal, para todas as classes e faixas etárias de forma permanente. Este documento deixa claro que a educação ambiental deve considerar não somente a fauna e a flora, mas incluir

uma das mais importantes, pois desenvolveu a "primeira fase do Programa Internacional de Educação Ambiental (Piea) junto com quarenta e uma recomendações sobre educação ambiental a nível mundial, bem como foi considerado base na educação ambiental". (PORTALEDUCAÇÃO, 2020, p.1).

Mediante o exposto, passou a ser reconhecida e difundida em diversos países, com destaque internacional e nacional, visto que o desenvolvimento se iniciou com a atuação conjunta da Organização para a Educação, Ciência e Cultura (Unesco), o Programa das Nações Unidas para o Meio Ambiente (Pnuma) e o Programa Internacional de Educação Ambiental (Piea). Esses programas foram relevantes e tiveram maior divulgação e acesso com as tecnologias e exposição no ambiente digital, pois eles criaram união e vinculação com instituições e empresas, em prol de um bem comum, que era expandir a educação ambiental.

Com a expansão e desenvolvimento de instituições, programas internacionais entre países fomentaram a promoção da educação ambiental. Constata-se que, no âmbito nacional, o Brasil[227] institucionalizou a educação ambiental inicialmente, no ano de 1973. Com essa implantação destaca-se o Tratado de Educação Ambiental para Sociedades Sustentáveis e Responsabilidade Global, pois foi resultado do evento que aconteceu com a Conferência Oficial no Brasil (Rio 92), tendo sido denominada como Jornada Internacional de Educação Ambiental, como esclarece Loureiro (2012):

> A jornada Internacional de Educação Ambiental, realizada no Rio de Janeiro, em 1992, paralela à Conferência Oficial na Rio 92, na qual foi produzido o já destacado Tratado de Educação Ambiental para Sociedades Sustentáveis e Responsabilidade Global, que expressa o que os educadores de países de todos os continentes pensam em relação à Educação Ambiental e estabelece um conjunto de compromissos coletivos para a sociedade civil planetária. (LOUREIRO, 2012, p. 82).

---

também os aspectos sociais, econômicos, científicos, tecnológicos, culturais, ecológicos e éticos. (PORTALEDUCAÇÃO, 2020, p. 1).

[227] O processo de institucionalização da Educação Ambiental no governo federal brasileiro teve início em 1973 com a criação da Secretaria Especial do Meio Ambiente (Sema), vinculada à Presidência da República. Outro passo na institucionalização da Educação Ambiental foi dado em 1981, com a Política Nacional de Meio Ambiente (PNMA) que estabeleceu, no âmbito legislativo, a necessidade de inclusão da Educação Ambiental em todos os níveis de ensino, incluindo a educação da comunidade, objetivando capacitá-la para a participação ativa na defesa do meio ambiente. (MACHADO, 2020, p. 5).

Depois desse acontecimento, ficou estabelecido que as diretrizes da jornada Internacional de Educação Ambiental seriam acolhidas pela sociedade, de forma universal, pois era preciso aceitar e cumprir o conjunto de compromissos coletivos, em prol da expansão e aplicação da educação ambiental, para influenciar na proteção e preservação do ambiente cultural, entre outros.

O tratado de Educação Ambiental[228] para Sociedades Sustentáveis e Responsabilidade Global se estruturou como um processo de aprendizagem, a médio e longo prazo, desde a década de noventa[229], tendo sido fundamentado no respeito e proteção para todas as espécies de vida.

A educação ambiental, com seu caráter de formar cidadãos e instruí-los a ter consciência preservacionista local e regional, possui a função de oferecer equilíbrio ecológico planetário. De fato, "a educação ambiental surge como um fator de equilíbrio de médio-longo prazo para solução do problema para criação de uma consciência do local para o global e criação de um cenário de equilíbrio pleno". (ARRUDA JÚNIOR; NEPOMUCENO, 2015, p.231). Não obstante a essa reflexão, no Brasil, a educação ambiental vem sendo implantada de forma lenta e tardia.

Desse modo, a inclusão da temática na Constituição Federal de 1988 fez gerar repercussões abrangentes para que a população brasileira obtivesse melhores conhecimentos sobre suas diretrizes e benefícios educacionais. Na sequência, devido à relevância de políticas públicas que foram sendo desenvolvidas como pauta para a educação ambiental[230], no decorrer dos anos,

---

[228] Consideramos que a educação ambiental para uma sustentabilidade equitativa é um processo de aprendizagem permanente, baseado no respeito a todas as formas de vida. Tal educação afirma valores e ações que contribuem para a transformação humana e social e para a preservação ecológica. Ela estimula a formação de sociedades socialmente justas e ecologicamente equilibradas, que conservam entre si relação de interdependência e diversidade. Isto requer responsabilidade individual e coletiva em nível local, nacional e planetário. Consideramos que a educação ambiental deve gerar, com urgência, mudanças na qualidade de vida e maior consciência de conduta pessoal, assim como harmonia entre os seres humanos e destes com outras formas de vida. (MEC, 2020. p.1).

[229] No início da década de noventa, seja pela mobilização social em decorrência da Rio-92, seja pelo alcance global que a questão ambiental adquiriu, o governo federal, principalmente por meio do Ministério da Educação e do Ministério do Meio ambiente, produziu alguns documentos e ações importantes. (LOUREIRO, 2012, p. 91).

[230] A Educação Ambiental se inseriu nos setores governamentais e científicos vinculados à conservação dos bens naturais, com forte sentido comportamentalista, tecnicista e voltados para o ensino da ecologia e para a resolução de problemas. Evidentemente que já havia

no Brasil, ela foi sendo implantada para os setores governamentais e científicos, com o uso das tecnologias e ambiente digital. As vinculações existentes dos setores de cunho social, cultural e digital resultaram na expansão da educação ambiental como relevante instrumento para esclarecer e envolver a população nos processos de proteções e preservações de patrimônios e do ambiente.

Ademais, os setores dos órgãos públicos protetores do meio ambiente cultural, natural influenciaram, no decorrer dos anos, para a positivação da educação ambiental, na Constituição Federal brasileira de 1988,[231] no seu art. 225, § 1 °, VI. Esse dispositivo é relevante, pois articula o desenvolvimento da educação ambiental em todos os níveis de ensino, viabilizando a conscientização pública para a preservação do ambiente cultural e relações socioculturais nos meios digitais. Nesse mesmo teor foi sancionada a Lei 9.795[232] de 27 de abril de 1999, que dispõe sobre a Política Nacional de Educação Ambiental, bem como define o seu conceito, nos artigos 1º e 2º.

Observa-se que os aspectos das relações proporcionadas por ações e processos educativos[233] vêm sendo desenvolvidos por meio de projetos educacionais interdisciplinares, através de atividades culturais e artísticas,

---

perspectivas críticas que vinculavam o social ao ambiental, mesmo entre setores de órgãos de meio ambiente como a Feema (Fundação Estadual de Engenharia do Meio Ambiente), no Rio de Janeiro, e a Cetesb (Companhia de Tecnologia de Saneamento Ambiental), em São Paulo, que realizaram importantes cursos e produziram alguns textos e guias didáticos excelentes nos anos setenta e oitenta, contudo, não era tendências hegemônicas (como não são) nem possuíam, à época, grande capilaridade no tecido social. (LOUREIRO, 2012, p.89).

231 Capítulo do Meio Ambiente. Art. 225. Todos têm direito ao meio ambiente ecologicamente equilibrado, bem de uso comum do povo e essencial à sadia qualidade de vida, impondo-se ao Poder Público e à coletividade o dever de defendê-lo e preservá- lo para as presentes e futuras gerações. § 1º Para assegurar a efetividade desse direito, incumbe ao Poder Público: VI - promover a educação ambiental em todos os níveis de ensino e a conscientização pública para a preservação do meio ambiente. (BRASIL, 1988).

232 Capítulo I da Educação Ambiental, Art. 1º Entendem-se por educação ambiental os processos por meio dos quais o indivíduo e a coletividade constroem valores sociais, conhecimentos, habilidades, atitudes e competências voltadas para a conservação do meio ambiente, bem de uso comum do povo, essencial à sadia qualidade de vida e sua sustentabilidade. Art. 2º A educação ambiental é um componente essencial e permanente da educação nacional, devendo estar presente, de forma articulada, em todos os níveis e modalidades do processo educativo, em caráter formal e não-formal. (BRASIL, 1999).

233 Considera ainda que os processos educativos devem primar pela construção coletiva e democrática do conhecimento, por meio do diálogo permanente entre os agentes culturais e sociais e pela participação efetiva das comunidades detentoras e produtoras das referências culturais, onde convivem diversas noções de Patrimônio Cultural. (IPHAN, 2014, p.19).

como a literatura, o teatro, a música, a dança, a pintura, a escultura, o cinema e outras artes[234]para influenciar e despertar a sensibilização e conscientização dos discentes. Essas atividades estão sendo divulgadas e ampliadas para maior interação nas comunidades, devido às funções das tecnologias e do fácil acesso ao ambiente digital (internet), influenciando a população a exercer melhores proteções do ambiente cultural e seus patrimônios.

Na ilustração dessas constatações e interações, destaca-se, por exemplo, o projeto que desenvolveu educação ambiental no Colégio Municipal Theophilo Sauer[235] - Taquara, Rio Grande do Sul - e no Colégio Estadual Prefeito Luiz Guimarães[236], localizado no município de Queimados, na Baixada fluminense, no Estado do Rio de Janeiro. Esses projetos são de suma importância para demonstrar, na prática, os benefícios da educação ambiental nas relações cotidianas daquela população. Também promovem a construção e ampliação de conhecimentos culturais para a valorização da cidadania e de direitos culturais.

---

234 Por meio da arte pode-se orientar, sensibilizar e promover a educação ambiental não só como tema transversal como há muito tempo vem sendo colocado no PCN'S. É através da arte que se pode contribuir não só com a educação ambiental, mas sim com o ensino interdisciplinar nas diversas áreas do conhecimento. Assim a arte poderá estar interligada com a educação ambiental cumprindo o seu papel no colégio Municipal Theóphilo Sauer. Conscientizando a comunidade escolar por uma vida melhor. Refletindo assim sobre o lugar que se vive diariamente. (SCRINZ JAEGER, 2011, p. 20).

235 A presente experiência foi aplicada no colégio Municipal Theóphilo Sauer na cidade de Taquara/RS. A escola atende desde a educação infantil ao ensino Médio e EJA. A oferta de ensino diurno, em turno inverso, o Programa "Mais Educação", com oficinas de reforço, dança, rádio, capoeira, entre outros. A pesquisa teve o caráter qualitativo e bibliográfico. Primeiramente foram feitas pesquisas e leituras sobre educação, educação ambiental em seguida o trabalho se guiou a partir dos projetos de arte desenvolvidos pelo artista e ambientalista Frans Krajcberg. Posteriormente passou-se para planejamento das atividades que foram propostas com desafio para os educadores que realizaram. (SCRINZ JAEGER, 2011, p. 24).

236 Vale ressaltar que as atividades realizadas geraram debates em que os estudantes explanaram diferentes opiniões sobre o ambiente, fortalecendo um processo dialógico. As atividades com artes demonstraram competência em prover a união entre os alunos, com o compartilhamento de materiais e orientação técnica pelos indivíduos com maior habilidade artística. Consideramos que os maiores desafios para atingir de forma plena os objetivos traçados por uma proposta educativa pautada na Educação Ambiental Crítica, estejam nas limitações institucionais, na baixa integração entre as disciplinas e, principalmente, no desafio que é lutar contra um processo massivo de doutrinação que busca encobrir o entendimento da natureza holística das relações ambientais e que reforça a dissociação entre natureza e sociedade. (NUNES; BOMFIM et al, 2018, p. 49).

Percebe-se que os processos educativos precisam ser permanentes e contínuos, estruturados com objetivos e metas a serem alcançadas a médio e longo prazo, no âmbito local, bem como se verifica que as tecnologias e as interações digitais implementam e divulgam os processos educativos, com amplo acesso à população. Nesses processos, as vinculações da educação ambiental com a educação nacional (tradicional) precisa ter como base os fundamentos na Lei 9.795/99[237], que no seu artigo 4° destaca os princípios básicos da Educação Ambiental a ser seguidos.

Dessa forma, a educação ambiental, com seus apontamentos vinculados ao meio cultural, natural e socioeconômico, faz desenvolver uma transdisciplinaridade que estimula uma nova compreensão da realidade para proteção dos patrimônios, bens e culturas. Compreende-se que o conceito da educação ambiental[238] se tornou dinâmico e as suas características influenciam para estabelecer o reconhecimento e respeito à pluralidade cultural.

Diante dessas abordagens, constata-se que o equilíbrio e a proteção do ambiente cultural e relações socioculturais nos meios digitais vêm sendo promovidos com a utilização da educação ambiental. Para que isso continue ocorrendo, de maneira eficaz, é necessária a ação conjunta e interdisciplinar entre escolas, instituições, órgãos públicos e sociedade. Com a educação ambiental sendo implantada e desenvolvida dentro de escolas, creches e abrigos, possivelmente haverá melhorias das ações do saber educar,[239]resultando no

---

237 Art. 4° São princípios básicos da educação ambiental: I - o enfoque humanista, holístico, democrático e participativo; II - a concepção do meio ambiente em sua totalidade, considerando a interdependência entre o meio natural, o sócio-econômico e o cultural, sob o enfoque da sustentabilidade; III - o pluralismo de idéias e concepções pedagógicas, na perspectiva da inter, multi e transdisciplinaridade; IV - a vinculação entre a ética, a educação, o trabalho e as práticas sociais; V - a garantia de continuidade e permanência do processo educativo; VI - a permanente avaliação crítica do processo educativo; VII - a abordagem articulada das questões ambientais locais, regionais, nacionais e globais; VIII - o reconhecimento e o respeito à pluralidade e à diversidade individual e cultural. (BRASIL, 1999).

238 Em suma, o conceito de educação ambiental é dinâmico, pois acompanha a evolução do conceito de meio ambiente, que está atrelado ao modo como este foi e é percebido. Dessa forma, o conceito de educação ambiental sofreu alterações no decorrer da história do ambientalismo para se adaptar à realidade e, assim tentar, mediante a formação do sujeito ecológico, promover o desenvolvimento sustentável. (DILL, 2008, p. 81).

239 O termo "educar" tem origem no latim (exducere), e significa "conduzir de dentro para fora". O foco de qualquer processo educativo deve ser, portanto, o educando, e esse processo será tanto mais eficaz quanto mais se identificar no educando seu protagonista. O papel do educador será antes de indutor, orientador, estimulador, visando, sobretudo, a formar pessoas e cidadãos comprometidos com o bem estar da coletividade. (LONDRES, 2012, p.16).

progresso da própria educação ambiental[240]. De fato, a sociedade, que possui o dever de colaborar para preservar o ambiente cultural junto com as instituições e patrimônios, precisa fomentar a educação patrimonial[241] também.

A respeito da formação e divulgação dos processos educativos desenvolvidos com a educação patrimonial no ambiente cultural e expandidos com as funções tecnológicas, realmente se percebe que eles promovem reconhecimento de culturas e preservação das instituições e seus patrimônios culturais. Verifica-se que a educação patrimonial faz produzir resgate, reafirmação e reestruturação da história cultural da população, buscando estabelecer a preservação dos patrimônios, já que está vinculada à transmissão de conhecimentos, com difusão das manifestações e diversidade cultural[242].

Mediante esse aspecto da gestão, junto à proteção e preservação dos patrimônios, a comunidade necessita se mobilizar e participar com mais afinco dos diálogos sociais, com os dispositivos tecnológicos, pleiteando melhorias dos seus bens, fundamentada na educação patrimonial[243]. Nesse contexto, Custódio

---

[240] Buscando dar cumprimento aos mandamentos constitucionais que impõem a educação ambiental, a Lei 9.795/99 dispôs sobre o tema e instituiu Política Nacional de Educação Ambiental. Tal diploma legal, que objetiva o desenvolvimento de uma compreensão integrada do meio ambiente em suas múltiplas e complexas relações, envolvendo aspectos ecológicos, psicológicos, legais, políticos, sociais, econômicos, científicos, culturais e éticos, estatui como um dos princípios básicos da educação ambiental, a concepção do meio ambiente em sua totalidade, considerando a interdependência entre o meio natural, o socioeconômico e o cultural, sob enfoque da sustentabilidade (art.4º, II), razão pela qual se aplica às inteiras temáticas do patrimônio cultural. (MIRANDA, 2006, p. 45).

[241] Mas foi apenas muito recentemente que a Educação Patrimonial extrapolou os muros dos museus para generalizar-se e tornar-se um campo mais vasto de atuação, nas instituições de tutela patrimonial, de cultura e de memória, nas escolas e nas organizações civis. Passadas mais de duas décadas, a Educação Patrimonial ultrapassou as ações centradas nos acervos e construções isoladas para a compreensão da própria cidade como documento da história e de cultura, passível de leitura e interpretação por meio de múltiplas estratégias educativas. (SCIFONI, 2012, p.30).

[242] A diversidade cultural é, portanto, um valor em si mesmo. É necessário e urgente transmitir aos alunos e alunas o conhecimento desse valor, como um valor moral, mas também ambiental, pois, se as culturas são respostas adaptativas ao meio ambiente, a solução da crise ambiental não será possível sem a aceitação das diferenças e, mais ainda: sem a consideração dessas diferenças como manifestações de nossa potencialidade como espécie. (DÍAZ, 2002, p. 104).

[243] Nesse sentido, a Educação Patrimonial pode ser compreendida como um campo ampliado de atuação, que não se limita apenas às atividades de visitação nos museus ou em bens patrimoniais, incorporando, assim, outras ações educativas de caráter diversificado, principalmente aquelas de caráter participativo, que possam permitir a inserção da população local no desafio de pensar a proteção dos bens referenciais de sua memória coletiva. (SCIFONI, 2012, p.37).

e Lima (2015) afirmam sobre a importância e vinculação da educação patrimonial e da participação comunitária: "para propiciar a real proteção do patrimônio cultural, pois assim garante-se um trabalho educacional voltado à sua valorização como fonte de (re)conhecimento". (CUSTÓDIO; LIMA, 2015, p. 8).

Evidente, com essa associação da educação patrimonial e a participação comunitária, que se faz necessário perceber que as relações socioculturais precisam ser desenvolvidas e reforçadas com funções dos instrumentos tecnológicos, para ocorrer maior reconhecimento e valorização em relação à proteção dos patrimônios. Nesse aspecto, o Estado tem o dever com a população de promover e garantir a educação patrimonial e ambiental, por ser base na formação e desenvolvimento do cidadão.

No mais, mesmo o Estado sendo o principal agente para fomentar e implementar a educação ambiental[244] e patrimonial, são visíveis as precariedades[245] para que se desenvolva, na prática. Mesmo com as facilidades e interações no ambiente digital, nota-se a ausência de programas e recursos financeiros, o que provoca impossibilidades para a sua expansão e alcance coletivo.

Verifica-se, entretanto, que mesmo com os fatores de precariedade que envolvem programas e a falta de disponibilização de investimentos para fomentar a educação ambiental e patrimonial, esses instrumentos podem ser considerados como parte de um projeto de transformação social, que promove emancipação para melhorias das relações no ambiente cultural e digital.

Faz-se necessário, portanto, o desenvolvimento de ações educacionais articuladas e divulgadas com fácil acesso devido às potencialidades das tecnologias, as quais sejam adequadas para solucionar conflitos socioculturais

---

[244] Considerando os aspectos mencionados, podemos inferir que, apesar da mobilização dos educadores ambientais e da aprovação da lei que define sua política nacional, a Educação Ambiental ainda não se consolidou em termos de política pública de caráter democrático, universal e includente, o que, inclusive, justifica os recentes encaminhamentos em âmbito federal. (LOUREIRO, 2012, p. 97).

[245] A educação ambiental patina por não passar por investimentos especificamente na prática, caminhando em passos lentos sem conscientizar e atingir o ponto crucial que é sensibilização das variadas classes sociais. A educação ambiental como um todo passa por um "déficit" seja na cultura da sociedade e na formação da pessoa humana. (ARRUDA JÚNIOR; NEPOMUCENO, 2015, p. 225).

de cada localidade. Certamente os processos educacionais precisam ser incluídos no ambiente digital para influenciar, sensibilizar e impulsionar a população a exercer o saber cuidar dos seus patrimônios, em prol do bem-estar da coletividade. Assim, a preservação do ambiente cultural e a proteção das relações socioculturais nos meios digitais precisam ser fundamentas no processo de educação, que deve estar em constante progresso.

7

INTERAÇÃO DO MEIO AMBIENTE CULTURAL E O AMBIENTE TECNOLÓGICO

No que concerne às interações sociais entre o meio ambiente cultural e tecnológico, nota-se que as tecnologias da informação viabilizam compartilhamento de diversos conhecimentos, seja por meio de documentários históricos, obras cinematográficas, peças de teatro e outras interações divulgadas no espaço físico[246] ou virtual. De fato, como a mostra acessível do festival de cinema[247] de Gramado no (Rio Grande do Sul), que utiliza audiodescrição para permitir ao público com deficiência visual ter acesso aos filmes através da descrição dos elementos visuais da obra.

[246] Essa concentração de eventos no mesmo espaço físico, em lugar central, de fácil acesso da cidade, e a preços baixos ou gratuitos, além de propiciar aumento e heterogeneidade de público, favorece a variação, novas configurações na sua presença. Muitas visitas são feitas rapidamente, por exemplo, como espera de alguma atividade para a qual aqueles atores sociais, os visitantes, mobilizaram-se especialmente - um filme, uma peça de teatro, uma performance. (DABUL, 2008, p.4).

[247] O cinema como um meio de reflexão sobre temas atuais e urgentes na nossa sociedade. Esta é a proposta dos filmes reunidos na Mostra Acessível do Festival de Gramado, apresentada pela Secretaria de Estado da Cultura (Sedac) em convênio com a Gramadotur. Assim como toda a programação do 49º Festival de Cinema de Gramado, a Mostra Acessível também será on-line, ficando disponível ao público de 14 a 21 de agosto, no site www.festivaldegramado.net. As produções serão oferecidas gratuitamente, com recursos de acessibilidade, incluindo audiodescrição, legenda descritiva e Língua Brasileira de Sinais (Libras). (SEDAC, 2021, p.1).

Essas interações tecnológicas e o ambiente digital favorecem a expansão da tutela do patrimônio cultural, pois facilitam e desenvolvem melhores acessos, monitoramentos, fiscalizações, entre outras funções essenciais. "O meio ambiente digital, funcionando como instrumento em prol do meio ambiente urbano, pode se configurar em veículo de fiscalização e monitoramento do patrimônio cultural". (COUTINHO, 2014, p. 11).

Cumpre destacar que o ciberespaço e os novos aparelhos eletrônicos impulsionaram e ampliaram as possibilidades de proteção, produção e acesso de conhecimentos culturais, como por exemplo, no museu virtual Marítimo[248]e sobre a museologia[249] e a Educação Museal[250]. A utilização das tecnologias proporciona o compartilhamento de informações relevantes no que concerne à proteção dos patrimônios históricos, artísticos, arqueológicos, paisagísticos e turísticos. Isso porque as interações criam para os setores de administração e gestão cultural, melhor cooperação e agilidade para a elaboração e compartilhamento de planos e projetos que implementam a preservação dos espaços e bens.

As inovações tecnológicas e a internet promovem uma reestruturação na forma como os seres humanos interagem entre si. Também essas ferramentas promovem a proteção das culturas de comunidades indígenas. Nesse aspecto, Coutinho declara que:

---

[248] O Museu Virtual Marítimo do Extremo Oriental das Américas é uma instituição permanente sem fins lucrativos, ao serviço da sociedade e do seu desenvolvimento, aberta ao público 24h, que através da investigação, promove a conservação, comunicação e exposição dos patrimônios material e imaterial associados à relação do ser humano com o Atlântico a partir do Extremo Oriental das Américas, tendo por finalidade a educação, o estudo e o deleite. (MUSEUEXEA, 2021, p.1).

[249] Assim, a Museologia se apresenta como área do conhecimento voltada não somente para o passado, mas também para o futuro, ao mesmo tempo em que sua vocação pedagógica aponta para potencialidades muito mais amplas que a simples valorização do que já foi preservado. (CÂNDIDO, 2017, p. 44).

[250] O Curso de Extensão "Educação Museal na Cibercultura", promovido pela Pró-Reitoria de Extensão e Cultura (PROEXC) da UNIRIO. Voltado para Educadores Museais, Museólogos, Bacharelandos em Museologia e Licenciandos, o curso online visa a apresentar e discutir as implicações do cenário sociotécnico contemporâneo (cibercultura) para o campo da Educação Museal, e as potencialidades do digital em rede e das estratégias educacionais aplicados à Educação Museal Online. (IBRAM, 2020, p.1).

> A Internet já está sendo utilizada na proteção do meio ambiente natural e cultural, por exemplo, através da educação ambiental, da comunicação entre as tribos indígenas ou no monitoramento de queimadas e extração clandestina de madeira. No Brasil algumas comunidades indígenas já utilizam a internet como ferramenta para o diálogo intercultural. Em sites como http:// www.indiosonline.org.br estão reunidas informações de sete nações indígenas, Kiriri, Tupinambá, Pataxó-Hãhãhãe, Tumbalalá na Bahia, Xucuru-Kariri, Kariri-Xocó em Alagoas e os Pankararu em Pernambuco41. (COUTINHO, 2014, p.239).

A utilização dos recursos eletrônicos e da internet[251] em comunidades indígenas no Brasil demonstra que esses dispositivos disponibilizam informações de forma ágil e com interações dinâmicas, bem como permitem aos órgãos governamentais e membros da sociedade civil um monitoramento mais eficiente do ambiente natural, visando à proteção das tribos.

Nota-se que a Web viabiliza a fiscalização das ilegalidades presentes no ambiente natural, cultural e urbano, sendo que os dispositivos da telefonia celular ajudam a reforçar os diálogos interculturais, visto que eles ampliam e sustentam as manifestações culturais da sociedade. "Importante admitir é que a Internet e a telefonia celular oferecem possibilidades de manifestação cultural de ampla abrangência, podendo constituir-se em instrumentos de transformação a favor da preservação da vida em todas as suas formas". (COUTINHO, 2014, p. 11).

Decerto, os equipamentos tecnológicos também potencializam programas, como o sistema de compliance[252]. Isso ocorre porque os dispositivos eletrônicos estabelecem melhorias na gestão e implementação do instrumento

---

[251] Nesse contexto, destaca-se a importância da Internet, das redes sociais, da TV, rádio e telefonia celular — instrumentos integrantes da revolução tecnológica em curso — que podem ser utilizados como mecanismos em prol da defesa do meio ambiente, quer seja na fiscalização e monitoramento das atividades que causem impacto direta ou indiretamente ao meio ambiente, quer seja como alternativa para a diminuição da degradação ambiental decorrente da poluição visual produzida pela comunicação social existente nas cidades, ou no auxílio às comunidades distantes dos centros urbanos a fim de que sirvam como ponte de acesso à sociedade da informação, fomentando, assim a educação ambiental e, sobretudo, uma nova educação para o consumo sustentável. (COUTINHO, 2014. p. 224).

[252] Não obstante os programas de integridade ou compliance possam servir para a prevenção da prática de ilícitos e, no âmbito do PAR, até mesmo mitigar a multa administrativa, a ausência de normatização quanto aos padrões ou requisito mínimos para que programas de compliance e as ferramentas tecnológicas a eles integradas sejam considerados efetivos sob o prisma da Lei Anticorrupção nº 12.846/2013 gera um cenário de incerteza e de insegurança jurídica. (CHAVES; FÉRES; 2019, p.609).

compliance[253] desenvolvido dentro das instituições culturais, conforme destacam Chaves e Féres:

> Outra ferramenta interessante no âmbito do compliance é a denúncia anônima virtual, que possibilita a apuração de qualquer situação irregular levada ao conhecimento dos responsáveis e a punição dos culpados, desestimulando-se atos de corrupção. Nota-se, portanto, que os recursos tecnológicos são um importante aliado do compliance e cada vez mais organizações se voltam para aquisição e o desenvolvimento de sistema de tecnologia e análises de computacionais que medem e preveem níveis de risco corporativo, forçando a tomada de decisões em consonância com os parâmetros legais. Contudo, ainda não se sabe como os órgãos de controle, sobremaneira o Ministério da Transparência, Fiscalização e Controladoria-Geral da União, perceberão o emprego de tecnologias e inovação no compliance, já que, até o momento, não existe uma regulação nesse sentido. (CHAVES; FÉRES, 2019, p. 609).

Portanto, a ferramenta de compliance, implementada com a tecnologia e a regulação específicas, é primordial para impulsionar o progresso dos órgãos governamentais. Tal fato ocorre, tendo em vista que com o emprego desses recursos, os órgãos podem promover a transparência e combater a corrupção[254] na gestão do patrimônio cultural.

O instrumento de compliance, interligado com os recursos tecnológicos, pode facilitar o gerenciamento, a manutenção e o monitoramento de instituições culturais e seus patrimônios. Sob esse aspecto, o IPHAN potencializou a fiscalização do patrimônio cultural com a tecnologia, conforme demonstra Erthal (2018):

---

[253] Com origem no verbo inglês "to comply", compliance é um termo amplamente aplicado pelo mundo corporativo para traduzir a conformidade de uma determinada corporação com relação às leis e regulamentos externos e internos. O compliance, portanto, é a criação de uma cultura empresarial que faça com que todos os setores da empresa estejam alinhados para desenvolver práticas que não só correspondem às legislações vigentes, mas que também geram informações seguras a respeito de sua atuação. Uma empresa está em conformidade quando atende a todas as exigências legais relativas às atividades que desenvolve através de uma adaptação da cultura da organização em todos os seus setores. (PROJURIS, 2020, p. 2).

[254] No que tange especificamente ao combate à corrupção, como visto, as inovações tecnológicas desempenham papel primordial, conferindo maior transparência na gestão pública, reduzindo as chances de um agente corromper e ser corrompido, possibilitando um secionamento efetivo diante da prática de um ilícito e melhorando o desempenho de programas de compliance. (CHAVES; FÉRES, 2019, p. 611).

> Nesse contexto, o desenvolvimento do Fiscalis é um importante marco para atuação do IPHAN, que passa a compreender e adotar a tecnologia como uma aliada na consecução de seu mister institucional. Nesse sentido, ignorar a nova realidade trazida e imposta socialmente pela revolução tecnológica seria buscar um objetivo que já não pode mais ser alcançado como em outros tempos. (ERTHAL, 2018. p.458).

O IPHAN, a partir da utilização do instrumento fiscalis, implementou melhorias para a gestão do órgão e de seus setores institucionais vinculados à administração, manutenção, regulação, proteção e preservação dos patrimônios. No entanto, destaca-se que essa plataforma de fiscalização não obteve tanto êxito, em virtude da falta de investimentos nesse projeto, nos governos seguintes.

As tecnologias aliadas em prol do gerenciamento das funções dos órgãos governamentais carecem de recursos financeiros para se desenvolver a médio e longo prazo, com elaboração de projetos minimamente estruturados, com diretrizes, normas e objetivos específicos, na busca de alcançar resultados satisfatórios para a implementação da tutela dos interesses da coletividade.

Verifica-se que a tecnologia favorece o desenvolvimento de pesquisas, estratégias para a tutela e gestão do patrimônio cultural, por exemplo, no projeto "Digital LAB"[255], um laboratório 100% digital realizado no canal oficial da Universidade Federal de Goiás (UFG). Outro exemplo da interação tecnológica com o meio cultural, evidencia a exposição inédita no Brasil na cidade de São Paulo denominada "Eu, Ayrton Senna da Silva[256]", que expõem a história do piloto utilizando a inteligência artificial e computação gráfica para resgatar, reproduzir a voz, falas e imagens do piloto brasileiro como se fosse ele naquele momento interagindo com público.

---

[255] O Digital LAB é um Laboratório 100% digital, com atuação no ensino, pesquisa e extensão universitária, que desenvolve parcerias com instituições museais e assemelhados, oferece serviços digitais para os públicos de escolas e da sociedade em geral, disponibilizando exposições em 360º (tour virtual), apresentação de imagens e escaneamento de obras de arte, artefatos e vestimentas em 2D e 3D. O projeto conta com apoio de docentes, discentes e técnicos da UFG e parceiros de outras instituições do país e do mundo. (BARBOSA; BAZZO, 2021, p. 2)

[256] Na mostra os fãs terão a oportunidade conhecer a infância de Ayrton Senna, primeiras vitórias no kart e, é claro, os tempos de glórias com tricampeonato mundial na Fórmula 1 conquistado em 1988, 1990 e 1991. Para tornar a experiência ainda mais completa e emocionante, os visitantes terão a narração única e em primeira pessoa do próprio piloto gerada por inteligência artificial. O ambiente será dividido em dez temas diferentes: Esta é a minha história. Aqui Eu Sou o Beco. Paixão pela Velocidade e Outros Hobbies. Sala do Kart. Inglaterra - Momento da Escolha. Por Dentro da Minha Mente. Rei da Chuva. Vencer é possível. Senna me inspira. Muito pela Frente. (MORATO, 2021, p. 1).

Observa-se nessas interações tecnológicas e culturais seja nas exposições, museus, cinematecas, entre outras instituições, destaca-se os resultados iniciais do órgão Ibram, que utiliza as ferramentas tecnológicas no campo museal,[257] facilitam a organização, integração e viabilização do acesso digital a coleções em instituições e patrimônios culturais no Brasil. A título de exemplificação, segue, abaixo, a relação dos museus cadastrados na plataforma do Ibram:

> Veja abaixo os museus da rede Ibram que já publicaram suas coleções na Internet com o Tainacan: Museu Histórico Nacional (RJ) - 502 itens publicados - coleção de pinturas Museu do Diamante (MG) - 130 itens publicados - 1ª etapa Museu do Ouro (MG) - 51 itens publicados - 1ª etapa Museu Victor Meirelles (SC) - 237 itens (todo o acervo) Museu Regional Casa dos Ottoni (MG) - 462 itens (todo o acervo) Museu de Arqueologia de Itaipu (RJ) - 1040 itens Museu das Missões (RS) - 92 itens - peças do Barroco Missioneiro Museu da Bandeiras (GO) - 361 itens Museu Casa da Princesa (GO) - 264 itens Museu Villa Lobos (RJ) - 1812 itens Museu Casa de Benjamin Constant (RJ) - 983 objetos disponíveis para consulta. Museu da Inconfidência (MG) - 4.622 itens Museu Regional de São João del-Rei (MG) - 377 itens Museu de Arte Sacra da Boa Morte (GO) - 111 itens Museu Casa da Hera (RJ) - 1.155 itens disponíveis Museu Casa Histórica de Alcântara (MA) - 631 itens. (IBRAM, 2019, p. 1).

Esses museus vinculados à instituição Ibram disponibilizam suas coleções no ciberespaço, favorecendo a exposição de suas coleções nos meios tecnológicos, e criando interações culturais para que os museus desenvolvam intercâmbios e conexões sem limites, com diversos públicos. Com essas conexões dos museus, com as potencialidades da internet, ampliam-se as informações para a população ter acesso facilitado a esses conhecimentos. A partir disso, é possível disponibilizar para a população dados sobre ações educativas sobre os nos patrimônios culturais, como a semana de museus[258] brasileiros para a preservação de culturas.

---

[257] A percepção do caráter comunicacional da museologia permite que ela seja entendida como fluxo - de ideias e de práticas - e que configure um campo específico, que se constitui/reconstitui na interface entre os demais saberes e práticas sociais. Sabe-se que desde 1980 a museologia vem sendo definida por alguns autores como um campo do conhecimento de caráter transdisciplinar, dedicado ao estudo da relação específica entre homem e real (ou entre o humano e o real). (SCHEINER, 2013, p. 3, 4).

[258] A 18ª Semana de Museus é uma ação de promoção dos museus brasileiros coordenada pelo Ibram que une instituições museológicas, durante uma semana, em torno de atividades para todos os públicos. Em comemoração ao Dia Internacional dos Museus (18 de maio), criado em 1977 pelo Conselho Internacional de Museus - ICOM, a Semana estende essa celebração, pois conta entre seus objetivos os de aumentar o potencial de visitação das

As instituições como museus e suas características de inovações e disponibilidade de fácil acesso virtual dos acervos patrimoniais promovem expansão dos aspectos sensoriais, intelectuais e simbólicos da população. Por um bom exemplo é o projeto Tainacan, que intensifica a busca de melhorias para os museus, conforme se pode verificar no fragmento abaixo:

> A aplicação Tainacan consiste na evolução de solução desenvolvida para ambiente WordPress, apresentada como "plataforma de repositório flexível e potente", a qual foi customizada para atender às necessidades de inventário e catalogação dos acervos museológicos do Ibram, bem como a difusão dessas coleções na internet. A solução tecnológica é oferecida aos museus do Ibram na modalidade SaaS (Software como Serviço), ou seja, a aplicação e os dados sobre os acervos dos museus, incluindo os arquivos de imagem e audiovisual, ficam hospedados nos servidores do Ibram. Também o processo de requalificação e migração das bases antigas para o novo modelo de dados, baseado no Inventário Nacional de Bens Culturais Musealizados (INBCM), é resultado de esforço das equipes da Coordenação Geral de Sistemas de Informação Museal (CGSIM/Ibram) e dos especialistas da UFG junto aos técnicos dos museus. (IBRAM, 2019, p. 1).

As tecnologias aplicadas no projeto Tainacan fomentam os conhecimentos culturais, históricos e potencializam o aprimoramento do sistema sensorial na formação humanística e sociocultural de cada indivíduo. A partir dessas relações, o Sistema de Informação Museal enriquece e proporciona a reafirmação da cultura e da cidadania[259], pois desenvolve conhecimento e instiga a percepção de pertencimento da população com os patrimônios. Promover o respeito entre culturas na sociedade, impulsiona os discursos democratizantes sobre temas diversos dentro dos museus, e possibilitando fruição artística sociocultural entre as instituições.

---

instituições museológicas e culturais de todo país, difundindo as diversas manifestações e referências culturais, promovendo o acesso à produção simbólica e à diversidade cultural dos municípios, criando experiências significativas aos visitantes. (IBRAM, 2019, p. 1).

259 A cidadania plena é o primeiro fator de proteção e imortalidade da história de uma nação e vice-versa. É por meio dos cidadãos que a história é vivida e recontada. Não há patrimônio histórico onde não há cidadania. Temos que observar também que o entrelaçamento do patrimônio histórico com a cidadania é relação contínua, trabalhada e vivida a cada dia. Os bens culturais são elementos vivos e dinâmicos e a luta por essa convivência deve ser permanente e reconstruída a cada geração para que não se perca o direito/dever de todos a sua história, aos seus antepassados, ao legado deixado e aos sentimentos envolvidos. (CUSTÓDIO, LIMA, 2015, p.13).

Essas interações e funções disponibilizadas nos museus vinculados ao Ibram favorecem o uso de informações e dados para a proteção de objetos[260] e acervos documentais históricos, pois garantem a preservação de arquivos de imagem e audiovisuais de gerações passadas e presentes. Importante destacar que os acervos são arquivados em banco de dados e considerados patrimônios culturais.

A disponibilização dos acervos culturais facilita o acesso para a população visualizar e conhecer imagens, documentos e artefatos de culturas diversas. Nesse viés, a tecnologia é customizada para atender, com eficiência, às necessidades de gestão de inventário, registro, divulgação e catalogação dos acervos museológicos do Ibram, ampliando centros de multimídias de museus, teatros, cinematecas, bibliotecas e favorecendo experiências e pesquisas socioculturais.

Com a utilização das tecnologias nos museus tradicionais e museus virtuais, promove-se a ampliação e a divulgação de conhecimentos anteriormente inacessíveis à população, como afirma Scheiner (2013):

> Museus tradicionais transformam-se em espaços multifacéticos, atuam como 'máquinas de simulação' onde o objeto se vê relativizado pela pluralidade de formas, sons, cores e imagens que transformam cada exposição num acontecimento. Delineia-se também uma nova - e inusitada - face do museu: a face 'virtual', apenas possível de existir na tela do computador, na interseção das redes comunicacionais. Esta nova face irá configurar um novo modelo - o museu virtual/digital, que é pura linguagem, e que se constitui no cruzamento entre criação e informação. O museu virtual/digital (o verdadeiro 'novo' museu) comprova que é possível representar (e interpretar) o mundo sem a presença do que se convencionou chamar 'objeto de museu': parcela da natureza ou coisa fabricada pelo homem. Esse museu, que se institui na passagem do século XX para o XXI, é a mais legítima representação dos universos perceptuais do homem contemporâneo: desterritorializado (habita o universo digital), intemporal (existe apenas no presente), imaterial, fugaz, pode constituir-se pela presentificação imagética de um real externo ao homem ou das sensações do museu interior; e porque não tem modelo fixo, recria-se continuamente, segundo a vontade de seus criadores. (SCHEINER, 2013. p.14, 15).

[260] Conhecer o passado pelos objetos expostos em um museu histórico permite estabelecer algumas relações aparentemente não evidentes. Se observarmos os objetos no museu e aprendermos a ler esses objetos, podemos refletir sobre nossa vida e sobre os objetos que nos cercam na vida cotidiana. Há uma história na materialidade das coisas, como por exemplo, no mobiliário do museu, nas vestimentas, relógios e outros objetos que podem gerar comparações com seus usos, materiais e funções no tempo. Assim, podemos partir do que é familiar para o que nos é estranho e que se encontra nos museus. (VALENTE, 2020, p.26).

Logo, de acordo com as características proporcionadas pela nova face de configuração dos museus para disponibilizar conteúdos culturais digitalmente, constata-se que essas interações auxiliam a criação de ações educativas[261] para a valorização das manifestações e liberdades artísticas. "Os museus apresentam diferentes culturas e recebem públicos variados para os quais desenvolvem ações educativas." (ELAZARI, 2009, p.338). Nesse contexto, a utilização das plataformas digitais dos museus se tornou primordial para ampliar e resgatar as expressões culturais desconhecidas ou deterioradas por desastres, como incêndios.

Em relação ao monitoramento, proteção e interação digital em museus, destaca-se o projeto "SalvaGuarda Digital[262] " implantado no Museu de Arte Contemporânea da cidade de Niterói (RJ), que será expandido para o museu Antônio Parreiras, no Rio de Janeiro, considerado o primeiro museu de arte do Estado. Existe também o projeto do tour virtual "Descubra o Museu Nacional[263]" (Google Arts e Cultura). Nessa inovação tecnológica foram selecionadas as

[261] O que é ação educativa? E mediação? Ação educativa é o planejamento de atividades para uma determinada exposição. Mediação é a ação que possibilita melhor fruição do espaço cultural. Quando se estuda Museologia ou Artes Visuais existe uma disciplina chamada "Ação Educativa" que trata do planejamento de ações, atividades, conteúdos que poderão ser explorados em uma exposição. Ao planejar a exposição, o curador ou responsável já pensa que ações serão essas. Nesse plano, o curador pensa na acessibilidade, além de outros itens, que incluem os públicos com deficiências visuais, motoras, assim como o público infantil. (VALENTE, 2020, p. 22).

[262] Diante deste cenário e buscando soluções, o Instituto Brasileiro de Direitos Culturais (IBDCult) foi um dos selecionados pelo Matchfunding BNDES+ Patrimônio Cultural, apresentando o projeto "Salvaguarda Digital: Passaporte Ingá-Boa Viagem", cuja proposta é direcionada para o desenvolvimento de um game capaz de mudar a forma de relacionamento com os patrimônios culturais da cidade e os seus territórios, sugerindo circuitos de visitação e interações por meio de realidade aumentada. O jogo eletrônico buscará mudar a forma de se relacionar com os patrimônios culturais, seus territórios e o entorno, convidando o usuário a não somente conhecer, mas sobretudo interagir com os patrimônios materiais dos bairros da Boa Viagem, São Domingos e Ingá, em Niterói (RJ), de uma forma híbrida e fruída, tanto física quanto virtualmente, capaz de enfrentar os desafios impostos pela pandemia, bem como auxiliar esses espaços no momento de retomada pós-pandemia. (ABGC, 2021, p. 1).

[263] O Museu Nacional é a instituição de história natural mais antiga do Brasil fundada em junho de 1818 pelo rei D. João de Portugal, e Algarve. Originalmente era chamado de Museu Real pois quando a família real migrou para, todo o seu império foi transferido, tornando Portugal e Algarve parte do Reinaldo do Brasil. Logo depois todo, o museu foi usado para estimular a pesquisa científica no reinado. (ARTSANDCULTURE, 2020, p.1).

principais obras da coleção do museu para que o público acesse virtualmente e conheça a instituição, mesmo depois que o Museu Nacional[264] no Rio de Janeiro sofreu um incêndio nas suas instalações elétricas, no ano de 2018.

Não obstante às interações da tecnologia, aplicativos e plataformas digitais na busca para favorecer a divulgação, proteção, manutenção e fiscalização de museus, teatros, cinematecas, entre outras instituições, é possível observar descaso com instituições nos Estados brasileiros. Um exemplo desse descaso é o Estado de Minas Gerais, onde a negligência do poder público tem contribuído com irregularidades e ilegalidades no setor cultural, conforme afirmam Oliveira e Costa (2019):

> Quase 80% dos museus mineiros têm irregularidade no sistema de prevenção de incêndios. Levantamento do Ministério Público aponta que 289 dos 367 estabelecimentos não tiveram os projetos de segurança aprovados pelos bombeiros. Ausência de rotas de fuga, falta de extintores adequados e instalações elétricas fora dos padrões são os principais problemas encontrados. (OLIVEIRA; COSTA 2019. p. 1).

Observa-se que para evitar a depredação das instituições culturais, o Estado deve promover, com urgência, a reavaliação e priorização de ações eficazes para conservar e proteger os patrimônios culturais contra incêndios e outras deteriorações constantes. "A ausência de sistemas adequados de combate a incêndios já levou diversos bens culturais edificados a serem consumidos parcial ou inteiramente pelo fogo em Minas Gerais". (ECOLÓGICO, 2019, p.1). Diante disso, é perceptível que a utilização tecnológica auxilia na execução de

---

[264] Vinculado à Universidade Federal do Rio de Janeiro (UFRJ), O Museu Nacional vivia há décadas em situação financeira precária. Mas ela vinha se agravando com redução do orçamento da UFRJ – que caiu de R$ 450 milhões em 2016 para R$ 388 milhões no ano de 2018, segundo a instituição. Dez de suas 30 salas estavam fechadas. No ano passado, uma das salas, que exibia um dinossauro, ficou interditada em decorrência de uma infestação de cupins. Uma campanha de financiamento coletivo foi realizada e arrecadou R$ 50 mil para reformá-la – ela havia sido reaberta em junho. Segundo o museólogo Wagner William Martins, diretor-adjunto de administração da instituição, as verbas para a manutenção prometidas pela UFRJ- destinadas a despesas como material de consumo, de lâmpadas a papel higiênico, e pequenos consertos – estacionara na casa dos R$ 520 mil nos últimos três anos. "Esses recursos, definidos no orçamento da universidade, eram repassados em três parcelas ao longo do ano. Mas nos últimos dois anos houve contingenciamento de verbas do governo federal e só foram liberadas as duas primeiras, o total de pouco mais de R$ 300 mil". A administração buscava canalizar o dinheiro curto para atender emergências e gastos considerados prioritários. (MARQUES, 2018, p. 23).

prestação de serviços, para rastrear, esclarecer, detectar avarias e melhorar a praticidade em investigações, bem como facilita a tomada de decisão na gestão dentro dos museus, teatros, entre outras instituições.

É fundamental impulsionar o desenvolvimento de ações de segurança na gestão e administração prática dos patrimônios culturais, sendo essencial para a manutenção, a realização de reparos nas instalações elétricas e contínuo monitoramento, com dispositivos tecnológicos. Essas tecnologias favorecem a melhoria do funcionamento de sistemas contra incêndios, epidemias de insetos e degradações que possam deteriorar os patrimônios.

Nesse viés preservacionista, os dispositivos tecnológicos favorecem também o resgate e a publicação de arquivos linguísticos, como de comunidades indígenas[265], pois os quais são disponibilizados em plataformas digitais dos museus e instituições. Sob esse sentido, os Estados e municípios precisam ser incisivos na execução de ações responsáveis, disponibilizando investimentos econômicos e estruturais para os órgãos realizarem atividades de proteção dos patrimônios culturais, como destaca Campos (2015):

> É preciso que se proteja o patrimônio cultural não com imposições verticais, de cima para baixo; é necessário que se vincule a população envolvida com o patrimônio, já que o sentimento de pertencimento refere-se a esse grupo e é ele o produtor de determinado saber; é ele que se expressa de determinada forma; é esse grupo que se apropria de determinado lugar como símbolo de cultura. Portanto, é atribuição de valor dada por uma coletividade a um determinado bem que o legitima como patrimônio cultural e não as determinações de órgãos estatais ou simplesmente disposição legislativas. (CAMPOS, 2015, p.25,26).

265 Nas terras dos indígenas Yawalapiti, no Alto Xingu, fala-se kalapalo, kamaiurá e kuikuro. O próprio yawalapiti, a língua original da etnia, sobrevive hoje na voz de apenas três homens, todos já em torno dos 70 anos. O mais velho, Aritana, 76, é o cacique da tribo. Quem trabalha para revitalizar o idioma é seu filho, Tapí Yawalapiti, 43, mestrando em linguística na Universidade de Brasília (UnB). Ele agora tem ao alcance o mais completo estudo descritivo já publicado sobre a língua, feito há mais de 40 anos e recuperado pelo Museu Nacional, no Rio de Janeiro. É o primeiro extenso trabalho de resgate e publicação de um arquivo linguístico indígena da instituição após o incêndio de setembro de 2018, que destruiu quase todo o seu acervo, então o quinto maior do mundo em número de peças. Estima-se que o museu guardasse 20 milhões de itens, entre diversas áreas. Escritos entre 1976 e 1977, os cadernos de campo, agora digitalizados, trazem a caligrafia original da época, fotografada e colorida. São 2.762 entradas, com vocabulários e expressões yawalapiti, transcritos em um sistema fonético, que abrangem temas como corpo, indumentária, animais, ambientes da casa, festas e rituais. (COSTA, 2020, p. 1).

Essa vinculação entre a população e a cultura contribui com a reestruturação de proteções e preservações dos patrimônios, refletindo na reafirmação de suas tradições, costumes e manifestações culturais como arte. Isso acontece porque os patrimônios culturais e a arte demonstram representatividade sociocultural e histórica, bem como constroem diálogos e expansão de memórias que são transmitidas no tempo e no espaço.

As autoridades vinculadas ao Estado, por sua vez, têm o dever de fomentar o bem-estar sociocultural para toda a coletividade, pois os patrimônios, museus, teatros, cinematecas e outras instituições, quando são preservadas e restauradas, proporcionam melhorias nas condições de lazer e atrativo cultural. Para tanto, é essencial o desenvolvimento de ações de educação patrimonial para a sociedade, como esclarece o órgão IPHAN:

> A Educação Patrimonial constitui-se de todos os processos educativos formais e não formais que têm como foco o patrimônio cultural, apropriado socialmente como recurso para a compreensão sócio-histórica das referências culturais em todas as suas manifestações, a fim de colaborar para seu reconhecimento, sua valorização e preservação. Considera-se, ainda, que os processos educativos devem primar pela construção coletiva e democrática do conhecimento, por meio da participação efetiva das comunidades detentoras e produtoras das referências culturais, onde convivem diversas noções de patrimônio cultural. (IPHAN, 2019, p.1).

Os patrimônios e instituições possuem importância fundamental, pois impulsionam a educação patrimonial, em conjunto com as tecnologias. À vista disso, percebe-se que os projetos e processos educativos desenvolvidos nas instituições, mesmo de forma virtual, estabelecem e fortalecem as manifestações culturais e expressões artísticas, que são democráticas.

Nota-se que ocorreu ampliação de conhecimentos socioculturais disseminados em projetos que utilizam as tecnologias nos centros de mídias em comunidades indígenas e ribeirinhas no Estado do Amazonas[266].

[266] O projeto leva internet, TV, câmeras, microfones e outros equipamentos necessários para interatividade a locais isolados do Estado do Amazonas, chegando a comunidades ribeirinhas e indígenas, onde há poucos alunos e não há professores especializados ou infraestrutura adequada para aulas regulares. São atendidos estudantes do 6º ano do ensino fundamental ao 3º do ensino médio regular e também de Educação de Jovens e Adultos (EJA), sempre à noite, por causa da disponibilidade dos espaços, cujo uso muitas vezes é dividido com os municípios. "O projeto trouxe motivação, tem muita gente aqui que há muito tempo não estudava. Temos professores que estudaram pelo (Centro de Mídia) e hoje estão dando aula aqui na comunidade", disse o professor de Parintins Ivan Teixeira pelo sistema de interatividade. Teixeira é um dos professores que acompanham os alunos no local onde estão – ele cuida dos equipamentos para a transmissão e é responsável pela aplicação de provas e exercícios e ajuda os alunos em qualquer dificuldade. (TOKARNIA, 2015, p. 1, 2).

Essas comunidades adquiriram facilidades para se proteger e melhorar suas relações, bem como para divulgar histórias culturais e garantir a sua sobrevivência.

Essas relações que envolvem a preservação das comunidades e patrimônios são fortalecidas por meio de ações de proteção com empreendimentos necessários, por exemplo, a construção do observatório de Torre Alta da Amazônia,[267] o centro de educação tecnológico do Amazonas (CETAM), o centro de mídia[268] e feiras tecnológicas que acontecem na cidade de São Sebastião do Uatumã. Esses empreendimentos e instituições proporcionam progresso para a comunidade local, seja para adquirir novos conhecimentos e informações, entre outros benefícios socioculturais.

As interações tecnológicas, junto ao ambiente cultural, ajudam a valorizar, restabelecer e promover difusão de culturas, pois não podem ser apagadas ou esquecidas. Por isso o Estado necessita proporcionar melhor inclusão digital com fácil acesso para comunidades, pois as tecnologias ajudam a garantir o exercício da cidadania.

---

[267] Brasil e Alemanha celebraram neste sábado (22 agos. 2015) a inauguração do Observatório de Torre Alta da Amazônia (ATTO, na sigla em inglês), estrutura de 325 metros instalada na Reserva de Desenvolvimento Sustentável do Uatumã, entre os municípios de São Sebastião do Uatamã (AM) e Itapiranga (AM), a cerca de 150 quilômetros (km), em linha reta, de Manaus. O empreendimento, segundo o ministro da Ciência, Tecnologia e Inovação, Aldo Rebelo, é uma grande conquista para ciência mundial. A Torre Alta ampliará o campo de pesquisa e o entendimento da interação entre a biosfera e a atmosfera. Equipada com sensores e radares a laser em diferentes alturas para medições do solo – como quantidade de água, temperatura e umidade –, do ar acima e abaixo da copa das árvores, além de estudar o fluxo de vapor d'água e de aerossóis (partículas sólidas e líquidas em suspensão) importantes para a formação de nuvens, o Observatório transmite os dados para os laboratórios do Instituto Nacional de Pesquisas da Amazônia (Inpa/MCTI) e dos institutos Max Planck de Química e Biogeoquímica, responsáveis pela implementação do projeto. (INPA, 2015, p. 1).

[268] O Centro de Mídias recebeu prêmios nacionais e internacionais. Desde a criação, em 2007, os serviços ofertados se ampliaram e, atualmente, as aulas chegam também à capital e podem ser acessadas por smartphones. Os alunos podem acessar aulas de reforço e até mesmo testar os conhecimentos. Na véspera do Exame Nacional do Ensino Médio (Enem), foi disponibilizado um simulado por Whatsapp. A estrutura consiste em sete estúdios que transmitem aulas para os 62 municípios do Amazonas, via satélite. "Não é uma educação à distância, em que apenas os professores falam. É um ensino presencial mediado por tecnologia", explicou Rossieli da Silva. Os professores são avaliados anualmente. "Somos rigorosos, qualquer erro, chega a 5 ou 7 mil estudantes", destacou. (TOKARNIA, 2015, p.2).

Por fim, as diretrizes para a proteção e preservação do ambiente cultural e seus patrimônios precisam ser reestruturadas e reformuladas para o bem comum de cada localidade. Nota-se que os fomentos destinados à área cultural e às novas tecnologias precisam ser contínuos, pois são áreas essenciais que influenciam na construção do progresso da população.

8

CONSIDERAÇÕES FINAIS

Na reflexão que envolve os patrimônios, a cultura e o ambiente cultural, constata-se que essas áreas possuem importância indispensável na formação humanitária da sociedade, impulsionando o desenvolvimento do exercício da cidadania, da efetivação de direitos culturais e estimulando a formação ética e moral de cada indivíduo.

O setor cultural ainda ocupa uma posição secundária no Brasil, bem como não alcançou o devido reconhecimento para ser valorizado com as políticas públicas de governo, e sua gestão geralmente possui baixos orçamentos para fomentar as demandas dos diversos setores culturais e artísticos. É necessário reconhecer e desenvolver o potencial criativo da cultura e da arte como instrumento motriz aliado às tecnologias e inovações para reafirmação das relações socioculturais e ampliação de direitos culturais. A cultura, a arte e manifestações culturais são instrumentos que instigam a produção das comunicações e conhecimentos.

Observa-se que as interações tecnológicas e o meio digital vêm sendo utilizados como forma de proteção, preservação, valorização e resgate de culturas e modos de vida, no Brasil contemporâneo. De fato, a sociedade se desenvolve amparada pela utilização das inovações tecnológicas, pois se mostram mecanismos que influenciam na democratização, capazes de proporcionar melhorias na fiscalização, monitoramento, na geração de fomentos no setor cultural, possibilitando ampla divulgação dos bens, instituições e das manifestações culturais.

Nesse sentido, com os objetivos específicos propostos na pesquisa, buscou-se compreender os conceitos de cultura, ambiente cultural, patrimônio cultural, ambiente digital, cibercultura e ciberespaço, bem como se certificou que essas áreas estão interligadas entre si, pois a dinamicidade, expansão e uso constante das tecnologias levam a diversas interações e trocas de conhecimentos, experiências que são necessárias para fortalecer as relações socioculturais.

Por conseguinte, deve-se destacar que o direito ao acesso à cultura, ao ambiente cultural e relações socioculturais desenvolvidas com as tecnologias vinculadas no ambiente digital necessitam ser tuteladas de forma adequada e com eficácia, na aplicação dos dispositivos jurídicos do ordenamento brasileiro. É fundamental que haja planejamentos, elaborações, implementações minuciosas para que todos os processos de proteção e segurança tenham efetiva aplicação das leis na sua integridade, possibilitando a ampliação da efetivação para sanar as degradações contra os patrimônios e conflitos socioculturais expostos nos meios digitais.

Mesmo com as facilidades, acessos e interações tecnológicas que objetivam a proteção dos patrimônios e do meio cultural, existem diversos descasos, abandonos, vandalismo, déficits na manutenção e conservação dos bens. Verificou-se falta de priorização das autoridades nos âmbitos federal e estadual para estimular a preservação e revitalização dos patrimônios culturais brasileiros, bem como para investir nas produções dos setores culturais, como nos museus, teatros, cinemas, pinacotecas, entre outras instituições.

Indubitavelmente, as dificuldades e precariedades na disponibilização de verbas para investir, manter e promover os patrimônios e o setor cultural são um dos maiores desafios a ser superado, mesmo com as leis de incentivo à cultura. É fundamental buscar o aprimoramento das leis, para que sejam adequadas à realidade local. Imprescindível a reestruturação de normas que orientem com eficácia prática a atuação do gestor público, órgãos e instituições do Poder Executivo para acontecer melhor cumprimento de suas obrigações e se evitem riscos e danos aos patrimônios.

Nesse segmento, verifica-se a necessidade de articulação e comunicação sistêmica céleres entre as três esferas governamentais (federal, estadual e municipal) para prevenir ou solucionar conflitos no ambiente cultural, as quais poderiam promover a reconstrução e reorganização de áreas técnicas que envolvem os setores dos patrimônios e instituições.

Dessa forma, constata-se a falta de desenvolvimento sustentável não exercido pela administração pública e o setor de gestão no ambiente cultural brasileiro. Também se evidencia a inefetividade desse pressuposto, quando deveria ocorrer uma junção da preservação ambiental, do crescimento econômico e da equidade social. Junto a essas características do desenvolvimento sustentável, a gestão cultural precisa ser eficiente e de boa qualidade, capaz de combater os riscos e danos que recaem contra os patrimônios e as relações socioculturais. Nesse aspecto da gestão cultural, quando interligada com a utilização das tecnologias e o ambiente digital, proporcionam ações preservacionistas de forma eficiente, influenciando na consolidação do desenvolvimento sustentável nas instituições e expansão dos processos produtivos culturais.

Nota-se que as políticas públicas de cultura com certeza são base fundamental para exigir do Poder Público uma atuação na área cultural, de forma inclusiva, proativa e participativa. Não obstante, lideranças políticas negacionistas desqualificam as instituições e profissionais da área cultural, provocam incitações de violências com discurso de ódio e intolerância contra a liberdade de expressão artística. A partir dessa constatação, os órgãos protetores do setor cultural precisam ser estruturados e fortalecidos em todas as suas áreas, para apoiar incisivamente e unir instituições, criando parcerias, implementando planos, programas e projetos para o bem comum da coletividade. Mas é preciso alcançar objetivos a médio e longo prazo para atingir progresso na proteção dos patrimônios, inclusive facilitando e democratizando o acesso aos bens culturais, bem como os tornando reconhecidos e valorizados de forma ampla na sociedade.

Diante dessas vinculações, um dos fatores essenciais para promover o progresso na preservação, valorização dos bens e manifestações artísticas é o investimento em ações práticas fundamentadas na educação patrimonial. Esta, por sua vez, é um instrumento de base para a população aprender a proteger os patrimônios e garantir a expansão da liberdade de expressão artística, pois com as interconexões dos dispositivos tecnológicos viabilizam-se e se ampliam as práticas educacionais. É preciso incentivar a população e o educando a ter curiosidade, desejo de conhecer e conviver interagindo presencial ou virtualmente com os bens e práticas culturais, enquanto patrimônio coletivo. Considera-se necessário apropriar se dos bens enquanto recursos que aprimoram as relações socioculturais e criam bem-estar na qualidade de vida, pois contribuem para o enriquecimento do cidadão.

Deve-se considerar que a preservação do patrimônio cultural é um processo de educação e a população deve se desenvolver reconhecendo a importância dos bens e espaços culturais, compostos de simbolismo com valor afetivo e refletem na formação da identidade e memória cultural. Nesse processo, educadores, produtores e agentes culturais instigam a capacidade de liderança e participação da população na tomada de decisões que se refere às relações no ambiente cultural, pois demonstram que a cultura, a arte são fatores indispensável a ser promovidas na agenda política brasileira.

Por todos esses elementos, entende-se que o objetivo geral do trabalho foi alcançado, ao se demonstrar, com a devida fundamentação, que as proteções do direito ao acesso à cultura, dos patrimônios e do meio ambiente cultural, e as relações com os meios digitais das tecnologias de informação são instrumentos de valorização, preservação e disseminação das manifestações culturais, no século XXI, no Brasil. É preciso considerar que o progresso das inovações tecnológicas tem provocado a difusão da consciência preservacionista no ambiente cultural, mas para que haja expansão de ações com eficácia devem ser cumpridas as obrigações do Poder Público e da sociedade. Ao final, destaca-se que o Direito precisa evoluir em relação à tutela das necessidades culturais da sociedade, devendo se atualizar a cada geração, diante do crescimento das relações socioculturais interligadas com novas tecnologias.

REFERÊNCIAS

ABGC. Associação Brasileira de Gestão Cultural. **Salvaguarda Digital:** Passaporte Ingá-Boa Viagem. Disponível em: https://www.abgc.org.br/salvaguarda-digital-passaporte-inga-boa-viagem/. Acesso em: 3 abr. 2021.

ABRA. Academia Brasileira de Arte. **Quais são as 7 artes?** São Paulo. Disponível em: https://abra.com.br/artigos/quais-sao-as-7-artes/. Acesso em: 20 mai. 2020.

ABRUSIO, Juliana (Coord.). **Os limites da liberdade de expressão na internet.** Educação digital. São Paulo: Editora Revista dos Tribunais, 2015, 107-121 p.

AIC. Academia Internacional de Cinema. **A História do Cinema Brasileiro.** São Paulo, 26 fev. 2019. Disponível em: https://www.aicinema.com.br/a-historia-do-cinema-brasileiro/. Acesso em: 15 nov. 2020.

ALVES, Marco Antônio. **A cibercultura e as transformações em nossa maneira de ser, pensar e agir.** Juventude e cultura digital: diálogos interdisciplinares. Belo Horizonte: Artesã, 2017. p. 244.

ARAGÃO, Alexandra. Direito Constitucional do Ambiente da União Europeia. *In*:CANOTILHO, José Joaquim Gomes. **Direito constitucional ambiental brasileiro**. 4 ed. São Paulo: Saraiva, 2011.

ARAÚJO, Felipe. **Regionalismo.** Infoescola. Disponível em: https://www.infoescola.com/cultura/regionalismo/. Acesso em: 10 mai. 2021.

ARENDT, Hanna. **Sobre a violência.** Tradução André de Macedo Duarte. 2° ed. Rio de Janeiro; Civilização Brasileira, 2010. p.166.

ARRUDA JUNIOR, Pedro; NEPOMUCENO, Gianno Lopes; O (des)equilíbrio da biodiversidade na Lagoa da Pampulha (Belo Horizonte/MG): A interação homem x animal como fator de risco perante a invasão de espécies silvestres no campo urbanizado. *In*: BIZAWU, Sébatien Kiwonghi (Org.). **O direito dos animais na contemporaneidade: proteção e bem-estar animal.**. Intituto Mémória- Centro de Estudos da contemporaneidade. 2015, 350p.

ARTLUVEXPERIENCE. Arte Louvre Experiência. **Festival de Arte e Disrupção de 06 a 30 de agosto 2020**. Disponível em: https://artluvexperience.com.br/ . Acesso em: 21 agos. 2020.

ARTSANDCULTURE. **Descubra o Museu Nacional**. Faça um tour virtual das principais obras de sua coleção.Google Arts and Cultture. Disponível em: https://artsandculture.google.com/exhibit/descubra-o-museu-nacional/5gJywQA_-ABfJw?hl=pt. Acesso em: 1 jun. 2020.

ÁVILA, Humberto. **Teoria dos Princípios:** da definição à aplicação dos princípios jurídicos. São Paulo: Malheiros Editores, 2009. 195 p.

BARBOSA, Felipe; BAZZO, Jéssica. **Digital LAB/UFG é inaugurado com palestra de Mário Moutinho (Portugal).** Digitalal lab, Universidade Federal de Goais. Goiânia, 15 maio 2021. Disponível em: https://digitallab.ufg.br/n/141985-digital-lab-ufg-e-inaugurado-com-palestra-de-mario-moutinho-portugal. Acesso em: 25 mai. 2021.

BARROS FILHO, Clóvis de; PERES NETO, Luiz. Éticas em rede: pautas para a luta contra a pornografia infantil e os delitos de ódio nos sites de redes sociais. *In*: **Crimes cibernéticos**. 2ª Câmara de Coordenação e Revisão, Criminal. – Brasília : MPF 2018. 275 p. – (Coletânea de artigos ; v. 3) Disponível em: http://www.mpf.mp.br/atuacao-tematica/ccr2/coordenacao/eventos/civ-2019/coletaneas-de-artigos/coletanea_de_artigos_crimes_ciberneticos.pdf/view. Acesso em: 10 mai. 2021.

BISCHOFF, James L.. A Proteção Internacional do Patrimônio Cultural. **Cadernos do Programa de Pós-Graduação em Direito – PPGDir./UFRGS**, Porto Alegre, v. 2, n. 5, ago. 2014. ISSN 2317-8558. Disponível em: <https://seer.ufrgs.br/ppgdir/article/view/49545/30963>. Acesso em: 14 jun. 2021. doi:https://doi.org/10.22456/2317-8558.49545. Acesso em: 17 mar. 2021.

BITTAR, Eduardo Carlos Bianca. Direito, Internet e Participação Democrática. In: BITTAR, Eduardo Carlos Bianca. **Curso de Filosofia do Direito**. 13° ed. São Paulo: Atlas, 2015.734 p.

BRASIL. **Lei nº 6.292, de 15 de dezembro de 1975**. Dispõe sobre o tombamento de bens no Instituto do Patrimônio Histórico e Artístico Nacional (IPHAN). Brasília: Câmara dos deputados, 1975. Disponível em: https://www.planalto.gov.br/ccivil_03/leis/1970-1979/l6292.htm. Acesso em: 2 abr. 2021.

BRASIL. **Lei n° 5.471, de 9 de julho de 1968**. Dispõe sobre a exportação de livros antigos e conjuntos bibliográficos brasileiros. Brasília: Câmara dos deputados, 1968. Disponível em: http://www.planalto.gov.br/ccivil_03/leis/l5471.htm. Acesso **em: 6 abr. 2021.**

BRASIL. **Decreto nº. 72.312, de 31 de maio de 1973**. Promulga a Convenção sobre as Medidas a serem Adotadas para Proibir e impedir a Importação, Exportação e Transportação e Transferência de Propriedade Ilícitas dos Bens Culturais. Brasília: Câmara dos deputados, 1973. Disponível em: http://www.planalto.gov.br/ccivil_03/decreto/1970-1979/D72312.html. Acesso em: 18 set. 2021.

BRASIL. **Decreto - Lei nº 25 de 30 de novembro de 1937**. Organiza a proteção do patrimônio histórico e artístico nacional. Brasília: Câmara dos Deputados, 1937. Disponível em: http://www.planalto.gov.br/ccivil_03/decreto-lei/del0025.htm. Acesso em: 22 mar. 2021.

BRASIL. **Lei nº 4.845, de 19 de novembro de 1965**. Proíbe a saída, para o exterior, de obras de arte e ofícios produzidos no país, até o fim do período monárquico. Brasília: Câmara Dos Deputados, 1965. Disponível em: http://www.planalto.gov.br/ccivil_03/leis/l4845.htm. Acesso em: 5 set. 2020.

BRASIL. **Lei nº 8.029, de 12 de abril de 1990.** Dispõe sobre a extinção e dissolução de entidades da administração Pública Federal, e dá outras providências. Brasília: Câmara dos Deputados, 1990. Disponível em: http://www.planalto.gov.br/ccivil_03/leis/l8029compilada.htm. Acesso em: 5 abr. 2020.

BRASIL. **Lei nº 8.313 de dezembro de 1991**. Lei de Incentivo à Cultura. Brasília. Câmara dos Deputados, 1991. Disponível em: http://www.planalto.gov.br/ccivil_03/leis/l8313cons.htm#:~:text=LEI%20N%C2%BA%208.313%2C%20DE%2023%20DE%20DEZEMBRO%20DE%201991.&text=Restabelece%20princ%C3%ADpios%20da%20Lei%20n,Pronac)%20e%20d%C3%A1%20outras%20provid%C3%AAncias. Acesso em: 4 nov. 2020.

BRASIL. **Lei nº 8.113, de 12 de dezembro de 1990**. Dispõe sobre a natureza jurídica do Instituto Brasileiro do Patrimônio Cultural - IBPC e da Biblioteca Nacional. Disponível em: http://www.planalto.gov.br/ccivil_03/leis/1989_1994/l8113.htm. Acesso em: 4 abr. 2021.

BRASIL. **Decreto nº 6.844, de 7 de maio de 2009**. Aprova a Estrutura Regimental e o Quadro Demonstrativo dos Cargos em Comissão e das Funções Gratificadas do Instituto do Patrimônio Histórico e Artístico Nacional - IPHAN, e dá outras providências. Brasília: Câmara dos Deputados, 2009. Disponível em: https://www2.camara.leg.br/legin/fed/decret/2009/decreto-6844-7-maio-2009-588075-publicacaooriginal-112145-pe.html. Acesso em: 7 abr. 2021

BRASIL. Lei nº 9.605, de 12 de fevereiro de 1998. **Dispõe sobre as sanções penais e administrativas derivadas de condutas e atividades lesivas ao meio ambiente, e dá outras providências.** Disponível em: http://www.planalto.gov.br/ccivil_03/leis/l9605.htm. Acesso em: 20 jan.2020.

BRASIL. [Constituição (1988)]. **Constituição da República Federativa do Brasil.** Brasília, 1988. Disponível em: http://www.planalto.gov.br/ccivil_03/constituicao/constituicao.htm. Acesso em: 19 ago. 2019.

BRASIL. **Lei nº 12.965, de 23 de abril de 2014.** Estabelece princípios, garantias, direitos e deveres para o uso da Internet no Brasil. Disponível em: http://www.planalto.gov.br/ccivil_03/_ato2011-2014/2014/lei/l12965.htm. Acesso em: 12 nov. 2019.

BRASIL. Lei nº 13.709, de 14 de agosto de 2018. **Lei Geral de Proteção de Dados Pessoais (LGPD).** Disponível em: http://www.planalto.gov.br/ccivil_03/_ato2015-2018/2018/lei/L13709.htm. Acesso em: 12 nov. 2019.

BRASIL. **Lei nº 8.313, de 23 de dezembro de 1991. Restabelece princípios da Lei nº 7.505, de 2 de julho de 1986, institui o Programa Nacional de Apoio à Cultura (Pronac) e dá outras providências.** Disponível em: http://www.planalto.gov.br/ccivil_03/leis/l8313cons.htm#:~:text=LEI%20N%C2%BA%208.313%2C%20DE%2023%20DE%20DEZEMBRO%20DE%201991.&text=Restabelece%20princ%C3%ADpios%20da%20Lei%20n,Pronac)%20e%20d%C3%A1%20outras%20provid%C3%AAncias. Acesso em: 15 nov. 2020.

BRASIL. **Lei nº 22.944, de 15 de janeiro de 2018. Institui o Sistema Estadual de Cultura, o Sistema de Financiamento à Cultura e a Política Estadual de Cultura Viva e dá outras providências.** Disponível em: http://www.fazenda.mg.gov.br/empresas/legislacao_tributaria/leis/2018/l22944_2018.html. Acesso em: 10 nov. 2021.

BRASIL. **Lei nº 12.343, de 2 de dezembro de 2010**. Institui o Plano Nacional de Cultura - PNC, cria o Sistema Nacional de Informações e Indicadores Culturais - SNIIC e dá outras providências. Brasília, 2010. Disponível em: http://www.planalto.gov.br/ccivil_03/_Ato2007-2010/2010/Lei/L12343.htm. Acesso em: 10 jun.2020.

BRASIL. **Lei nº 12.527, de 18 novembro de 2011**. Regula o acesso a informações previsto no inciso XXXIII do art. 5º, no inciso II do § 3º do art. 37 e no § 2º do art. 216 da Constituição Federal; altera a Lei nº 8.112, de 11 de dezembro de 1990; revoga a Lei nº 11.111, de 5 de maio de 2005, e dispositivos da Lei nº 8.159, de 8 de janeiro de 1991; e dá outras providências. Brasília, 20211. Disponível em: http://www.planalto.gov.br/ccivil_03/_ato2011-2014/2011/lei/l12527.htm. Acesso em: 5 jun.2020.

BRASIL. **Lei nº 9.795, de 27 de abril de 1999**. Dispõe sobre a educação ambiental, institui a Política Nacional de Educação Ambiental e dá outras providências. Brasília, 1999. Disponível em: http://www.planalto.gov.br/ccivil_03/LEIS/L9795.htm. Acesso em: 10 set. 2020.

BUCHINIANI, Rodrigo Guimarães. **Liberdade de expressão artística e o espaço público**: uma interpretação constitucional. 2016. 179 f. Dissertação (Mestrado em Direito) - Pontifícia Universidade Católica de São Paulo, São Paulo, 2016. https://sapientia.pucsp.br/bitstream/handle/7050/1/Rodrigo%20Guimaraes%20Buchiniani.pdf. Acesso em: 14 nov. 2019.

CÂMARA, Fernando Portela. **A 11ª classificação internacional de doenças da OMS.** Psychiatry on line Brasil.Disponível em: https://www.polbr.med.br/2018/07/02/a-11a-classificacao-internacional-de-doencas-da-oms/. Acesso em: 30 mai. 2021.

CAMPOS, Yussef Daibert Salomão de. **Proposições para o patrimônio cultural**. 2º ed. Rio de Janeiro: Lumen Juris, 2015. 221 p.

CÂNDIDO, Manuelina Maria Duarte. **Sobre os sentidos, os tempos e os destinos das coisas. Patrimônios culturais: entre memórias, processos e expressões museais.** Goiânia: Editora Imprensa Universitária, 2017. 195p.

CARVALHO, José Maurício de. **LÉVINAS, Emmanuel. Humanismo do outro homem.** Argumentos – Revista de Filosofia. Argumentos, ano 5, n. 9 - Fortaleza, jan./jun. 2013. Disponível em: http://www.periodicos.ufc.br/argumentos/article/view/19019. Acesso em: 3 nov. 2019.

CASTRO, Claudiana Y. A importância da educação patrimonial para o desenvolvimento do turismo cultural. **Partes**, São Paulo, v. 30, 2006. Disponível em: https://www.ucs.br/site/midia/arquivos/gt5-a-importancia.pdf. Acesso em: 14 jun. 2021.

CASTELLS, Manuel. **A galáxia da internet:** reflexões sobre a internet, os negócios e a sociedade. Rio de Janeiro: Zahar, 2003.

CASTELLS, Manuel. Museus na era da informação: conectores culturais de tempo e espaço. MUSAS - **Revista Brasileira de Museus e Museologia**. V. 1, n.5, p.8-21, 2011. Brasília: Instituto Brasileiro de Museus. Disponível em: https://www.museus.gov.br/wp-content/uploads/2019/07/Musas5.pdf. Acesso em: 2 set. 2020.

CALVACANTE, Fernanda Alanna Machado. Patrimônio cultural no ambiente escolar: um campo interdisciplinar. **Jamaxi**, v. 2, n. 1, 2018.file:///C:/Users//AppData/Local/Packages/Microsoft.MicrosoftEdge_8wekyb3d8bbwe/TempState/Downloads/1715-Texto%20do%20artigo-3976-1-10-20180326%20(1).pdf. Acesso em 10 nov. 2019.

CETIC - Centro Regional de Estudos para o Desenvolvimento da Sociedade da Informação. **Cetic.br lança estudo setorial "TIC Cultura".** Disponível em: https://cetic.br/noticia/cetic-br-lanca-estudo-setorial-tic-cultura/. Acesso em: 20 mar. 2019.

CETIC. Centro Regional de Estudos para o Desenvolvimento da Sociedade da Informação. **"TIC Cultura". Objetivos.** Disponível em: https://cetic.br/pesquisa/cultura/. Acesso em 20 mai. 2019.

CETIC. Centro Regional de Estudos para o Desenvolvimento da Sociedade da Informação. **Pesquisa investiga o uso da Internet para ampliação do acesso à cultura no Brasil.** Disponível em: https://cetic.br/noticia/pesquisa-investiga-o-uso-da-internet-para-ampliacao-do-acesso-a-cultura-no-brasil/?fbclid=IwAR0g9ZCIbWu6ynQs9ipq40g6ToEL791-zDzYiVV9Me0tj3gUofB-3LOc4nM. Acesso em: 20 mar. 2019.

CETIC. Centro Regional de Estudos para o Desenvolvimento da Sociedade da Informação. **Cetic.br lança estudo setorial "TIC Cultura".** Disponível em: https://cetic.br/noticia/cetic-br-lanca-estudo-setorial-tic-cultura/. Acesso em: 20 mar. 2019.

CETIC. Centro Regional de Estudos para o Desenvolvimento da Sociedade da Informação. **"TIC Cultura". Objetivos.** Disponível em: https://cetic.br/pesquisa/cultura/. Acesso em 20 mai. 2019.

CETIC. Centro Regional de Estudos para o Desenvolvimento da Sociedade da Informação. **Pesquisa investiga o uso da Internet para ampliação do acesso à cultura no Brasil.** Disponível em: https://cetic.br/noticia/pesquisa-investiga-o-uso-da-internet-para-ampliacao-do-acesso-a-cultura-no-brasil/?fbclid=IwAR0g9ZCIbWu6ynQs9ipq40g6ToEL791-zDzYiVV9Me0tj3gUofB-3LOc4nM. Acesso em: 20 mar. 2019.

CISCATI, Rafael. **Para preservar cultura, indígenas puri criam centro de memória online.** Brasil de Direitos, 03 set. 2020. Disponível em: https://www.brasildedireitos.org.br/noticias/645-para-preservar-tradies-indgenas-puri-criam-centro-de-memria-online?fbclid=IwAR3Ef_mjjDJ005uV4I8mvVsfI29Fec7VCxWbxK_zXiyP3TP5pbShPgodHXE. Acesso em: 10 set. 2020.

CHAVES, Natália Cristina; FÉRES, Marcelo Andrade. O emprego de tecnologias e inovações no combate à corrupção. In: Leonardo Parentoni. (Coord.) Bruno Miranda Gontijo; Henrique Cunha Souza Lima. **Direito, tecnologia inovação**. Belo Horizonte: Editora D´ Plácido, 2019. p.1007, v.1.

CHRISTOFOLETTI, Rodrigo. **Brasil e Itália nas rotas do tráfico ilícito de bens culturais.** Disponível em: https://casaditaliajf.com.br/2021/04/27/brasil-e-italia-nas-rotas-do-trafico-ilicito-de-bens-culturais/. Acesso em. 5 mai. 2021.

COLOMBO, Cristiano; FACCHINI NETO, Eugênio. Violação dos direitos de personalidade no meio ambiente digital: a influência da jurisprudência europeia na fixação da jurisdição/competência dos tribunais brasileiros. **Civilistica.com**. Rio de Janeiro, a. 8, n. 1, 2019. Disponível em: http://civilistica.emnuvens.com.br/redc/article/view/400. Acesso em: 3 abr. 2021.

COMPUTERWORD. **Mundo de computador**. Estudo destaca potencial da internet para ampliar práticas culturais. Disponível em: https://computerworld.com.br/2017/08/28/estudo-destaca-potencial-da-internet-para-ampliar-praticas-culturais/?fbclid=IwAR3q2seZF_FjlycsQPAM6q6VqxlOlsF3KYUuXx-7SwyxJQ-lbr_DVegYYGU. Acesso em: 20 mar. 2019.

COUTINHO, Ricardo Silva. O meio ambiente digital e a tutela dos bens culturais. **Revista Brasileira de Meio Ambiente Digital e Sociedade da Informação (RBMAD)**, v. 1, n. 1, p. 221-244, jan./jun. 2014. Disponível em: http://www.revistaseletronicas.fmu.br/index.php/rbmad/article/view/355/524. Acesso em: 20 fev. 2020.

COUTINHO, Ricardo Silva. **O meio ambiente digital e a defesa do Patrimônio Cultural Brasileiro.** São Paulo: Editora Fiúza, 2012. v. 01. 326p .

CÓRDULA, Eduardo Beltrão de Lucena; NASCIMENTO, Glória Cristina Cornélio do. Ser humano, cultura e formação social: etnoconhecimento e correlações para formação do sujeito transformador da sociedade. **Educação pública**, 06 mar. 2018. Disponível em: https://educacaopublica.cederj.edu.br/artigos/18/5/ser-humano-cultura-e-formao-social, -etnoconhecimento-e-correlaes-para-formao-do-sujeito-transformador-da-sociedade. Acesso em 15 jan. 2021.

COSTA, Luís. **Com apenas três falantes, língua indígena tem estudo recuperado pelo Museu Nacional.** BBC News, Rio de Janeiro. 19 jun. 2020. Disponível em: https://www.bbc.com/portuguese/brasil-53114568?fbclid=IwAR11YVDm_G4os5-KqIua0mvDLQg9jVyRJ7DBAh6ogFDh1XlUmZFAHmdSfqDc. Acesso em: 19 jun. 2020.

COSTA FIILHO, Nonato. **A participação popular no sistema municipal de cultura como política de preservação.** IBDCult, 30 set. 2020. Disponível em: https://www.ibdcult.org/post/a-participa%C3%A7%C3%A3o-popular-no-sistema-municipal-de-cultura-como-pol%C3%ADtica-de-preserva%C3%A7%C3%A3o. Acesso em: 5 abr. 2021.

CUNHA FILHO, Francisco Humberto. Políticas públicas como instrumental de efetivação de Direitos Culturais. **Sequência**, Florianópolis, n. 77, p. 177-196, 2017. Disponível em: https://www.scielo.br/pdf/seq/n77/2177-7055-seq-77-177.pdf. Acesso em: 12 nov. 2020.

CUSTÓDIO, Maraluce Maria; LIMA, C. C. **Os Sete Povos das Missões, Patrimônio Histórico Interativo: Construindo Identidade, Resgatando a Memória.** *In*: VII Fórum Mestres e Conselheiros, 2015, Belo Horizonte. VII Mestres e Conselheiros - Anais, 2015. v. 1.

CUSTÓDIO, Maraluce M. **Introdução ao direito de paisagem: contribuição ao seu reconhecimento como ciência no Brasil.** Rio de Janeiro: Lumen Juris, 2014. p. 385.

DABUL, Lígia. Museus de grandes novidades: centros culturais e seu público. **Horizontes antropológicos**, v. 14, n. 29, p. 257-278, 2008. Disponível em: https://doi.org/10.1590/S0104-71832008000100011. Acesso em: 12 mai. 2020.

DÍAZ, Alberto Pardo. **Educação ambiental como projeto.** São Paulo: Editora Armed, 2002, 168 p.

DILL, Michelle Amaral. **Educação ambiental crítica: a forma da consciência ecológica.** Porto Alegre: Nuria Fabris. Ed., 2008. 142 p.

DOMICIANO, Fernanda. **Museu de Pesca estimula interação e aprendizado com o uso de tecnologia QR CODE.** Museu de Pesca, Santos. Disponível em: https://www.pesca.sp.gov.br/instituto/centro-de-comunicacao/sala-de-imprensa/1208-museu-de-pesca-estimula-interacao-e-aprendizado-com-o-uso-de-tecnologia-qr-code?fbclid=IwAR0xid9SzE6IVuak9jmOlS1qSuHoQdOeHkuOqdlj8CWK1UwdBlB2hiZArfs. Acesso em: 4 out. 2019.

DRMAD. **Declaração do Rio sobre Meio Ambiente e Desenvolvimento**. Princípios, Rio de Janeiro, jun. 1992. Disponível em: https://cetesb.sp.gov.br/proclima/wp-content/uploads/sites/36/2013/12/declaracao_rio_ma.pdf. Acesso em: 5 ago. 2019.

DUARTE, Adriano; MORAIS, Gisele Albuquerque; RODRIGUES, Marcos Vinícius. **Danos Morais Coletivos ao Patrimônio Cultural provocados pela omissão do Estado: uma reflexão a partir do caso do incêndio no Museu Histórico Nacional.** *In:* Elcio Nacur;

ANDRADE, Renato Campos; ESTANISLAU, Fernanda Netto; VASCONCELOS JUNIOR, Jairo Boy de Responsabilidade Civil por Dano ao Meio Ambiente: diálogos e tendência. RESENDE. Rio de Janeiro: Lumen Juris, 2020. 848p.

ECOLÓGICO. O MP na defesa do patrimônio histórico e cultural brasileiro. **Revista Ecológico,** 5 jun. 2019. Disponível em: http://revistaecologico.com.br/revista/edicoes-anteriores/edicao-117/o-mp-na-defesa-do-patrimonio-historico-e-cultural-brasileiro /?fbclid=IwAR0qKdIfpUyVkrzYoGVRoFIbZJhzwnEgehA2lQ2HRtc-zj0sZ2bXwxg8-gQ. Acesso em: 2 mai.2020.

ELAZARI, Judith Mader. Ação educativa em museus: a Terceira Idade construindo conhecimentos a partir de objetos no MAE/USP. **Revista do Museu de Arqueologia e Etnologia**, n. 19, p. 337-354, 2009.. Disponível em: f https://www.revistas.usp.br/revmae/article/view/89893 .Acesso em: 1 out.2019.

ERTHAL, Thiago Serpa. **Fiscalis: uma nova tecnologia a serviço do patrimônio cultural nacional.** *In:* Rafael Veras de Freitas, Leonardo Coelho Ribeiro, Bruno Feigelson (Coord.) Regulação e novas tecnologias.. - Belo Horizonte: Fórum, 2018. 568 p.

FACHIN, Zulmar Antônio Fachin. FRACALOSSI, William. **O meio ambiente cultural equilibrado enquanto direito fundamental**. Disponível em: http://www.publicadireito. com. br/artigos. Acesso em 12 jun. 2021.

FACCIN, Carolina. **Van Gogh terá exposição digital e imersiva em Paris.** New Rio, 15 fev. 2019. Disponível em: http:/newronio.espm.br/van-gogh-tera-exposicao-digital-e-imersiva-emparis/?fbclid=IwAR3FK5VwBtaujfxMpUidZiGZTQkf3USIvb1FRhgeNT2cZNXVzr7M2YB9z4Q. Acesso em: 18 mar. 2019.

FARIA, Hamilton. **Políticas públicas de cultura e desenvolvimento humano nas cidades.** *In*: Leonardo Brant. (Org.)Políticas Públicas Culturais. VI. Barueri, São Paulo. Manolo. 2003. 142 p.

FEITOSA, Paulo Fernando de Britto. **Patrimônio cultural**: proteção e responsabilidade objetiva. Manaus: Editora Valer, 2012. 194 p.

FELISBERTO, Rosana Ribeiro. **O romper da alvorada: políticas públicas e reconhecimento de manifestações culturais populares.** Tese (Doutorado em Direito) – Faculdade de Direito, Universidade Federal de Minas Gerais, 2012. Disponível em: http://www.bibliotecadigital.ufmg.br/dspace/bitstream/handle/1843/BUOS-993-FWE/tese_rosana_ribeiro_felisberto.pdf?sequence=1. Acesso em:10 jul.2019.

FIANKAN-BOKONGA, Catherine . **Uma resolução histórica para proteger o patrimônio cultural.** UNESCO. Disponível em: https://pt.unesco.org/courier/2017nian-di--3qi/uma-resolucao-historica-proteger-o-patrimonio-cultural. Acesso em: 18 set. 2020.

FIDELIS, Gaudêncio. **Não à censura.** Revista Cult, 6 dez. 2017. Disponível em: https://revistacult.uol.com.br/home/nao-a-censura-gaudencio-fidelis/. Acesso em: 20 set. 2020.

FIORILLO, Celso Antônio Pacheco. **Curso de Direito Ambiental Brasileiro**. 12. ed. rev. e atual. São Paulo: Editora Saraiva, 2011.

FIORILLO, Celso Antônio Pacheco. Meio ambiente Digital na Sociedade da informação e sua tutela jurídica vinculada ao direito ambiental brasileiro. **Revista Brasileira de Direito Ambiental.** v.6, n. 22, p. 103-126, abr./jun.2010. Disponível em: www.editorafiuza.com.br. Acesso em. 2 jun. 2020.

FIORILLO, Celso Antônio Pacheco. **Curso de direito ambiental brasileiro.** – 19 ed. São Paulo: Saraiva Educação, 2019 p. 940.

FIORILLO, Celso Antonio Pacheco. A democracia cultural adaptada à cidadania e à dignidade da pessoa humana em face da Sociedade da Informação. **Revista Brasileira de Direito da Comunicação Social e Liberdade de Expressão**, v. 8, p. 125, 2013.. Disponível em:https://www.lexml.gov.br/busca/search?keyword=A%20democracia%20cultural%20adaptada%20%C3%A0%20cidadania%20e%20%C3%A0%20dignidade%20da%20pessoa%20humana%20em%20face%20da%20Sociedade%20da%20Informa%C3%A7%C3%A3o. Acesso em 2 nov. 2020.

FIORILLO, Celso Antonio Pacheco; CONTE, Christiany Pegorari. **Crimes no meio ambiente digital e a sociedade da informação.**2. ed. Belo Horizonte. Saraiva - 2016. 352 p.

FIORILLO, Celso Antônio Pacheco; SOUZA, Carolina Ferreira. O direito à comunicação e a tutela do meio ambiente digital. **Revista de direito ambiental e socioambientalismo,** v.2, n.2, 2016. Disponível em: http://www.indexlaw.org/index.php/Socioambientalismo/article/view/1622/pdf. Acesso em: 4. dez. 2018.

FIORILLO, Celso Antônio Pacheco. **Curso de Direito Ambiental Brasileiro**. 12. ed. rev. e atual. São Paulo: Editora Saraiva, 2011.

FIORILLO, Celso Antonio Pacheco; OOESTERBEEK, Luiz. Tutela jurídica das "cidades digitais" na sociedade da informação como instrumento de inclusão cultural, social, econômica e ambiental, em face do direito ambiental constitucional brasileiro. **Revista Brasileira de Meio Ambiente Digital e Sociedade da Informação**, v. 1, n. 1, p. 26-48, 2014.

FIORILLO, Celso Antônio Pacheco. Meio ambiente Digital na Sociedade da informação e sua tutela jurídica vinculada ao direito ambiental brasileiro. **Revista Brasileira de Direito Ambiental.** v.6, n. 22, p. 103-126, abr./jun.2010. Disponível em: www.editorafiuza.com.br. Acesso em. 2 jun. 2020.

FLORES, Natália Martins. **Identidades midiáticas: a construção da identidade de ciência na revista Galileu.** 2016. 179 f. Dissertação (Mestrado em Comunicação) - Porgrama de Pós-graduação em comunicação - Universidade Federal de Santa Maria, SantaMaria,2011.Disponívelem:https://repositorio.ufsm.br/bitstream/handle/1/6317/FLORES%2c%20NATALIA%20MARTINS.pdf?sequence=1&isAllowed=y. Acesso em: 15 jun. 2021.

FONSECA, Giselle Roças. Educação Ambiental crítica e arte participativa: a construção de reflexão e ação em uma escola da Baixada Fluminense. Amazônia: **Revista de Educação em Ciências e Matemáticas**, v. 14, n. 30, p. 42-58, 2018.. Disponível em: https://periodicos.ufpa.br/index.php/revistaamazonia/article/view/5921. Acesso em: 10 dez. 2020.

FUNAI. Fundação Nacional do Índio. **Serviço de Informação ao Cidadão - SIC.** Disponível em: http://www.funai.gov.br/index.php/acesso-a-informacao2/mn-servico-de-informacao-cidadao-sic. Acesso em: 5 set. 2020.

GARCIA, Daiene Kelly. O direito a um meio ambiente cibernético sadio: a informática e a telemática sob a ótica constitucional. **Revista Eletrônica da Faculdade de Direito de Franca,** [S.l.], v. 4, n. 1, maio 2011. Disponível em: http://www.revista.direitofranca.br/index.php/refdf/article/view/137. Acesso em: 08 mar. 2019.

GIDDENS, Anthony. **Sociologia.** Tradução de Ronaldo Cataldo Costa. 6. ed. – Porto Alegre; Penso, 2012. 847p.

GOMES, Ana Lucia Abreu. Por uma semântica do patrimônio cultural. **Revista Ibero-Americana de Ciência da Informação**; v.9, n. 2. (2016); 441-459, v. 24, n. 2, p. 459-441, 2018. Disponível em: file:///D:/raquelalmeida1-gerente-da-revista-18628-61196-1-pb.pdf . Acesso em: 20 mar. 2021.

GRACOO, Abraão Soares Dias Dos Santos; NEPOMUCENO, Gianno Lopes. A formação do indivíduo e o fenômeno da violência diante dos limites do planeta: a alteração das gramáticas de práticas sociais para uma educação sócio-ambiental comprometida com a emancipação em uma sociedade resiliente. **Direito e sustentabilidade. organização**: CONPEDI/

UNICURITIBA; Florianópolis : FUNJAB, 2013. Disponível em: http://www.publicadireito.com.br/artigos/?cod=a2802cade0464408. Acesso em: 10 jul. 2020.

GUEDES, Maria Tarcila Ferreira; MAIO, Luciana Mourão. Bem cultural. In: GRIECO, Bettina; TEIXEIRA, Luciano; THOMPSON, Analucia (Orgs.). **Dicionário IPHAN de Patrimônio Cultural.** 2. ed. rev. ampl. Rio de Janeiro, Brasília: IPHAN/DAF/Copedoc, 2016. Disponível em: http://portal.iphan.gov.br/dicionarioPatrimonioCultural/detalhes/79/bem-cultural. Acesso em 4. Abril. 2021.

IBGE. Instituto Brasileiro de Geografia e Estatística. **Uso de Internet, televisão e celular no Brasil.** Disponível em: https://educa.ibge.gov.br/jovens/materias-especiais/20787-uso-de-internet-televisao-e-celular-no-brasil.html. Acesso em: 30 abr. 2021.

IBGE. Instituto Brasileiro de Geografia e Estatística. **SIIC 2007-2018: Setor cultural ocupa 5,2 milhões de pessoas em 2018, tendo movimentado R$ 226 bilhões no ano anterior.** Disponível em: https://agenciadenoticias.ibge.gov.br/agencia-sala-de-imprensa/2013-agencia-de-noticias/releases/26235-siic-2007-2018-setor-cultural-ocupa-5-2-milhoes-de-pessoas-em-2018-tendo-movimentado-r-226-bilhoes-no-ano-anterior?-fbclid=IwAR3QyIPb13Wvl01BT3JmLQx29e2I741pSlUwOmzqKrzUhbFbrzhvddViIFQ. Acesso em: 11 dez. 2019.

IBGE. Instituto Brasileiro de Geografia e Estatística. **Participação da cultura no orçamento reduz em todas esferas de governo em 2018.** Disponível em: https://agenciadenoticias.ibge.gov.br/agencia-noticias/2012-agencia-de-noticias/noticias/26238-participacao-da-cultura-no-orcamento-reduz-em-todas-esferas-de-governo-em-2018. Acesso em: 11 dez. 2019.

IBGE. Instituto Brasileiro de Geografia e Estatística. **PNAD Contínua TIC 2018: Internet chega a 79,1% dos domicílios do país.** Disponível em: https://agenciadenoticias.ibge.gov.br/agencia-sala-de-imprensa/2013-agencia-de-noticias/releases/27515-pnad-continua-tic-2018-internet-chega-a-79-1-dos-domicilios. Acesso em: 6 abr.2021.

IBM. International Business Machines. **IBM no Brasil 100 anos dedicados ao futuro.** Disponível em: https://www.ibm.com/marketing/br/ibmbrasil100/#1977. Acesso em 5 jan. 2019.

IBM. International Business Machines. **IBM e Pinacoteca de São Paulo treinam IBM Watson para conversar com público sobre obras de arte.** Disponível em: https://www-03.ibm.com/press/br/pt/pressrelease/52020.wss. Acesso 5 jan. 2019.

IBRAM. Instituto brasileiro de museus. **Ibram recebe evento internacional sobre tráfico ilícito de bens culturais.** Disponível em: https://www.museus.gov.br/ibram-recebe-evento-internacional-sobre-trafico-ilicito-de-bens-culturais-na-proxima-terca/. Acesso em: 16. Mai, 2021.

IBRAM. Instituto Brasileiro de Museus. **Ibram participa de semana dedicada a museus no TikTok.** Disponível em: https://www.museus.gov.br/ibram-participa-de-semana-dedicada-a-museus-no-tiktok/?utm_source=rss&utm_medium=rss&utm_campaign=ibram-participa-de-semana-dedicada-a-museus-no-tiktok&fbclid=IwAR0G5wHweRaDWgRexA8PA1ulYl6jnPD9cpedFSyH8VEW1c0qNArqe6lPzek. Acesso em: 27 jul.2020.

IBRAM. Instituto Brasileiro de Museus. **Projeto que disponibiliza acervos dos Museus Ibram na web é destaque em palestra no MCTIC.** Disponível em: https://www.museus.gov.br/projeto-que-disponibiliza-acervos-dos-museus-ibram-na-web-e-destaque-em-palestra-no-mctic/. Acesso em 10 nov. 2019.

IBRAM. Instituto brasileiro de museus. **18ª Semana Nacional de Museus.** Disponível em: http://eventos.museus.gov.br/. Acesso em: 10 mai. 2020.

IBRAM. Instituto Brasileiro de Museus. **Projeto que disponibiliza acervos dos Museus Ibram na web é destaque em palestra no MCTIC.** Disponível em: https://www.museus.gov.br/projeto-que-disponibiliza-acervos-dos-museus-ibram-na-web-e-destaque-em-palestra-no-mctic/. Acesso em 10 nov. 2019.

IBRAM. Instituto Brasileiro de Museus. **Nota sobre o incêndio no Museu de História Natural da UFMG.** Disponível em: https://www.museus.gov.br/nota-sobre-o-incendio-no-museu-de-historia-natural-da-ufmg/. Acesso em: 22 jul.2020.

IEPHA. Instituto Estadual do Patrimônio Histórico e Artístico de Minas Gerais. **Programa ICMS Patrimônio Cultural celebra 25 anos de existência.** Disponível em: http://www.iepha.mg.gov.br/index.php/noticias-menu/512-programa-icms-patrimonio-cultural-celebra-25-anos-de-existencia. Acesso em: 1. Set. 2020.

IEPHA. Instituto Estadual do Patrimônio Histórico e Artístico de Minas Gerais. Dados Espaciais. Disponível em: http://www.iepha.mg.gov.br/index.php/programas-e-acoes/patrimonio-cultural-protegido/dados-geoespaciais?fbclid=IwAR2q9q04hEtR0L-MsHOmCK0kfM9_cQ5TC3kbSYLHtNS1Qr97h--tFICDYIac. Acesso em: 5 set. 2020.

INEA. Instituto Estadual do Ambiente. **EIA/RIMA.** Disponível em: http://www.inea.rj.gov.br/eia-rima/. Acesso em: 28 mai. 2020.

INPA. Instituto Nacional de Pesquisas da Amazônia. **"Torre Alta da Amazônia é uma grande conquista para a ciência", afirma ministro Aldo Rebelo.** Disponível em: lba2.inpa.gov.br/index.php/ultimas-noticias/224-"torre-alta-da-amazônia-é-uma-grande-conquista-para-a-ciência",-afirma-ministro-aldo-rebelo.html?fbclid=IwAR-1V6ULYlHxmiadbFdlEfpm7FepISUTAid696hxWelDLCTeTYZ9yumHUHpI. Acesso em: 5 mai. 2020.

IPAC. Instituto do Patrimônio Artístico e Cultural da Bahia. **Conceitos Gerais – Educação Patrimonial.** Disponível em: http://www.ipac.ba.gov.br/preservacao/conceitos-gerais. Acesso em: 5 mai.

IPHAN. Instituto do Patrimônio Histórico e Artístico Nacional. **Educação Patrimonial.** Disponível em: http://portal.iphan.gov.br/pagina/detalhes/343?fbclid=IwAR16N6UuMATXQFx94Jpgx0xROerQ3L5ORrBOtG1GAqPRMzNGIGmjR-CEAZs4. Acesso em: 10 fev. 2021.

IPHAN. Instituto do Patrimônio Histórico e Artístico Nacional. **Educação Patrimonial**. Disponível em: http://portal.iphan.gov.br/pagina/detalhes/343. Acesso em. 3 mai. 2021.

IPHAN. Instituto do Patrimônio Histórico e Artístico Nacional. **O Iphan.** Disponível em: http://portal.iphan.gov.br/pagina/detalhes/872. Acesso em: 5 dez. 2019.

IPHAN. Instituto do Patrimônio Histórico e Artístico Nacional. **Patrimônio Material.** Disponível em: http://portal.iphan.gov.br/pagina/detalhes/276. Acesso em: 3 dez.2019.

IPHAN. Instituto do Patrimônio Histórico e Artístico Nacional. **Patrimônio Imaterial.** Disponível em: http://portal.iphan.gov.br/pagina/detalhes/234. Acesso em: http://portal.iphan.gov.br/pagina/detalhes/234. Acesso em: 3 dez.2019.

IPHAN. Instituto do Patrimônio Histórico e Artístico Nacional. **Iphan publica portaria que 'unifica' diretrizes de combate a incêndio em bens tombados.** Disponível em : https://portalincendio.com.br/iphan-publica-portaria-que-unifica-diretrizes-de-combate-a-incendio-em-bens-tombados-noticias. Acesso em: 25 jul. 2020.

IPHAN. Instituto do Patrimônio Histórico e Artístico Nacional. **Educação patrimonial: Histórico, conceitos e processos.** Disponível em: http://portal.iphan.gov.br/uploads/publicacao/EduPat_EducacaoPatrimonial_m.pdf. Acesso em: 12 fev. 2021.

IPHAN. Instituto do Patrimônio Histórico e Artístico Nacional. **Educação Patrimonial.** Disponível em: http://portal.iphan.gov.br/pagina/detalhes/343?fbclid=IwAR16N6UuMATXQFx94Jpgx0xROerQ3L5ORrBOtG1GAqPRMzNGIGmjRCEAZs4. Acesso em: 10 fev. 2021.

IPHAN. Instituto de Patrimônio Histórico e Artístico Nacional. **Patrimônio Mundial Cultural e Natural.** Disponível em: http://portal.iphan.gov.br/pagina/detalhes/29. Acesso em: 2 mar. 2021.

IPHAN. Instituto de Patrimônio Histórico e Artístico Nacional. **Bens Tombados.** http://portal.iphan.gov.br/pagina/detalhes/126. Acesso em: 2 mar. 2020.

IPHAN. Instituto do Patrimônio Histórico e Artístico Nacional. **Inventários de bens culturais.** Disponível em: http://portal.iphan.gov.br/pagina/detalhes/421. Acesso em: 2 mar. 2020.

IPHAN. Instituto do Patrimônio Histórico e Artístico Nacional. **Ouro Preto (MG).** Disponível em: http://portal.iphan.gov.br/pagina/detalhes/373/#:~:text=Seu%20tra%C3%A7ado%20urbano%20colonial%20mant%C3%A9m,as%20igrejas%20de%20Nossa%20Sra. Acesso em: 20 mar.2021.

JACOBI, Pedro. **Educação Ambiental, cidadania e Sustentabilidade.** Cadernos de Pesquisa, n. 118, p.189-205, mar. 2003. Disponível em: <http://www.scielo.br/. Acesso em 2.jan.2019.

JARGER, Tatiane Scrinz. A **educação ambiental através da arte: o resgate de valores no Colégio Municial Theóphilo Sauer**. 2011. 67 f. Trabalho de Conclusão de Curso - monografia (Pós-graduaçao em Educação ambiental) - Universidade Federal de Santa Maria, Santa Maria, 2011.Disponível em: https://repositorio.ufsm.br/bitstream/handle/1/2231/Jaeger_Tatiane_Scrinz.pdf?sequence=1&isAllowed=y. Acesso em: 15 jun. 2021.

JESUS, Damásio De; MILAGRE; José Antônio. **Marco Civil da Internet:** comentários à Lei n. 12.965, de 23 de abril de 2014. São Paulo: Saraiva, 2014. 94 p.

LACERDA, Bruno Torquato Zambier. **Bens digitais.** Indaiatuba, SP: Editora Foco Jurídico, 2017.p. 248.

LARAIA, Roque de Barros. **Cultura: um conceito antropológico.** 14. ed. – Rio de Janeiro: Jorge Zahar Ed., 2001, 526 p.

LEÃO, Marina Soares. A representação social do patrimônio cultural para a formação do sentimento de pertença do sujeito social. **Governador Valadares**, 2009. **l.** Disponível em: http://www.pergamum.univale.br/pergamum/tcc/Arepresentacaosocialdopatrimonioculturalparaaformacaodosentimentodepertencadosujeitosocial.pdf. Acesso em: 4 abr.2021

LEITE, Flávia Piva Almeida; FIORILLO, Celso Antônio. Sustentabilidade no meio ambiente cultural - o exercício da liberdade de expressão na sociedade de informação. **Revista Veredas do Direito,** v. 13, n. 26, p. 337-360, mai./ago. 2016. Disponível em: http://www.domhelder.edu.br/revista/index.php/veredas/article/view/858. Acesso em: 26 fev. 2019.

LEITÃO, Joyce Oliveira. UNESCO. **Infoescola** Disponível em: https://www.infoescola.com/geografia/unesco/. Aceso em: 17 mar. 2021

LEITE, Edson. Turismo cultural: algumas abordagens e experiências. *In:* LAGE, Beatriz Helena Gelas (Org.). **Turismo, hotelaria & lazer**. São Paulo: Atlas, 2004, v. 3.

LEFF, Enrique. **Saber ambiental:** sustentabilidade, racionalidade, complexidade, poder. Petrópolis: Vozes, 2009.

LEMOS JÚNIOR, Clésio Barbosa. Patrimônio cultural: conceitos, proteção e direito pela educação patrimonial. **Revista do Curso de Direito do UNIFOR**, v. 3, n. 2, p. 50-61, 2012.

LEONARDI, MARCEL. **Fundamentos de direito digital.** São Paulo: Thomoson Reuters Brasil, 2019 p. 252.

LÉVY, Pierre. **O que é virtual?** Tradução de Paulo Neves. São Paulo: Ed. 34 Ltda, 1996. Coleção Trans. p. 160.

LÉVY, Pierre. **Cibercultura.** Tradução de Carlos Irineu da Costa. São Paulo: Ed. 34 Ltda. 1999. Coleção Trans. p. 264.

LÉVY, Pierre. **A inteligência coletiva: por uma antropologia do ciberespaço.** 4. ed. São Paulo: Loyola, 2003. 2012 p.

LISSARDY, Geraldo. **Despreparada para a era digital, a democracia está sendo destruída', afirma guru do 'big data.** BBC, 9 abr. 2017. Disponível em; https://www.bbc.com/portuguese/geral-39535650. Acesso em: 5 dez 2019.

LLOSA, Mario Vargas. **A civilização do espetáculo.** Rio de Janeiro: Objetiva, 2013. 206 p.

LONDRES, Cecília. **O Patrimônio Cultural na formação das novas gerações:** algumas considerações. Educação patrimonial: reflexões e práticas. João Pessoa: Superintendência do Iphan na Paraíba, p. 14-21, 2012.

LOUREIRO, Carlos Frederico B. **Trajetórias e fundamentos da educação ambiental.** 4.ed. São Paulo: Cortez, 2012. 165 p.

MA. Museu do Amanhã. **Sobre o museu.** Museu do amanhã. Disponível em: https://museudoamanha.org.br/pt-br/sobre-o-museu. Acesso em: 5 abr. 2019.

MACHADO, Gleysson B. **História da educação ambiental no brasil e no mundo.** CADERNOS SECAD

Educação Ambiental: aprendizes de sustentabilidade. Disponível em: https://portalresiduossolidos.com/historia-da-educacao-ambiental-brasil-e-mundo/. Acesso em: 5 jan. 2021.

MAIA, Tatyana de Amaral. O patrimônio como expressão da nacionalidade: a função do Estado no setor cultural. **Políticas Culturais em Revista**, v. 1, n. 1, 2008.

MAGALHÃES, Aline Montenegro. **Dicionário do Patrimônio Cultural.** Inspetoria de Monumentos Nacionais (1934-1937). Disponível em: http://portal.iphan.gov.br/dicionarioPatrimonioCultural/detalhes/29/inspetoria-de-monumentos-nacionais-1934-1937. Acesso em: 21 mar.2021.

MAGALHÃES, Allan Carlos Moreira. **A banalização da proteção dos bens culturais.** IBDcult. 09 set. 2020. Disponível em: https://www.ibdcult.org/post/a-banaliza%C3%A7%C3%A3o-da-prote%C3%A7%C3%A3o-dos-bens-culturais. Acesso em: 8 nov. 2020.

MARQUES, Fabrício. Esperança frustrada. **O Museu Nacional se prepara para um projeto de revitalização quando foi consumido pelo fogo.** Pesquisa Fapesp. Edição 272, out. 2019. Disponível em: https://revistapesquisa.fapesp.br/2018/10/22/esperanca-frustrada/. Acesso em: 23 mai. 2020.

MEC. Ministério da Educação. **Tratado de Educação Ambiental Para Sociedades Sustentáveis e Responsabilidade Global.** Disponível em: http://portal.mec.gov.br/seb/arquivos/pdf/teassrg.pdf. Acesso em: 17 jan.2021.

MENESES, U. T. B. de. A problemática da identidade cultural nos museus: de objetivo (de ação) a objeto (de conhecimento) . **Anais do Museu Paulista: História e Cultura Material**, [S. l.], v. 1, n. 1, p. 207-222, 1993. DOI: 10.1590/S0101-47141993000100014. Disponível em: https://www.revistas.usp.br/anaismp/article/view/5282. Acesso em: 15 jun. 2021

MENESES, Ulpiano T. Bezerra de. Do teatro da memória ao laboratório da História: a exposição museológica e o conhecimento histórico. **Anais do Museu Paulista**: história e cultura material, v.2, n.1, p.9-42, 1993. Disponível em: http://www.revistas.usp.br/anaismp/article/view/5289/6819. Acesso em: 5 jul. 2020.

MAMBERTI, Herbert. **Por uma cultura democrática.** Políticas culturais. Barueri, SP: Manole, 2003, v.1, 142p.

MACHADO, Paulo Affonso Leme. **Direito ambiental brasileiro.** 24. ed. rev. amp. e atual . – São Paulo: Malheiro, 2016. 1407 p.

MALOSSI, João. **Alguns detalhes técnicos e desafios do projeto "A voz da arte — IBM | Watson".** Medium.com, 20. Jul. 2017. Disponível em: https://medium.com/joaomalossi/alguns-detalhes-técnicos-e-desafios-do-projeto-a-voz-da-arte-ibm-watson-12a7291038b3. Acesso em: 2 abr. 2019.

MARTINS, Thiago Costa. As instituições culturais e suas atribuições na produção da cultura. **Educação, Cultura e Comunicação**, v. 8, n. 16, 2017.

MARRATZU, Priamo. Nacionalismo e homogenidade cultural: a importância dos media. **Revista de Recensões de Comunicação e Cultura**, 2006. Disponível em: http://www.bocc.ubi.pt/pag/marratzu-priamo-nacionalismo-homogenidade-cultural.pdf. Acesso em: 19 mar. 2021.

MIRANDA, Marcos Paulo de Souza. Tutela constitucional do patrimônio cultural brasileiro: o inventário como um novo instrumento de proteção. In: RODRIGUES, José Eduardo Ramos;

MIRANDA, Marcos Paulo de Souza. **Estudos de direito do patrimônio cultural**. Belo Horizonte: Fórum, 2012, 349p.

MIRANDA, Marcos Paulo de Souza. **Tutela do patrimônio cultural brasileiro: doutrina, jurisprudência, legislação.** Belo Horizonte: Del Rey, 2006. 504 p.

MIRANDA, Marcos Paulo de Souza; NOVAIS, Andrea Lanna Mendes. **Acessibilidade aos bens culturais: Direito Humano Fundamental.** Patrimônio Cultural. Belo Horizonte: Del Rey, 2013. 344p.

MIRANDA, Antonio. Sociedade da informação: globalização, identidade cultural e conteúdos. **Ciência da Informação**, v. 29, n. 2, p. 78-88, 2000. Disponível em: http://www.scielo.br/pdf/ci/v29n2/a10v29n2. Acesso em 25 jan. 2019.

MELLO, Luiz Gonzaga de. **Antropologia cultural: iniciação, teoria e temas**. 16. ed. Petrópolis, Vozes, 2009. 528 p.

MMA. Ministério do Meio Ambiente. **Princípio da Precaução.** Disponível em: https://www.mma.gov.br/clima/protecao-da-camada-de-ozonio/item/7512. Acesso em: 12 set. 2019.

MMA. Ministério do Meio Ambiente. **Agenda 21 Global.** Disponível em: https://www.mma.gov.br/responsabilidade-socioambiental/agenda-21/agenda-21-global.html. Acesso em: 20 agos. 2020.

MNBA. Museu Nacional de Belas Artes. **Projeto Arte em Diálogo, na Quarentena.** Disponível em: https://mnba.gov.br/portal/imprensa/projeto-arte-em-di%C3%A1logo,-na-quarentena.html. Acesso em: 14 set. 2020.

MONTEIRO, Doraliza ; FERNANDES, Elizabeth Carvalho. **Análise do Controle Patrimonial de Bens Permanentes em uma Organização Pública.** Administração Pública e Gestão Social, p. 1-23, 2019

MORATO, Giuliana. **Shopping Villa Lobos recebe a exposição "Eu, Ayrton Senna da Silva".** Disponível em: https://autodromodeinterlagos.com.br/shopping-villalobos-recebe-a-exposicao-eu-ayrton-senna-da-silva/. Acesso em: 13 out. 2021.

MOREIRA, Alberto da Silva. Cultura midiática e educação infantil. **Educação & Sociedade**, v. 24, n. 85, p. 1203-1235, 2003.

MOTTA, Antônio. **Direitos culturais e ações museais.** A antropologia na esfera pública: patrimônios culturais e museus. - Goiânia: Editora Imprensa Universitária, 2019. 481p. *E-book*

MOURA, Angela Giovanini. A proteção internacional do patrimônio cultural. **Cadernos de Direito**, v. 12, n. 23, p. 91-110, 2012. Disponível em: https://www.metodista.br/revistas/revistas-unimep/index.php/cd/article/viewFile/1003/1042. Acesso em: 17 mar. 2021.

MUSEUEXEA. Museu Virtual Marítimo do Extremo Oriental das Américas.**O Museu Marítimo EXEA.** Disponível em: https://www.museuexea.org/o-museu. Acesso em: 2 abr. 2021.

NALINE, José Renato. Ética Ambiental. 3. ed. São Paulo: Millennium Editora, 2011.

NEPOMUCENO, Gianno Lopes. **Museu do Amanhã.** Fotografia. Arquivo pessoal. Rio de Janeiro. 3. Jan. 2019.

NUNES, Luciana Simões Rodrigues; BOMFIM, Alexandre Maia do, FONSECA, Giselle Roças de Souza. **Educação Ambiental crítica e arte participativa: a construção de reflexão e ação em uma escola da Baixada Fluminense.** Disponível em: https://periodicos.ufpa.br/index.php/revistaamazonia/article/view/5921. Acesso em: 10 dez. 2020.

OLIVEIRA JÚNIOR, Vicente de Paulo Augusto; CUNHA FILHO, Francisco Humberto. **A participação da comunidade na proteção ao patrimônio cultural:** Uma análise do Decreto-Lei de Nº. 25/1937 à luz da Constituição Federal de 1988. Disponível em: https://livros-e-revistas.vlex.com.br/vid/participacao-da-comunidade-na-548822250. Acesso em: 5 ago. 2020.

OLIVEIRA, Lilavati; COSTA, Débora. **Quase 80% dos museus mineiros têm irregularidade no sistema de prevenção de incêndios.** CBN. 18 maio 2019. Disponível em: https://cbn.globoradio.globo.com/media/audio/260571/quase-80-dos-museus-mineiros-tem-irregularidade-no.htm. Acesso em: 19 set. 2019.

OLIVEIRA, Márcio Luís de; CUSTÓDIO, Maraluce Maria. Ecoeficiencia nos processos licitatórios para aquisição de utensílios de uso cotidiano na administração pública federal brasileira. **Revista Direito Ambiental e sociedade, Caxias do Sul,** v. 5, n. 2,p. 202-230,jul./dez.2015. Disponível em: http://www.ucs.br/etc/revistas/index.php/direitoambiental/article/view/3576/2380. Acesso em: 5 nov. 2019.

OLIVEIRA JÚNIOR, Vicente de Paulo Augusto; CUNHA FILHO, Francisco Humberto. A participação da comunidade na proteção ao patrimônio cultural: Uma análise do Decreto-Lei de Nº. 25/1937 à luz da Constituição Federal de 1988. **Veredas do Direito**, Belo Horizonte, v.11, n.21, p.215-253 • Janeiro/junho de 2014 Disponível em: https://

livros-e-revistas.vlex.com.br/vid/participacao-da-comunidade-na-548822250. Acesso em: 5 ago. 2020.

OLHARDIGITAL. **Vício em games:** quando diversão vira compulsão. Olhar Digital. 23 jan. 2021. https://olhardigital.com.br/2021/01/23/videos/vicio-em-games-quando--diversao-vira-compulsao-2/. Acesso em: 21 abr. 2021.

ONU. Organização das Nações Unidas. **A Declaração Universal dos Direitos Humanos. 70 anos de declaração dos Direitos Humanos.** Disponível em: https://nacoesunidas.org/direitoshumanos/declaracao/. Acesso em: 03 jul. 2019.

ONU. Organização das Nações Unidas. **ONU apresenta roteiro para ampliar cooperação digital na era pós-Covid-19.** Disponível em: https://news.un.org/pt/story/2020/06/1716512. Acesso em: 30 mai. 2021.

PADILHA, Norma Sueli. **Fundamentos constitucionais do direito ambiental brasileiro.** Rio de Janeiro: Elsevier, 2010, 452 p.

PERANTONI, Vitória de Andrade. **Revenge Porn**; o novo crime cibernético à luz do ordenamento jurídico. Trabalho de Conclusão de Curso (Graduaçaõ em Direito) – Faculdade de Direito – Universidade Federal de Juiz de Fora, 2019. Disponível em: https://repositorio.ufjf.br/jspui/handle/ufjf/10732. Acesso em 27 abr. 2021.

PEREIRA, Cesar de Mendonça; LÓSSIO, Rúbia Aurenívea Ribeiro. **A importância da valorização da cultura popular para o desenvolvimento local**. Doc Player, 2016. Disponível em: https://docplayer.com.br/16515227-A-importancia-da-valorizacao--da-cultura-popular-para-o-desenvolvimento-local.html . Acesso em: 5 agos. 2020.

PI. Portal de Incêndio. **MPF recomenda plano anti-incêndio ao Museu da Inconfidência, em Ouro Preto**. Portal do incêndio. Disponível em: https://portalincendio.com.br/Publicacao.aspx?id=32648&alternativo=F&paginacaoAtualListagemProdutos=10. Acesso em: 03 jun. 2020.

PIERRO, Bruno de. Estratégias para manter museus saudáveis. Sustentabilidade financeira e administração flexível são os desafios para os gestores das instituições. Revista Pesquisa, edição 272, out. 2018. Disponível em: https://revistapesquisa.fapesp.br/. https://revistapesquisa.fapesp.br/2018/10/22/estrategias-para-manter-museus-saudaveis/. Acesso em: 20 mai. 2019.

PINHEIRO, Patrícia Peck. **Proteção de dados pessoais**: comentários à Lei n. 13.709/2018(LGPD). – São Paulo: Saraiva Educação, 2018,118p.

PINHEIRO, Patrícia Peck. **Direito digital**. 5. ed. Ver, atual. e ampl. de acordo com as Leis n° 12.735 e 12.737, de 2012 – São Paulo : Saraiva, 2013. 571p.

PINACOTECA. Sobre a Pinacoteca. Disponível em: https://pinacoteca.org.br/. Acesso em: 20 abr.2019.

POLONI, Rita Juliana Soares. Nacionalismo mestiço: Patrimônio e cultura material no Estado Novo brasileiro. **Revista Memória em Rede**, v. 9, n. 16, p. 67-83, 2017.

PORTALEDUCAÇÃO. **Conferência Intergovernamental de Tbilisi e a Educação Ambiental - 1977.** Disponível em: https://siteantigo.portaleducacao.com.br/conteudo/artigos/biologia/conferencia-intergovernamental-de-tbilisi-e-a-educacao-ambiental-1977/20074. Acesso em: 5 abr.2021.

PORTES, Paola Alvarenga. **Breve história da tutela jurídica do patrimônio cultural: da antiguidade à modernidade.** A Tutela do patrimônio cultural: identidade e diversidade. Fortaleza: IBDCult, 2019. 529p.

PROJURIS. Protagonista na evolução do mercado tecnológico jurídico. **Software para departamentos jurídicos de alto desempenho. Compliance: o que é, benefícios e dicas de como fazer.** Disponível em: https://www.projuris.com.br/o-que-e-compliance. Acesso em: 4 nov. 2020.

RANGEL, TAUÃ LIMA VERDAN. **O Reconhecimento do Meio Ambiente Digital e os Princípios para Governança e Uso da Internet: Primeiras Linhas.** Disponível em: http://www.conteudojuridico.com.br/artigo,o-reconhecimento-do-meio-ambiente-digital-e-os-principios-para-governanca-e-uso-da-internet-primeiras-linhas,56575.html. Acesso em: 4 out. 2018.

REALE, Miguel. **Paradigmas da cultura contemporânea.** São Paulo : Saraiva, 1999. 143p.

REIS, E. V. B.; NAVES, B. T. O. O meio ambiente digital e o direito à privacidade diante do Big Data. **Veredas do Direito,** Belo Horizonte, v. 17, n. 37, p. 145-167, jan.-abr. 2020. Disponível em: http://revista.domhelder.edu.br/index.php/veredas/article/view/1795. Acesso em: 15 mar.2020.

REZENDE, Maria Beatriz; GRIECO, Bettina; TEIXEIRA, Luciano; THOMPSON, Analucia. **Dicionário do Patrimônio Cultural.** Instituto Brasileiro do Patrimônio Cultural (IBPC) 1990-1994. Disponível em: http://portal.iphan.gov.br/dicionarioPatrimonioCultural/detalhes/54/instituto-brasileiro-do-patrimonio-cultural-ibpc-1990-1994. Acesso em: 7 abr.2021.

RODRIGUES, Rafael. **Mãe da Internet faz 50 anos. Conheça a história da ARPANET.** Olhar Digital, 24 out. 2019. Disponível em: https://olhardigital.com.br/noticia/mae-da-internet-faz-50-anos-conheca-a-historia-da-arpanet/92040. Acesso em: 20 mai. 2020.

RODRIGUES, Francisco Luciano Lima. **A proteção do patrimônio cultural. Competências constitucionais municipais e o direito de construir regulado pela Lei nº 10.257/01 (Estatuto da Cidade).** Disponível em: https://jus.com.br/artigos/3160/a-protecao-do-patrimonio-cultural. Acesso em: 14 abr. 2021.

SANTOS, Ivanildo. Projetos de educação patrimonial com o uso de tecnologia possibilita novas descobertas a estudantes durante SNCT. **Semente Digital.** Out. 2014. Disponível em: https://www.fapema.br/projetos-de-educacao-patrimonial-com-o-uso-de-tecnologia-possibilita-novas-descobertas-a-estudantes-durante-snct/. Acesso em 4 abr. 2021.

SANTOS, Cecilia Rodrigues Dos. O patrimôniO de máriO de andrade. **Revista CPC**, v. 13, n. 25, p. 11-47, 2018.. Disponível em: https://www.google.com.br/search?q=o+patrimonio+de+mario+de+andrade+&sxsrf=ALeKk03bvDKYPN1C4w2kb-qWQ0Ralvx64nA%3A1616549346415&source=hp&ei. Acesso em: 22 mar. 2021.

SANTOS, Fernando Barotti dos; LISBOA, Francis de Almeida Araújo. A percepção da pintura sobre a meio ambiente do trabalho: a interpretação da obra " Operários" de Tarsila do Amaral sobre o espaço ambiental. Trabalho, tecnologias, multinacionais e migrações: desafios contemporâneos dos direitos humanos na ordem democrática global. **Congresso De Estudos Jurídicos Internacionais** *In:*, 4 e Seminário Internacional De Pesquisa Trabalho,1, Tecnologias, Multinacionais E Migrações -TTMMs - Belo Horizonte, 2018. Disponível em: http://conpedi.danilolr.info/publicacoes/k7bhb2vw/899k13l6. Acesso em: 3 jul.2019.

SANTOS, Samuel Fernandes; FERREIRA, Willia de Cácia Soares. **Meio ambiente virtual:** uma análise da atuação do direito penal no combate aos crimes cibernéticos. Temas de direito penal ambiental III. São Paulo. Maringá. Editora IDDM, 2018. p. 208. Disponível em: http://www.domhelder.edu.br/pagina.php?pagld=253#pag. Acesso em: 27 abr. 2021.

SCIFONI, Simone. **Educação e patrimônio: reflexões sobre o tema. João Pessoa:** Superintendência do Iphan na Paraíba, 2012. Disponível em: http://www.lppm.com.br/sites/default/files/livros/Educa%C3%A7%C3%A3o%20patrimonial%20reflex%C3%B5es%20e%20pr%C3%A1ticas_Novas%20pr%C3%A1ticas%20de%20educa%C3%A7%C3%A3o%20patrimonial%20do%20virtual%20ao%20real.pdf. Acesso em: 9 fev. 2021 .

SCHEINER, Tereza Cristina Moletta. Museu, Museologia e a 'Relação Específica': considerações sobre os fundamentos teóricos do campo museal. **Ciencia da informacao**, v. 42, n. 3, 2013.

SEIFFERT, Mari Elizabete Bernardini. **Gestão Ambiental: instrumentos, esferas de ação e educação ambiental.** 3. Ed.- São Paulo: Atlas, 2014. 312p.

SILVA, JUNIOR NASCIMENTO DA. **Importância das políticas de ações afirmativas para a valorização do multiculturalismo.** Mettzer. Disponível em: https://www.mettzer.com/projects/importancia-das-politicas-de-acoes-afirmativas-para-a-valorizacao-do-multiculturalismo-no-brasil-5f6ca469be8eb600186dbf3e. Acesso em: 2 nov. 2020.

SEDAC. Secretaria da Cultura. **Sedac apresenta Mostra Acessível no Festival de Gramado.** Disponível em: https://cultura.rs.gov.br/sedac-apresenta-mostra-acessivel-no-festival-de-gramado. Acesso em: 16 Agos. 2021.

SILVA, Rodrigo Manoel Dias da. As políticas culturais brasileiras na contemporaneidade: mudanças institucionais e modelos de agenciamento. **Sociedade e Estado**, v. 29, n. 1, p. 199-224, 2014..

SILVA, Liliana Sousa e. **Sustentabilidade na cultura:** da diversidade cultural à sustentação financeira. Seminário Intermacional Políticas culturais. Havine. Disponível em: file:///D:/FCRB_Liliana_Sousa_e_Silva_Sustentabilidade_na_cultura.pdf. Acesso em: 5 set. 2020.

SILVA, Cristiane Rodrigues Araújo da. **Meio ambiente cultural e a tutela jurídica dos povos indígenas na sociedade de informação.** (Coleção Estudos acadêmicos de direito digital e de direito da sociedade de informação: v 2 / coordenador Celso Antônio Pacheco Fiorillo). São Paulo: Editora Fiuza 2012. p. 271.

SILVA, Romeu Thomé da. **Manual de direito ambiental.** 5. ed. rev., atual. e ampl. - Salvador: Jus PODIVM, 2015. 905 p.

SILVA, Romeu Faria Thomé da. **O princípio da vedação de retrocesso socioambiental: no contexto da sociedade de risco.** - Salvador: PODIVM, 2014. 247 p.

SOARES, Inês Virgínia Prado. **Direito ao (do) patrimônio cultural brasileiro.** Belo Horizonte; Fórum, 2009. 478 p.

SOUSA, Rosilene Paiva Marinho de; OLIVEIRA, Bernardina Maria Juvenal Freire de; AZEVEDO NETTO, Carlos Xavier de. Informação e patrimônio cultural: uma definição jurídica de informação patrimonial. **Perspectivas em Ciência da informação**, v. 20, n. 3, p. 101-115, 2015.

THOMPSON, Analúcia; GRIECO, Bettina et al. **Serviço do Patrimônio Histórico e Artístico Nacional (SPHAN)1 1937-1946.** Disponível em: http://portal.iphan.gov.br/uploads/ckfinder/arquivos/Serviço%20do%20Patrimônio%20Histórico%20e%20Artístico%20Nacional.pdf. Acesso em: 20 mar. 2021.

TOKARNIA, Mariana. **Tecnologia leva ensino a comunidades isoladas do Amazonas.** Agência Brasil. 31 out. 2015. Disponível em: https://agenciabrasil.ebc.com.br/educacao/noticia/2015-10/tecnologia-leva-ensino-comunidades-isoladas-do-amazonas?fbclid=IwAR06eFW6Nurb-SyVtyl8lQl1iIW15x_ic7TOfVQJ270ZoCR9ji-DuNykx14M. Acesso em: 10 mai. 2020.

TOLEDO, Victor Manuel Manzur; BARRERA-BASSOLS, Narciso. A etnoecologia: uma ciência pós-normal que estuda as sabedorias tradicionais. **Desenvolvimento e Meio Ambiente**, v. 20, 2009.. Disponível em: https://revistas.ufpr.br/made/article/view/14519/10948. Acesso em: 10 jan. 2019.

UFOP. Universidade Federal de Ouro Preto. **Vozes dos Povos Originários do Brasil: Povo Puri, memória e resistência.** Disponível em: https://radio.ufop.br/noticias/vozes-dos-povos-originarios-do-brasil-povo-puri-memoria-e-resistencia. Acesso em; 5 abr. 2021.

UFMG. Universidade Federal de Minas Gerais. **Ataques à arte refletem momento político do país, afirma Rodrigo Duarte.** Disponível em: https://ufmg.br/comunicacao/noticias/diante-de-tantos-ataques-quais-seriam-as-finalidades-da-arte. Acesso em: 13 set. 2020.

UFMG. Universidade Federal de Minas Gerais. **História da internet no Brasil.** Disponível em: https://homepages.dcc.ufmg.br/~mlbc/cursos/internet/historia/Brasil.html. Acesso em: 22 set. 2020.

UNESCO. Organização das Nações Unidas para Educação, Ciência e Cultura. **Patrimônio Mundial no Brasil.** Disponível em : https://pt.unesco.org/fieldoffice/brasilia/expertise/world-heritage-brazil . Acesso em : 15 ago. 2020.

UNESCO. Organização das Nações Unidas para Educação, Ciência e Cultura. **Uma Convenção pioneira.** Disponível em: https://pt.unesco.org/news/uma-convencao-pioneira#:~:text=A%20Conven%C3%A7%C3%A3o%20relativa%20%C3%A0s%20Medidas,Geral%20da%20UNESCO%20e%20entrou. Acesso em: 18 mar. 2021.

UNESCO. Organização das Nações Unidas para Educação, Ciência e Cultura. **Sobre a Convenção para a Proteção do Patrimônio Cultural Subaquático.** Disponível em: http://www.unesco.org/new/pt/culture/themes/underwater-cultural-heritage/2001-convention/. Acesso em: 19 mar. 2021.

UNESCO. Organização das Nações Unidas para Educação, Ciência e Cultura. **A Convenção para a Salvaguarda do Patrimônio Cultural Imaterial.** Disponível em: https://ich.unesco.org/doc/src/00009-PT-Brazil-PDF.pdf.Acesso em: 19 mar. 2021.

UNESCO. Organização das Nações Unidas para Educação, Ciência e Cultura. **Convenção sobre Proteção e Promoção da Diversidade das Expressões Culturais.** Disponível em: https://unesdoc.unesco.org/ark:/48223/pf0000149742. Acesso em: 19 mar. 2021.

UNESCO. Organização das Nações Unidas para Educação, Ciência e Cultura. **UNESCO aprova diretrizes para proteger artistas e diversificar o conteúdo cultural na internet.** Disponível em: http://www.unesco.org/new/pt/brasilia/about-this-office/single-view/news/unesco_adopts_guidelines_to_protect_artists_and_diversify_cu/?fbclid=IwAR23TqI8R2A6xZIWIfrFiZOSLBBuogw35SH-Jnj4QPMaDYlZN4Kih8UtAkw. Acesso em: 10 nov. 2019.

UNRIC. Centro Regional de Informação das Nações Unidas. **História da ONU.** Disponível em: https://unric.org/pt/historia-da-onu/. Acesso: 17 mai. 2021.

USP. Universidade de São Paulo. **Declaração de Estocolmo sobre o ambiente humano – 1972.** Disponível em: http://www.direitoshumanos.usp.br/index.php/Meio-Ambiente/declaracao-de-estocolmo-sobre-o-ambiente-humano.html. Acesso em: 12 agos. 2019.

USP. Universidade de São Paulo. Declaração do Rio de Janeiro. **A Conferência das Nações Unidas sobre meio ambiente e desenvolvimento,** 1992. Disponível em: https://www.scielo.br/scielo.php?script=sci_arttext&pid=S0103-40141992000200013. Acesso em: 5 fev. 2020.

VALENTE, Lúcia. **O que são espaços culturais.** Arte, cultura e tecnologia: possibilidades educativas com crianças. Palhoça, SC: FMP, 2020. 60 p.

VEIGA, Ana Cecília Rocha. **WEBMUSEU.** Tinacan, 2019. Disponível em: https://tainacan.webmuseu.org/tag/webmuseu/. Acesso em: 10 set. 2020.

WINER. Dov; ROCHA, Ivan Esperança. Europeana: um projeto de digitalização e democratização do patrimônio cultural europeu. **Patrimônio e Memória**, São Paulo. v.9, n.1, p.113-127, jan./jun.,2013. Disponível em: http://pem.assis.unesp.br/index.php/%20pem/article/viewFile/327/598. Acesso em: 10 nov. 2019.